北京市哲学社会科学规划办公室

北京市社会科学基金项目（15JDJGB049）"巨灾应急指挥系统可靠性识别、测度及实现研究"

A STUDY ON THE MECHANISM OF RELIABILITY OF
INCIDENT RESPONSE
TO UNCONVENTIONAL EMERGENCY

非常规突发事件应急响应可靠性机理研究

张美莲◎著

社会科学文献出版社
SOCIAL SCIENCES ACADEMIC PRESS (CHINA)

前　言

应急响应是突发事件应急管理的关键环节，应急响应的好坏直接决定突发事件所带来损失的严重程度。在《中华人民共和国突发事件应对法》中，应急响应指的是应急处置与救援。有关应急响应绩效或评价的研究受到国外学术界和实践领域的高度重视，特别是在席卷美国南部各州的卡特尼娜飓风登陆后，联邦政府在灾时的响应表现饱受诟病，美国学界开始反思被其视为"灵丹妙药"的应急指挥系统（Incident Command System，ICS）在应对这类极端事件时究竟存在什么不足以及需要如何改革等问题。有关研究在国外已初见成果，国内有关探索虽起步较晚，但近年也取得较大发展。自2009年国家自然科学基金委启动"非常规突发事件应急管理研究"项目群后，国内学术界开始关注这类事件并开展了一系列诸如非常规突发事件"应急处置全过程动态评估""应急管理体系的组织设计理论与系统评估"研究，但是如何把研究成果应用于重大突发事件应急处置与救援的实践仍需理论与实践部门共同努力。

现实情况是我国各级政府非常规突发事件应对能力不足，应急响应存在指挥组织结构不完善、责权不明，指挥部门工作关系不畅、权力转移无规则、协同低效等失灵现象，严重影响应急响应阶段目标的实现。因此应急响应组织体系面临如何在有限的时间内有效协调和管理响应人员及物资以实现处置和救援阶段任务目标的可靠性管理问题。这既是迫切需要解决的现实问题，也是研究领域尚未回答的研究命题。

明确研究背景和研究目标后，本书提出几个问题。（1）非常规突发事件应急响应常见失灵环节、失灵现象诱因以及失灵模式是什么？

（2）非常规突发事件应急响应的关键影响因素是什么？（3）非常规突发事件应急响应可靠性的机理和形成路径是什么？围绕这些问题，在文献研究基础上，笔者对国内外政府应急管理者进行了访谈及问卷调查，采用典型案例分析、数理统计以及结构方程模型等方法展开上述研究。

本书研究内容和研究结论主要有：

第一，通过对国内近年四起特大事故灾难案例应急响应过程的梳理和比较分析，总结了我国重大突发事件应急指挥现状，揭示了这类事故灾难应急响应失灵常见环节以及主要原因，即应急响应的体制和机制不健全和不完善，在此基础上提出了非常规突发事件应急响应失灵基本模式。

第二，在回顾国内外有关应急响应影响因素与绩效评价研究基础上，本书提出了非常规突发事件应急响应可靠性机理概念模型和研究假设，又采用便利抽样方式进行问卷调查，运用 AMOS 软件和 SPSS 统计分析软件对所获样本数据进行处理、分析和验证。研究结果表明：非常规突发事件应急响应过程中的合作能力、协调能力和沟通能力对应急响应可靠性有显著影响；而应急响应组织的合作能力、协调能力与沟通能力受应急响应组织体系的组织结构、组织运行机制、组织文化和组织领导力因素影响。因此要提高应对非常规突发事件的能力，需要通过规范应急响应组织结构、完善应急响应组织运行机制、培育开放有利的组织文化以及提高应急响应组织领导力水平等与组织因素紧密相关的途径予以实现。结构方程模型（SEM）分析结果还显示，提高应急响应组织系统合作能力是提高应急响应可靠性的关键因素。

第三，在非常规突发事件应急响应可靠性机理实证研究基础上，本书还探索了提升应急响应可靠性的路径和方法。综合实证研究和访谈结果，提出了四条有助于促进应急响应可靠性目标实现的策略，即建立兼具规范性和灵活性的应急响应体制和机制；培育具有开放精神和创新性的组织文化；提高应急领导者处置能力；转变传统应急管理思维方式，做好应急准备工作，并就如何落实这些策略给出具体建议和思路。

第四，在理论分析和数理研究基础上，本书聚焦于巨灾，以北京市为例，概括了北京市应急管理体系的形成与发展历程，结合典型案例对北京市巨灾响应过程中暴露出的问题进行了剖析，根据访谈和调查问卷的结果对北京市巨灾应急响应现状展开了评估和测度，最后提出了北京市巨灾应急响应可靠性的提升建议和对策。

目　录

第一章　绪论 / 1
　　第一节　研究背景及意义 / 1
　　第二节　研究内容、方法和创新 / 9
　　第三节　概念区分与界定 / 13
　　第四节　理论基础 / 21
　　本章小节 / 30

第二章　国内外相关文献综述 / 31
　　第一节　非常规突发事件研究述评 / 31
　　第二节　应急响应研究述评 / 39
　　第三节　应急指挥系统（ICS）研究述评 / 56
　　第四节　可靠性研究述评 / 74
　　本章小节 / 80

第三章　事故灾难应急响应失灵案例分析 / 81
　　第一节　案例研究及案例选择 / 81
　　第二节　事故灾难案例样本描述 / 86
　　第三节　事故灾难应急指挥体系现状分析 / 102
　　第四节　事故灾难应急响应失灵环节分析 / 110
　　第五节　事故灾难应急响应失灵原因分析 / 114
　　第六节　事故灾难应急响应失灵模式分析 / 120
　　本章小节 / 122

第四章 应急响应可靠性机理概念模型及研究假设 / 123

第一节 应急响应可靠性的内涵 / 123

第二节 应急响应可靠性机理的理论背景 / 130

第三节 应急响应可靠性机理的概念模型 / 133

第四节 应急响应可靠性机理的因素分析与研究假设 / 134

本章小结 / 156

第五章 应急响应可靠性机理实证研究 / 158

第一节 问卷设计 / 158

第二节 数据收集 / 160

第三节 变量度量及指标选择 / 163

第四节 样本描述及变量检验 / 169

第五节 模型分析与结果 / 180

第六节 结果及讨论 / 191

本章小节 / 194

第六章 应急响应可靠性提升策略研究 / 196

第一节 应急响应可靠性提升的基本思路 / 196

第二节 建立兼具规范性和灵活性的应急响应体制和机制 / 197

第三节 培育具有开放精神和创新性的组织文化 / 208

第四节 提高应急响应领导者的处置能力 / 212

第五节 转变应急管理范式并重视应急准备 / 215

本章小节 / 220

第七章 北京市巨灾应急响应可靠性分析 / 221

第一节 北京市应急管理体系的建立与发展 / 221

第二节 北京市巨灾应急响应的案例分析 / 228

第三节 北京市巨灾应急响应能力现状及提升建议 / 231

本章小节 / 238

第八章　结论与展望 / 239
　　第一节　研究结论 / 239
　　第二节　研究创新 / 241
　　第三节　不足与展望 / 242

参考文献 / 245

附录 1　调查问卷 / 262

附录 2　访谈提纲 / 267

附录 3　IRB Review Approval / 268

附录 4　Example of Permission Letter / 269

附录 5　Example of the Survey Result in Florida / 272

第一章 绪论

随着 2008 年之后南方雨雪冰冻灾害、汶川地震、玉树地震等一系列严重自然灾害的发生，学术界开始思考一种区别于一般的、常规的突发事件，也就是非常规突发事件应急管理问题。这类事件往往发生在多个行政区域内或者涉及多个政府管理职能部门，需要多部门协作，也给政府应急响应带来巨大挑战。2009 年国家自然科学基金委（NSFC）将这类事件称为"非常规突发事件"，随后有关这类事件的研究也成为国内研究领域的热点，与该词意思接近的表达还有"重大突发事件""巨灾"等，国外则称其为"极端事件"或"跨界危机"，尽管定义和语境略有差别，但在本书中将其视为一类。

第一节 研究背景及意义

一 研究背景

"非常规突发事件应急管理研究"项目群自 2009 年 8 月启动以来，充分发挥了多学科合作研究优势，围绕非常规突发事件信息处理与演化规律建模、应急决策理论以及紧急状态下个体和群体的心理与行为反应规律三个核心科学问题以及三大集成项目，[①] 集结国内高校及科研院所一大批学者开展了众多研究，既有基础理论研究，也有应用平台研究。以往研究者多

[①] 韩智勇、翁文国、张维、杨列勋：《重大研究计划"非常规突发事件应急管理研究"的科学背景、目标与组织管理》，《中国科学基金》2009 年第 4 期。

采用"预测-应对"模式研究突发事件,即用案例推理、神经网络以及贝叶斯推理等方法从预测角度分析突发事件的发生机理以预测并应对突发事件。① 近年来各种非常规突发事件频频发生,其特殊性和"情景依赖性"特征使得对这类事件很难做出预测,也无法有效应对,因而代替"情景-依赖"且逐渐发展的"情景-应对"研究模式受到很多研究者的追捧,这类事件应急管理的理论体系也已被列为国家自然科学基金委员会设立"非常规突发事件应急管理研究"重大研究计划的科学目标之一。②

本书就是在这个大背景下,集中关注非常规突发事件应急管理中一个关键环节即应急响应过程,拟就应急指挥组织结构在响应阶段的运行特别是其响应可靠性的问题做一些初创性探索。选题来源于国家行政学院应急管理教研部佘廉教授主持的"非常规突发事件应急管理研究"重大研究计划重点支持项目"面向应急决策支持的非常规突发事件案例推理的理论与方法"(91324203)。该项目旨在构建非常规突发事件案例推理的基本模式,探讨突发事件情境演化下案例快速检索适配的原理与技术,设计案例推演流程及案例库效用评估模型,从而服务于应急响应阶段的应急决策需求。

该项目目标的实现首先需要对非常规突发事件应急响应过程有充分认识,因此本书与该项目关联如下:应急决策是应急响应过程中重要的任务之一,研究应急响应可以提高对应急决策的认识;应急指挥组织结构是决策制定、执行和实施的载体,研究应急指挥组织结构的可靠性有利于了解决策在组织中的形成和实施过程。通过对非常规突发事件案例应急响应过程的深刻了解,有助于解构案例推理的过程,服务于应急决策。本书试图通过案例分析了解应急响应中的失灵环节和失灵模式,通过问卷调查识别响应过程中影响应急指挥体系可靠运行的主要因素,这些研究可视为该项目的前期基础。

---

① 崔丽、仲秋雁、王延章、薛慧芳:《基于情境的非常规突发事件理论方法研究综述》,《情报杂志》2011 年第 6 期。
② 钟永光、毛中根、翁文国、杨列勋:《非常规突发事件应急管理研究进展》,《系统工程理论与实践》2012 年第 5 期。

研究者认为，通过研究过去相似案例的失败经验形成共识是预防潜在危机或者降低危机损害的有效办法。① 因此识别应急响应过程中的失灵模式及其潜在影响，分析应急响应可靠性提升的路径有助于案例推理过程的科学化。同时本书还是笔者主持的北京市社科基金项目"北京市巨灾应急指挥系统可靠性识别、测度及实现研究"（15JDJGB049）阶段性成果。

需要说明的是，本书所谓的非常规突发事件（Unconventional Emergencies）在国外多被称为"极端事件"（Extreme Events），类似含义的词语还有"Catastrophic Disaster"（巨灾）、"Transboundary Crisis"（跨界危机）等，尽管这些概念存在差异，但在本书中笔者并不计划对这些概念进行严格区分，而是把它们视为同义词，作为分析对象。

二 问题提出

应急指挥系统（Incident Command System，ICS）最早是伴随美国加州一场严重的森林大火产生的，并在美国得到广泛的运用，不仅在森林消防部门，在其他领域也得到极大推广，在近几十年的发展运用中逐渐趋于完善。"9·11"事件之后，美国对ICS进行了修改和规范，使其作为美国突发事件管理系统（National Incident Management System，NIMS）的核心内容在全国范围内进行推广，也被世界上其他国家和地区所借鉴和运用。

2005年美国遭遇卡特尼娜飓风袭击，飓风响应中出现的种种问题使得研究者开始重新审视其ICS。尽管要找到飓风响应失败最主要或者说根本原因有一定困难，但是缺乏统一行动是众多研究者公认的，因为在飓风响应过程中组织目标时有冲突，日常行动路径和方法存在不同，而这对美国政府而言无疑是一个惨痛的教训。总的来说，既有一批研究者认为需要彻底反思ICS的实际效用问题，而实际上，目前ICS仍被很多人视为"灵丹妙药"（Panacea），因为它能帮助不同组织在一个统一的组织框架下运转。

虽然国外无论是学术界还是实践领域对ICS的看法不一，但是国内近些

---

① Eleanor S., Clive S.,"Understanding Business Failure: Learning and Un-Learning from Industrial Crises,"*Journal of Contingencies and Crisis Management* 1（1999）: 56–72.

年借鉴和学习美国 ICS 的呼吁却有增无减。一些研究者①先后介绍了美国 ICS 的发展历史、基本构成、十四点原则等等，提出了要建立一套符合中国国情的标准化与灵活性相统一的 ICS 建议。特别是宋劲松研究员认为要建立标准化的应急指挥组织模式，他专门针对汶川和玉树两次地震中应急组织指挥体系建设的情况进行了比较，并给出了具体性建议。②

中美国情和灾情都存在较大差异，ICS 最早从美国消防部门发展而来，历经 30 余年发展和完善在"9·11"恐怖袭击之后因政治因素得以规范化和推广。③ 美国的灾害文化和防灾意识发展相对成熟，ICS 在美国也经历了较长的发展过程；反观国内，从"非典"开启中国综合应急管理实践至今也不过十余年。尽管十几年间我国应急管理发展取得了较大进步，但笔者对于这些呼吁还存在一些疑问：标准化时机是否成熟？如何进行规范？如何推广？如何评价其实际效用？等等。

尽管疑问还有很多，但本书试图重点研究如何提高目前我国非常规突发事件应急指挥组织结构在应急响应时的可靠性问题，而上述诸多疑问将随着该核心问题的研究开展有所涉及和回答，本书并不企图对这些问题——作答或者获得某种确定性结论。回顾我国历次重大突发事件应急响应实践，特别是巨灾，大多是社会动员式的应急响应，投入大量人力、物力和资金，但是有关响应活动是否有效实现救援目标却少有评价，有关应急响应活动绩效的实证研究也很缺乏，国内外皆是如此。④ 因此当务之急是发现应急响应体系在灾时发挥功能有效实现救援目标的限制性因素及其制约作用路径，进而进

---

① 刘铁民：《突发事件应急指挥系统与联合指挥》，《中国公共安全》2005 年第 Z1 期；刘铁民：《重大事故应急指挥系统（ICS）框架与功能》，《中国安全生产科学技术》2007 年第 2 期；马奔、王郅强：《突发事件应急现场指挥系统研究》，《山东社会科学》2011 年第 5 期；宋劲松：《突发事件应急指挥》，中国经济出版社，2011，第 154～160 页。
② 宋劲松、邓云峰：《我国大地震等巨灾应急组织指挥体系建设研究》，《宏观经济研究》2011 年第 5 期。
③ Lindell M. K., Perry R. W., Prater C. S., Organizing Response to Disasters with the Incident Command System/Incident Management System (ICS/IMS), International Workshop on Emergency Response and Rescue, October 31 – November 1, 2005, p. 6.
④ Lutz L. D., Lindell M. K., "Incident Command System as a Response Model Within Emergency Operation Centers during Hurricane Rita," *Journal of Contingencies and Crisis Management* 3 (2008): 122 – 134.

行可能的规范之路。

应急响应是突发事件应急管理中关键环节。在充满变化、极具风险、难以预测的突发事件情境下，应急指挥组织体系应如何进行科学指挥并持续稳定地发挥指挥中枢作用，很大程度上就决定了应急响应任务的完成情况，国内诸多重大突发事件的应急处置和救援反复印证了这一问题。2005年吉林石化公司"11·13"双苯厂爆炸污染松花江事件，由于应急指挥主体随着污染水体的不断迁移而变换，以及各应急指挥主体之间的信息沟通障碍，事件损害不断扩散，不仅引发哈尔滨百万市民抢水、松花江水域污染，最后还引发邻国俄罗斯的抗议与索赔。2013年"11·22"青岛中石化管道爆炸事件的响应中，拖延报告、各方组织救援不力、事故现场形势研判错误、现场处置措施不当，加之响应主体间指挥协调不足等导致事故扩大升级，损失加重，人员伤亡增多。

根据范维澄院士提出的公共安全体系"三角形"模型，① 我国重大突发事件应急响应不仅面临易被忽视的外部复杂性的制约（突发事件和承灾载体），还在应急管理方面存在应急指挥体系内部责权不对称、职权转移无规则、执行过程少监督、部门协同低效的现象，多方面的复杂性常常使得我们的应急响应过程和结果不尽如人意。总之，应急指挥系统存在着如何在有限的时间内有效地协调响应人员和物资以实现持续稳定地发挥响应功能的可靠性管理问题。

应对非常规突发事件时，不仅应急指挥组织机构面临快速变化的事件环境、高度不确定的事件危害性、救援目标的多样性、应急救援资源的有限性等客观风险，应急指挥者自身也受到多主体（组织）应急行为和文化差异以及高风险心理压力等因素的影响，这使得应急响应失灵现象常常发生。这种系统失灵使我们不得不思考如下问题。

（1）事件情境不可预测、救援任务多、应急资源不足、心理压力大等因素对指挥者和响应人员有什么影响，给应急指挥组织体系有效运行带来什么挑战？

---

① 范维澄：《构建公共安全科技三维体系》，《科技与生活》2011年第19期。

（2）非常规突发事件应急响应失灵有哪些表现，失灵是否具有内在规律性？

（3）非常规突发事件应急响应可靠性的机理和形成路径是什么？

（4）如何构建防止系统受损、保障响应活动于可控范围内的应急响应可靠性的理论与方法？

国内已有文献对应急指挥系统展开了研究，主要侧重于介绍各类突发事件应急指挥体系的组织构成，[①] 尚没有深入开展多因素制约下应急响应失灵规律及其原因的研究，更缺乏应急响应可靠性机理的理论构建和路径研究。鉴于此，我们亟须对非常规突发事件应急指挥系统的运行现状以及系统响应失灵现象进行分析，识别导致系统失灵（不可靠）的变量因素，揭示变量间的关系和作用路径，构建应急响应可靠性机理的概念模型，思考和探讨保障协调响应活动持续稳定开展并最终实现系统可靠的具体建议。以上为本书拟研究的主要问题。

三 研究意义

本书试图通过对典型非常规突发事件案例中应急响应失灵环节的分析，提炼组织层面影响应急响应可靠性因素，构建应急响应可靠性机理的概念模型，验证影响因素之间的关系及其对响应可靠性的作用路径，构建防止系统失灵的应急响应可靠性的基本理论与方法，不仅为我国应急管理特别是应急响应实践提供有效方法，而且对应急管理理论的深入拓展具有重要的理论价值。

（1）现实意义

近年来频发的非常规突发事件凸显了现代社会对应急管理的迫切需求。进入21世纪以来，相继发生了2001年"9·11"恐怖袭击事件，2003年"非典"，2004年印尼海啸，2005年全球禽流感，2005年卡特尼娜飓风，

[①] 师立晨、曾明荣、魏利军：《事故应急救援指挥中心组织架构和运行机制探讨》，《安全与环境学报》2005年第2期；苗崇刚、聂高众：《地震应急指挥模式探讨》，《自然灾害学报》2004年第5期；陆金华：《城市突发事件现场应急指挥通用模式研究》，硕士学位论文，首都经济贸易大学，2009。

2008年南方雨雪冰冻灾害、汶川特大地震，2013年波士顿爆炸事件……，这些事故灾难规模庞大、破坏性严重，极大地影响了国家安全、社会稳定及人民生活。如何做好预警并有效应对非常规突发事件，使其影响和造成的损失降到最低从而维护社会稳定已经成为国家的重大现实需求。作为应急管理的核心环节，应急响应起到关键作用，开展应急响应和应急指挥研究对于实际应急响应过程中提升决策指挥质量和救援处置能力十分有必要。

现实生活中，围绕着应急指挥系统，有关应急指挥和应急响应活动的各方面都存在不足。2012年7月21日，北京市突降特大暴雨，造成79名人员遇难。面对历史罕见的"7·21"特大自然灾害，尽管北京市上下全力以赴，合力应对，但整个暴雨灾害应对中仍暴露出突出问题。从应急指挥的角度来看这几个方面值得反思：①北京市应急委与专项应急指挥部之间的指挥关系不够顺畅；②作为应急指挥主体之一的北京市应急办统筹协调力度不够、基层应急指挥系统人员机构编制严重不足；③现场指挥、应急通行等工作机制不够细化、不够灵活、责任落实不到位；④缺乏预案或预案内容宽泛，不同层次、类型预案之间连接融合性不够，缺乏标准化交互程序；⑤应急指挥组织体系不够完善，应急指挥的职责分工有待明确细化。该暴雨灾害响应中所出现的问题极具代表性，在其他非常规突发事件的应对过程中类似的现象也十分普遍。

作为灾害应对时各部门和机构开展应急处置和救援活动管理模式，突发事件应急指挥组织结构（国外称为ICS，即突发事件现场指挥系统）有关问题在国内外应急管理实践中都受到极大的关注。不容忽视的是，无论是在国外还是在国内，应急指挥体系的成立及其运转过程中都出现了这样那样的问题，严重影响了应急响应绩效以及救援任务目标的实现，美国卡特尼娜飓风灾害以及我国北京"7·21"特大暴雨灾害的案例就证明了这一点。

从现实情况来看，在我国开展非常规突发事件应急响应可靠性研究，对于提高应急管理过程中决策指挥质量和提高现场处置救援能力十分必要，是解决当前应急管理实践中面临的众多困境的有效途径之一，能够为我国应急指挥实践提供可靠、有效的新模式与新方法，对于提高应急指挥系统的科学决策能力以及政府应急响应能力，最大限度保障人民生命财产安全具有重要的现实意义。

（2）理论价值

国外特别是在美国，社会科学领域中有关应急响应的研究起步较早，大多研究围绕 ICS 展开，这是因为 ICS 在美国等国家已经成为其应对各类突发事件的通用做法。① ICS 的产生最早源于发生在 1970 年南加州一场森林大火，当时的消防部门希望通过整合资源，运用 ICS 解决救援过程中出现的种种影响救援效率的问题，这些问题包括太多人向一个长官报告、不同的应急响应组织结构、缺少可靠的事件信息、通信系统不兼容、缺少部门间协调规划的部门、指挥链不清晰、部门间的术语差异、模糊的事件响应目标等等。② 其结果就是美国国家林业局在联邦应急管理署（FEMA）资助下开展了 FIRESCOPE（Fire Fighting Resources of Southern California Organized for Potential Emergencies）项目，FIRESCOPE 也成为目前 ICS 的雏形。③ 现在除了美国，世界上很多国家也借鉴或使用类似的办法。④

国内应急指挥系统的研究则略显滞后，较早的是中国安全生产科学研究院研究者，多是介绍美国 ICS 的基本内容。近年来有关应急指挥或应急指挥系统的文章逐渐增多，主要从硬件平台和技术支持方面进行研究，大多涉及各级各类应急指挥平台，又或研究不同类别突发事件中应急指挥体系的组织构成，尚没有关于应急指挥系统失灵现象内在机理的研究，更鲜见有关应急指挥系统可靠性评估和提升的研究。

前已指出，在非常规突发事件的应急响应过程中应急指挥活动失控、指挥系统失灵的现象十分普遍，因此如何转化这些失灵使其实现响应可靠性是解决问题的关键。可靠性是指机器元件（或系统）在规定的时间、规定的

---

① 郑双忠、邓云峰、刘铁民：《事故指挥系统的发展与框架分析》，《中国安全生产科学技术》2005 年第 4 期。
② Wilson E. K., Lessons Learned the Hard Way: Incident Command System Learning and Training, Master's Thesis, University of Delawere, 2013.
③ Irwin R. L., "The Incident Command System," in Auf der Heide E., ed., *Disaster Response: Principles of Preparation and Coordination*, St. Louis: CV Mosby, 1989, pp. 133 – 163.
④ DSH, National Incident Management System (NIMS) Basic The Incident Command System, http://www.fema.gov/pdf/nims/NIMS basic incident command system.pdf.

条件下完成规定功能的能力。从这个意义上说，就是要提高应急指挥系统完成救援目标的能力，响应过程越可靠，响应能力越高。

从现实问题出发，需要思考系统或组织层面应急响应失灵的内在原因并构建应急响应可靠性的作用机理和路径。围绕这个目标，本书试图从可靠性角度入手，对非常规突发事件应急指挥和响应过程进行分析，通过对政府综合应急部门工作人员的深度访谈和问卷调查，深入分析典型案例的响应环节中存在的问题并提炼影响系统响应可靠性的因素，构建应急响应可靠性机理的概念模型和研究假设，验证潜在影响因子和可靠性之间的关系和作用路径，不仅弥补以往研究缺乏整体把握各因素与响应可靠性之间的关系的不足，而且兼顾理论与实践、定性和定量的研究能够使研究结果更具有信度，一定程度上完善了应急管理的理论研究。

第二节　研究内容、方法和创新

一　研究内容

立足于非常规突发事件应急响应实践，本书试图开展有关应急响应五个方面的探索：应急响应失灵案例研究、应急响应可靠性机理概念模型和研究假设、应急响应可靠性机理实证研究、应急响应可靠性提升策略研究、北京市巨灾应急响应可靠性提升研究。

（1）应急响应失灵案例研究

回顾近十年来发生的事故灾难类特大突发事件的典型案例，结合其应急响应活动的实际情况和目标任务，指出我国突发事件应急指挥的现状，揭示基于响应流程和任务目标的事故灾难应急响应失灵常见环节，探讨这些最常见失灵环节的根本原因，提出几种非常规突发事件应急响应失灵基本模式。

（2）应急响应可靠性机理概念模型和研究假设

在文献综述、案例分析及访谈基础上，从组织层面提炼影响非常规突发事件应急响应可靠性的四个主要因素，即组织结构、组织运行机制、组织文化和组织领导，并指出应急响应可靠性的形成源于应急响应协调能力、合作能力和沟通能力这三个核心的响应能力构成，然后构建应急响应可靠性机理的概念模型和研究假设。

（3）应急响应可靠性机理实证研究

设计量表以及具体研究方案并据此开展问卷调查和实地访谈。根据量表反馈结果采用结构方程模型的研究方法对应急响应可靠性机理概念模型中的变量关系及作用路径进行实证，利用因子分析对数据进行信度和效度分析，进而对初始概念模型进行调整、验证和拟合，从而得到满足拟合标准的可靠性机理模型，并根据检验结果分析作用路径及其路径系数。

（4）应急响应可靠性提升策略研究

根据实证研究的结果，指出影响非常规突发事件应急响应可靠性的关键因素或变量，结合这些关键因素的变量定义和度量测项及其在实践中的现状和问题，展开非常规突发事件应急响应可靠性提升的基本策略和具体建议分析。

（5）北京市巨灾应急响应可靠性提升研究

结合北京市应急管理体系发展回顾，分析北京市应对暴雨灾害和重度雾霾天气的响应不足，根据访谈结果对北京市非常规突发事件应急响应能力进行初步评估，指出应急响应薄弱环节，为北京市提升巨灾响应能力提出有效建议。

二　研究方法

理论方面以系统科学、灾害学、组织行为学、应急管理理论等为基础，开展多学科的交叉研究。研究方法上以典型重大突发事件的文献分析与深度访谈为基础，遵循理论与实践相结合、定性与定量相结合的原则，采用文献分析、案例分析、深度访谈、问卷调查、数理统计分析以及结构方程模型等多种研究方法。

（1）理论研究与实践调查相结合

本书旨在构建一个应急响应可靠性机理的概念模型及其现实路径，为此研究之初很重视理论探究和文献回顾。在阅读大量已有研究成果基础上，本书对非常规突发事件应急响应可靠性的含义、应急响应可靠性的影响因素、提升应急响应可靠性路径和方法等进行了全面且深入的研究。同时，为了使理论研究能够得到验证，使研究更具有实践指导意义，本书在研究过程中还对实地调研材料进行了分析，结合文献研究和调研所得提出了非常规突发事件应急响应可靠性机理研究的思路和框架。

（2）典型案例分析和数理分析相结合

应急响应和应急指挥系统都是实践和应用层面的话题，因此在研究过程中本书援引几个特大事故灾难的典型案例用于分析应急响应失灵环节与失灵模式，为提出应急响应可靠性的概念模型和研究假设做铺垫，同时也为本书最后应急响应可靠性提高的路径研究提供了案例支撑。为了使研究结论更具说明性和说服力，本书还采用了少量访谈和大量问卷调查，获得实践者对于应急响应可靠性影响因素的认识数据，并运用结构方程模型、因子分析等统计分析方法进行量化分析和实证检验。

三　结构安排

全书共 8 章，各章主要内容安排如下。

第一章，绪论。介绍选题背景和来源，在化解重大突发事件响应失灵的现实需求基础上提出研究问题，指出选题意义；然后阐述本书研究内容、研究方法、结构安排及创新点并对几组概念进行界定和区分；最后借鉴和评述相关理论。

第二章，国内外相关文献综述。本章就与选题有关几个问题（非常规突发事件、应急指挥系统、应急响应、应急响应影响因素、可靠性）展开全面的文献梳理，在现有文献研究成果的基础上提出研究不足，指出本书的总体构思。

第三章，事故灾难应急响应失灵案例分析。跨案例的比较分析是本章的主要思路和方法，选取近年来发生的四起特大事故灾难进行案例分析，对事故响应中应急指挥体系的建立、任务开展情况以及响应失灵环节进行梳理，分析应急指挥体系发展现状，指出应急响应失灵的根本原因，提出非常规突发事件应急响应失灵模式。

第四章，应急响应可靠性机理概念模型及研究假设。根据文献回顾及案例分析结果指出系统失灵与系统可靠之间的转化关系，阐释应急响应可靠性含义，揭示应急响应可靠性的机理：应急组织结构、运行机制、组织文化和组织领导四个因素通过组织协调能力、合作能力和沟通能力三个中介因素作用于应急响应可靠性，据此概念模型和研究变量提出相应的研究假设。

第五章，应急响应可靠性机理实证研究。本章首先介绍实证研究的研究设计和数据收集过程，对变量进行定义和度量，针对收集的数据进行整理和样本描述，运用SPSS17.0与AMOS17.0对变量进行因子分析及信度、效度评价，再对变量进行相关分析以验证并判断假设成立与否，运用AMOS17.0进行回归路径分析，并对假设结果进行拟合、修正以及总结。

第六章，应急响应可靠性提升策略研究。根据上述实证研究结果提出四点化解应急响应失灵及提高应急响应可靠性的基本策略和具体建议。

第七章，北京市巨灾应急响应可靠性分析。分析北京市应对暴雨灾害和重度雾霾天气过程中的响应不足，通过问卷访谈对北京市非常规突发事件应急响应能力进行初步评估，指出应急响应薄弱环节，并提出提升响应能力的有效建议。

第八章，结论与展望。就文中主要研究观点和结论进行总结，并提出研究不足和下一步有待研究的问题。

四 研究贡献

从现实问题出发，在研究设计中充分发挥了应急管理交叉学科研究特点。从研究方法上看，以典型重大突发事件的文献分析、访谈以及问卷调查为基础，遵循理论与实践相结合、定性与定量相结合的原则，综合运用多种研究方法，一定程度上弥补了目前该问题上以经验描述和应然性研究为主、缺乏实证研究的不足。根据约瑟夫·熊彼特的观点，所谓创新就是要"建立一种新的生产函数"，即"生产要素的重新组合"，[①] 在他看来，要素的重

---

① 〔美〕约瑟夫·熊彼特：《经济发展理论》，何畏等译，商务印书馆，1990，第25~26页。

新组合和要素的新的管理方式都属于创新,为此本书可能的研究创新点有以下一些。

(1) 把可靠性的概念引入应急响应进而提出应急响应可靠性的含义,试图构建新的响应评价视角,以突破现有研究的局限和困境;从系统失灵出发指出系统失灵与系统可靠之间的相互转化存在可能。

(2) 基于案例分析揭示当前应急响应的体制和机制不成熟不完善是非常规突发事件应急响应失灵现象的根本原因;并从体制的规范性和机制的灵活性两个维度出发提出了四种应急响应模式,指出其中前三种都属于应急响应失灵模式(具体见后文)。

(3) 基于实证研究揭示非常规突发事件应急响应可靠性机理的形成路径,即应急响应合作能力、协调能力和沟通能力对于应急响应可靠性有着显著影响,而应急响应合作能力、协调能力和沟通能力又受到应急响应组织结构、组织运行机制、组织文化和组织领导四个因素的影响。因此,提高非常规突发事件应急响应可靠性可以通过规范应急响应组织结构、完善组织运行机制、培育组织文化和提高组织领导能力四条途径来实现。

(4) 基于实证研究结果提出提高非常规突发事件应急响应可靠性的基本策略,即建立兼具规范性和灵活性的应急响应体制和机制、培育具有开放精神和创新性的组织文化、提高应急领导者的处置能力、转变传统的应急管理思维方式。

第三节 概念区分与界定

一 突发事件与非常规突发事件

尽管突发事件古今中外都存在,但有关定义在学术界一直存在很多争议,国内外学者给出的定义都不尽相同,有的国家称"紧急事件",有的称"危机"。比如在美国,只要是威胁到国家安全、公民生命和财产安全,并有可能造成严重后果需要立即处置的事件均被称为"危机事件"。因此在美国大到核攻击或者核泄漏事故,小到公民个人报警需要立即救助的事件都属于突发事件的范畴。在澳大利亚，1999年《紧急事件管理法》中明确规定了所谓"紧急事件"就是"已经发生或即将来临的，需要做出重大决策、协调一致的事件"。在我国，2007年颁布实施的《中华人民共和国突发事件应对法》（以下简称《突发事件应对法》）中将突发事件定义为突然发生，造成或者可能造成严重社会危害，需要采取应急处置措施予以应对的自然灾害、事故灾难、公共卫生事件和社会安全事件。① 对应的英文为 Emergency Incident，这一定义从中国实际出发，反映了我们对突发事件的认识，"突发"一词主要是强调事件发生的不可预测性的特点。

非常规突发事件，是针对常规突发事件而言的，这一概念在我国也有不同定义，但是学术界主要认可和采用的是自然科学基金委员会对其的界定，即前兆不充分、具有明显的复杂性特征和潜在的次生衍生危害，而且破坏性严重，采用常规管理方式难以有效应对的突发事件。② 对应的英文是 Unconventional Emergency，类似"非典"、汶川大地震、南方雨雪冰冻灾害、玉树地震、"9·11"恐怖袭击、印尼海啸、美国卡特尼娜飓风、巴基斯坦洪灾、智利地震、日本"3·11"地震海啸及引发的核泄漏事故等都属于非常规突发事件。在国外这类事件大多被称为"极端事件"，对应的英文是 Extreme Events，其特点也基本与上述国内定义类似，详细内容参考第二章有关内容的文献综述。

二　应急管理、应急指挥与应急响应

追根溯源，"应急管理"一词在20世纪引入国内，彼时我国核电事业为与国际社会接轨，最早使用了"核事故应急管理"的概念。但是应急管理真正得以进入公众视野并被提上政府议事日程则是始于2003年那场突如其来的"非典"灾害，此后无论是学术研究还是政府行政管理实践中有关应急管理的探索逐步成为热点和迫切议题。由于欠缺成熟且系

---

① 《中华人民共和国突发事件应对法》，http://www.gov.cn/ziliao/flfg/2007-08/30/content_732593.htm。
② 韩智勇、翁文国、张维、杨列勋：《重大研究计划"非常规突发事件应急管理研究"的科学背景、目标与组织管理》，《中国科学基金》2009年第4期。

统的应急管理理论以及研究过程中学科语境的差异，一些关键概念常常出现区分不清晰的现象。因此本节内容先对与研究相关的几个核心词进行界定和区别。

美国灾害管理研究者托马斯·德拉贝克（Tomas Drabek）认为应急管理（Emergency Management）就是"应用科学、技术、规划与管理，应对能造成大量人员伤亡、带来严重财产损失、扰乱社会秩序的极端事件"。在我国，应急管理的概念有很多，大多被认为是政府采取的一系列措施和活动，目的是有效地预防和应对以及处置突发事件。对比国内外对应急管理概念的理解，可以发现"应急管理"都被视为一系列管理活动的总和，包括"法律法规、体制机构（公私部门）、机制与规则、能力和技术、环境与文化等，且活动目的基本一致"。这表明国内外在"应急管理"的理解上差异不大。

"应急指挥"和"应急响应"的含义在国内外则有所差别，并且有关概念的外延也不同。"应急指挥"（Incident Command）一词从国外的文献中可以发现大致有两类：一类多是源于军事指挥中的 C2（Command 指挥、Control 控制），目前国内外最为先进的军事战场信息化指挥系统已经发展演化到 C4ISR 系统；还有一类是在应急指挥系统（Incident Command System，ICS）或应急运行中心（Emergency Operation Center，EOC）概念之下的"应急指挥"，无论是 ICS 还是 EOC 都不可或缺地具备指挥功能和指挥人员，而它们也都是应急响应的组织结构或者载体。从这个角度或者 ICS 的内涵而言，"指挥"是其功能和职能之一，或者说是响应的一系列活动之一。而在这个过程中，指挥部或者担任指挥职能的指挥官需要完成的指挥活动包括七项行动，即①进行初始情况评估和持续性再评估；②发起维持控制沟通；③确定突发事件管理战略，制订行动计划调配资源；④需要补充性资源包括启动应急运行中心；⑤开发组织的指挥结构；⑥持续审查评估和修改行动计划；⑦准备继续、移交和终止指挥权。这些活动其实也就是紧急事件发生后美国一个突发事件管理系统的实施活动和过程。从狭义角度而言，这里的"应急指挥"是突发事件应急响应的活动和职能之一。

在我国，当"指挥"的概念超出军事范畴并广泛应用于社会管理各层面时，是指上级对所属下级各种活动进行的组织领导。宋劲松在其《突发事件应急指挥》一书中对突发事件应急指挥进行了定义，即"各级政府和相关职能部门在应急响应和应急处置期间，通过设立应急总指挥部、现场指挥部或应急指挥中心等临时性机构，按照既定的应急管理法制、体制和应急预案的要求，遵从一定的指挥关系，使用一定的指挥手段对突发事件进行响应和处置的一系列活动"。① 其目的是更有效率地开展应急组织与协调工作，使紧急事态和各种不利影响得到控制、减缓甚至消除。他还特别指出，应急指挥是指突发事件发生后在"应急处置与救援"阶段的指挥工作。因此应急指挥也是"处置与救援"阶段的活动之一。

在米切尔·K.林德尔（Michael K. Lindell）等人的著作《应急管理概论》中，应急响应（Emergency Response）是指"以保护人员生命、限制事件所带来的损失和将第二次影响所带来的损失最小化为目标的灾害管理战略，并且响应开始于事件发生时"。他们认为，应急响应有三个目标，即"保护灾民、限制最初影响带来的损失以及最大限度地减轻二次影响带来的损失"，应急响应活动包括"确保受灾区域的安全、疏散受威胁区域的民众、搜救伤者、提供应急医疗救助以及为被疏散者和灾民提供住所"。在这个理解中，应急响应是作为应急管理的四个阶段之一而出现的，也就是罗伯特·希斯（Robert Heath）提出的危机管理"4R"模型，即缩减（Reduction）、预备（Readiness）、反应（Response）、恢复（Recover）中的第三个"R"，即 Response。②

而我国《突发事件应对法》中对于应急管理过程的划分是"预防与准备、监测与预警、处置与救援、恢复与重建"，在"监测与预警"阶段，一旦发现突发事件爆发往往会在较短时间内启动相应级别的应急响应，这里所谓的启动应急响应是指应急响应预案；而往往在处置与救援阶段才是真正的响应活动。因此从应急管理过程而言，本书所谓的应急响应即是"4R"模型中的反应，也是上述法律中的"处置和救援"，是一个过程或者一系列活动，"针对灾害或危机爆发后所进行的各项维护社

---

① 宋劲松：《突发事件应急指挥》，中国经济出版社，2011，第14页。
② 〔美〕罗伯特·希斯：《危机管理》，王成、宋炳辉、金瑛译，中信出版社，2001，第30~31页。

会秩序、救护、避难等工作"。①

刘仁辉等人认为应急响应就是指"突发事件发生之后，通过各种措施控制和降低损害的行为。这一阶段包括了如事件评估、危机警报、紧急措施、应急对策和媒体沟通等多个重要环节，且不同管理层次的应急响应内容有所差异"。② 卢文刚则认为应急响应通常指一个组织为了应对各种突发意外事件的发生所做的准备以及在事件发生后所采取的应对处置措施。③ 也有研究者在研究政府部门的应急响应能力时认为应急响应包括快速反应、应急指挥、应急救援、应急避难和灾害信息发布等。④ 杨永俊通过对应急预案的分析，提出了突发事件应急响应的逻辑框架和一般流程，认为其核心过程就是救人、救物和防止次生灾害。⑤ 因此综合借鉴上述说法，本书中应急响应指的是事件爆发后响应组织和人员为了实现救人、救物和防止次生灾害等目标而开展的一系列处置与救援活动的行动集合。

三 失败、失效与失灵

"Failure"一词可以译为"失败"、"失效"、"失误"或"弊端"等等，是指不灵敏、不起作用或者不能工作的状态，失序、无序、低效、中断、损害等都是其表现，广义的失灵包括技术系统和人际系统之间的各种或大或小的失误。

早期的工业企业经营管理中有关"Failure"的研究较多地关注技术系统内，后逐渐地发展到管理和人因系统。在企业管理中，对于管理失败或者说经营弊端的研究可以追溯到20世纪60年代美国学者关于领导行为有效性的

---

① 童星、陶鹏：《论我国应急管理机制的创新——基于源头治理、动态管理、应急处置相结合的理念》，《江海学刊》2013年第2期。
② 刘仁辉、安实：《面对突发事件企业应急管理策略》，《管理世界》2008年第5期。
③ 卢文刚：《城市电力突发事件应急响应能力评价体系构建初探》，《中国应急管理》2011年第4期。
④ 铁永波、唐川、周春花：《政府部门的应急响应能力在城市防灾减灾中的作用》，《灾害学》2005年第3期。
⑤ 杨永俊：《突发事件应急响应流程构建及预案评价》，硕士学位论文，大连理工大学，2009。

研究。日本著名的企业管理家田边升一较早地对企业的经营弊端进行了诊断,并提出了超越危机的经营法则。80年代末美国学者在研究企业危机时提出要把管理失误作为危机起源来研究其过程机理,80年代末90年代初,美国政府对"挑战者"号航天飞机爆炸事故的调查引发了有关"挑战者"号失败的深层次原因是技术问题还是管理问题的大讨论。90年代我国学者佘廉对企业逆境(经营失败、管理波动、管理失误)展开了研究,揭示了企业经营失败的机理如负功、弊端、促退、无效、失败等。在其研究中把管理失误视为管理行为未能实现管理目标的一种行为过程,包括管理活动中的事故、失误、犯罪等多种形式。管理波动则是企业管理系统的功能丧失、秩序混乱的一种运行状态。也就是说管理行为要素的特定作用在企业内外环境变化下发生演变或异化,或者管理行为要素的特定目标发生错位。①

"Failure"一词还可以译为"失灵",失灵可以视为一种与期望结果的偏离或者是一种既定秩序的打破。这包括可以避免的错误和不可以避免的负面结果,本书采用"失灵"这一说法。它既不是机器及零部件故障的专属,也不是经济活动无效率的特有名词。常见的失灵理论有"市场失灵"、"政府失灵"和"志愿失灵",这是从公共物品的提供主体(部门)角度的分类。由于突发事件往往事先缺乏先兆,发生和演化路径也难以预测,这些"失灵"现象也广泛存在于风险社会的治理过程中,特别是非常规突发事件的应急管理过程中。如巨灾风险处置的私人市场存在市场失灵,②如我国煤矿安全生产过程中存在着政府监管失灵,③如食品安全问题中同时存在着两种失灵,④又如地震救援或灾后重建过程中也都存在着志愿失灵现象。⑤

从不同的角度,失灵还可以分为"结果失灵"和"过程失灵"。所谓"结果失灵"就是与巴纳德提出的组织有效性相对立的一种状态,就是目标

---

① 佘廉:《企业预警管理理论》,河北科学技术出版社,1999,第351~352页。
② 张剑:《我国巨灾风险处置市场失灵的经济学分析》,《商业文化》2007年第9期。
③ 曹芝维:《我国煤矿安全监管失灵的政策网络分析》,硕士学位论文,中南大学,2012。
④ 李颖:《基于"双失灵"视角的食品安全问题研究——以上海食品业为例》,硕士学位论文,上海师范大学,2012。
⑤ 邓雯妍:《应急管理中志愿失灵研究——以汶川地震为例》,硕士学位论文,暨南大学,2009。

未能实现。从结果而言,"失灵"通俗地讲就是目标未能实现,它既可以是响应环节上的某一任务目标未能实现,也可以是最终目标未实现或者未达到预期;可以是救人失败,也可以是未能防御次生灾害。从程度上而言,它可以是彻底的救人不成功,也可以是不及时和不彻底。但是无论哪种,组织失灵通常都会对组织整体及其构成部分甚至是外部环境造成破坏性。也就是说组织失灵会带来安全问题,组织失灵也意味着组织的目标没有完全实现。

本书研究对象是应急响应以及应急指挥系统,传统上看主要是针对政府部门,目前我国应急处置和救援主体也是各级政府,因此应急响应失灵是指突发事件发生后,各级政府应急组织和部门及其人员参与应急处置和救援的过程中功能失效和目标失败的现象。

四 绩效(效能、效率)与可靠性

绩效(Performance)一词源于管理学,是组织为实现其目标而开展的活动在不同层面上的有效输出。不同的人对绩效的理解有差异。有人认为绩效是企业工作人员的贡献或者工作结果,也有人认为绩效是完成工作的效率(Efficiency)和效能(Effectiveness)。效能或效果(Effectiveness)用管理大师彼得·德鲁克的话来解释就是"做正确的事",其结果是确保我们的工作是坚定地朝向自己的目标;而效率(Efficiency)强调时间利用,也就是"正确地做事",其目标是让我们更快地朝目标迈进。效率以效能为前提,如果不是在做正确的事,正确地做事将变得毫无意义。首先是做正确的事,然后才存在正确地做事。在企业中,做正确的事往往由企业战略决定,而正确地做事则是执行问题。

衡量绩效一般需要从这两个方面进行考虑。在应急管理和灾害管理的研究中,有关绩效的研究已经有一些,但是比较零散,宏观方面较多的是偏效能方面的研究,类似"有效应急管理的最佳办法或标准"等,微观或实证层面较多的是针对应急管理的某一环节、某方面、某类或某一组织进行的评估。

可靠性(Reliability)从历史上看通常与机器设备或装置的绩效联系在

一起。在系统工程中指的是系统在规定的条件下，在规定的时间内完成规定功能的能力，通常包括系统的安全性、适用性、耐久性和稳定性几个方面。可以说这个概念有效率和效果两个方面的因素，因此，高可靠性有可能获得高绩效。

Jackson 等人定义"响应可靠性"为灾时应急响应系统在一定水平之上实现系统功能及目标的可能性，或者说系统在特定水平之上履行响应能力的可能性。① 这里的"响应能力"则是系统计划、领导、政策、程序、人事、培训、材料、器材和设备等在灾后满足需求的能力。② 而"系统功能"则是多元的，在米切尔·K.林德尔等人看来，应急响应的功能包括应急评估、致灾因子行动、人员防护以及突发事件管理等，每个功能还具备不同的子功能，而这些功能则多由事故管理系统的不同部门承担和完成。③

一旦启动或者开始应急响应，就是要及时有效地抢救遭受威胁的生命财产并降低灾害带来的各种损害和影响。安金朝认为，"应急响应过程可靠性"是指"由各个应急响应活动有机构成的基本任务阶段，在各自的应急限制期内顺序启动，调用相关的人力资源、软件和硬件资源，在所处的内外部环境条件下，在规定时间内完成应急响应任务的能力"。④

实践中，应急指挥系统（事故指挥系统或突发事件管理系统）往往就是国内外灾时采用的惯用做法，是实施应急响应活动的组织形式和载体，因此应急响应可靠性是指应急响应组织结构在一定限制条件下、在一定的时间内通过持续开展一系列组织和救援活动来实现响应目标的能力。

---

① Jackson B. A., Sullivan F. K., Willis H. H., "Are We Prepared? Using Reliability Analysis to Evaluate Emergency Response Systems," *Journal of Contingencies and Crisis Management* 3 (2011): 147 – 157.

② McConnell A., Drennan H., "Mission Impossible? Planning and Preparing for Crisis?" *Journal of Contingencies and Crisis Management* 2 (2006): 59 – 70; EMAP, Emergency Management Accreditation Program, EMAP Stanard, September, 2007.

③ 〔美〕米切尔·K.林德尔、卡拉·普拉特、罗纳德·W.佩里：《应急管理概论》，王宏伟译，中国人民大学出版社，2011，第 201～202 页。

④ 安金朝：《应急响应过程可靠性建模及调度方法研究》，硕士学位论文，南昌大学，2007。

第一章 绪论

第四节 理论基础

一 任务型组织理论

复杂性和高度不确定性是后工业社会的重要特征，并且也逐渐成为一种常态，无论是"9·11"恐怖袭击、"非典"、卡特尼娜飓风、埃博拉病毒，还是汶川地震……都表明人类社会正在向前所未有的时代迈进，这个时代的重要特征是复杂性和高度不确定性。在人类走向后工业社会的历史转型过程中，作为工业社会治理主体的常规组织开始暴露出不适应性，传统的治理方式面对危机事件体现了治理的无效性，从而凸显了任务型组织非凡的实践意义。这时候"任务型组织"（Task-Oriented Organization）被广泛研究且大量运用于重要紧急的临时性任务实现中，尤其是在危机事件的应对过程中日益显示出其独有的优势。

（1）任务型组织溯源

国外的组织理论中早有类似叙述，一些学者观察到一种不同于官僚制组织的"特殊组织"的存在。比如，在《官僚制内幕》中，唐斯就描述了这样一种现象："官僚组织或其中某个部门突然接到上级命令，去完成一件紧迫任务。该任务很复杂，需要新的研究与执行，需要许多资源，并且必须尽可能快地完成。……因此，为了完成这个任务，在官僚组织的正常运作之外，一个新的组织建立起来了。它整体看来，比原官僚组织要小得多，尽管它可能拥有许多成员，但这些成员具有比较突出的能力，比原官僚组织的一般成员更胜任工作，因为他们是为了这个任务而被特别挑选出来的。他们在一段时期内免于日常轮换，所以人员更替率很低。此外，它拥有足够的专家和足够的资源，可以独立于日常运作的命令链条。它被豁免了几乎所有现存的控制、管制以及程序，并且可以自由创造它自己的控制、管制与程序。最后，它具有充分的优先权来使用资源，资源配置无须直接与正规部门中其他的资源使用者竞争。"不过，出于当时所有组织都会走向官僚化的一般认识，唐斯认为，这种"特殊组织"最终也会失去其特殊性，"变得只不过是官僚组织的另一个组成部门而已,在规则、管制以及缓慢的决策程序中奋争"。①

汤姆·彼得斯通过研究提出了"达拉斯组织"的组织现象,"为了一个活动的顺利举行,几十个具有不同专业背景、分布在不同区域的人在短时间内被召集到一起,见面之后很快投入工作,任务完成之后又各奔东西"。② 20 世纪后期,这种被唐斯视为"特殊组织"的"任务小组"或者是被汤姆·彼得斯称为"达拉斯组织"的小组在国外政府实践中应用广泛且比较成熟,也推动了各种行政或组织改革,但是这一理论或理念仍然没有得到主流组织理论学家的认可或者重视。

追踪溯源,"任务型组织"最早是在 1958 年由美国著名管理学家、社会科学家西蒙等人在其著作中提出的,但直到近来中国人民大学张康之等人才重新发现这一概念并对它进行了深入考证和阐述,任务型组织的理论这才逐渐进入人们的视野,这也为政府或企业实践中各种临时性组织的出现、管理和解散提供了理论依据。如果不是张康之等人在《任务型组织研究》中重新考证了它的渊源,恐怕人们都不会知道西蒙与马奇这两位管理学大师还曾经有过这样一个灵光一闪的时刻。③ 总之,张康之等人对国外组织理论的有关研究进行了全方位的梳理,认为国外有关任务型组织的研究主要有以下不同视角:基于任务的研究视角④、基于组织结构的研究视角⑤、基于复杂性和不确定性的研究视角⑥、基于组织形态的研究视角⑦、基于信任与合作关系的研究视角⑧等等。

(2)任务型组织在我国

国内任务型组织的实践无论是在公共部门还是私人部门中都有很多。从

---

① 张康之、李圣鑫:《任务型组织研究的前史》,《南京社会科学》2007 年第 5 期。
② 〔美〕汤姆·彼得斯:《解放型管理》,张岩贵等译,内蒙古人民出版社,2000,第 226 页。
③ 石国亮、张乾友:《通过任务型组织开展风险治理——兼评张康之教授的"任务型组织观"》,《社会科学研究》2012 年第 6 期。
④ James G. March, Herbert A. Simon, *Organization*, NewYork: John Wiley, 1958, p. 122.
⑤ 竹立家、李登祥等:《国外组织理论精选》,中共中央党校出版社,1997,第 100~102 页。
⑥ James D. Thompson, *Organization in Action*, NewYork: Mc Graw-Hill, 1967, p. 52.
⑦ 〔英〕查尔斯·汉迪:《非理性的时代:掌握未来的组织》,王凯丽译,华夏出版社,2000,第 82~92 页。
⑧ 杨洪兰、张晓蓉:《现代组织学》,复旦大学出版社,1997,第 125~126 页。

政府方面来看，这种围绕特定任务产生，随着任务的实现和完成而解散或退出的组织有很长的历史，并且发挥了重要作用，也协助政府成功地处理了许多重大的社会问题和复杂的突发事件，如北京筹备和组办奥运会的"奥组委"、因非典型性肺炎而成立的"防治领导小组"以及各级政府成立的各种议事协调机构等等。

张康之在2002年受聘为国务院行政审批改革办公室专家组成员时临机想到这个组织与常规组织的差异性，由此触发了其有关任务型组织的系统化和专门性研究。张康之指出，与过去常规的组织形式相比，任务型组织是在人类社会逐步迈向后工业化社会的进程中发展而来的。他呼吁要给予这类组织更多关注。任务型组织是一种不同于以"官僚制"为基本构架的常规组织的组织形式，在人类迈向后工业化社会的进程中，这类组织将日益发挥巨大的作用，因此亟须给予这类组织应有的关注。① 所谓任务型组织是指"以任务为导向、具有临时性特征的组织，它在资源获取、组织结构、人力和物力的安排使用、管理的方式方法等方面均不同于常规组织。特别是临时性组织设立方式灵活，任务完成后及时解散，使它能弥补常规组织在处理非常规性任务上的缺位"。②

张康之及其博士研究生就任务型组织的若干问题进行了全面且开创性的研究。任务型组织的资源获取是组织产生与发展过程中一个独立的方面，李东将其从众多的组织活动中分解出来，作为一个十分具体、微观的问题进行思考，从本质上探讨了组织与环境的关系以及组织的效力问题。该研究旨在区分任务型组织与常规组织在资源获取问题上的差异，而不仅仅是如何获取资源的渠道上面。③ 这样的研究一定程度上能够获得全面的结论。

程丹对任务型组织运营的过程规划展开了研究。其认为任务型组织的整个运营过程要以任务为导向，也就是说其目标结构、成员角色往往

---

① 张康之：《当前中国政府应当考虑的十项策略》，《中山大学学报》（社会科学版）2005年第5期。
② 张康之等：《任务型组织研究》，中国人民大学出版社，2009，第13~18页。
③ 李东：《任务型组织资源获取问题研究》，博士学位论文，中国人民大学，2007。

是随任务的发展变化不断更新与调整的，并不是一成不变的；在研究任务型组织成员的行为整合时，把信任和合作作为其整合机制的基础，这就消除了组织成员不熟悉或者组织松散、组织即兴等带来的负面结果。其研究从任务型组织过程中最本质现象出发，抽象出任务型组织运营过程六个方面。①

张康之认为，任务型组织的领导框架也存在一些与常规组织不同之处，如领导权共享、领导宽松授权、领导要创造自由环境等。此外，他还就任务型组织的设立方式和路径②、任务型组织的任务和目标③、任务型组织的结构④⑤、环境应变能力⑥、主动性⑦、管理方针以及解散全过程⑧进行了研究。针对日益不确定的外部环境，任务型组织处理问题就是要"以变应变"。

二 高可靠性组织理论

（1）高可靠性组织理论的产生、概念及特征

进入20世纪以后，工业化步伐加快的同时也伴随着各类安全生产事故的高频出现。西方社会一些学者把目光投向这里，他们逐渐开始关注并对高风险行业的事故、风险减轻和安全管理等问题展开研究,⑨ 于是高可靠性组织理论就发源于这种大环境中。

20世纪80年代，以加州大学伯克利分校一批学者为代表的研究者最早地开始关注高风险企业如航天航空、飞机控制系统、核动力工厂等行业中的

---

① 程丹：《任务型组织运营的过程规划》，博士学位论文，中国人民大学，2008。
② 张康之、李圣鑫：《任务型组织设立问题研究》，《理论学刊》2007年第3期。
③ 张康之、李圣鑫：《任务型组织设立中的任务分析》，《北京工业大学学报》（社会科学版）2007年第6期。
④ 张康之、周雪梅：《论任务型组织结构的非平衡态》，《中国行政管理》2006年第12期。
⑤ 张康之、李圣鑫：《任务型组织及其构成要素》，《学习论坛》2008年第4期。
⑥ 张康之、程丹：《论任务型组织环境的变动性特征》，《甘肃行政学院学报》2008年第1期。
⑦ 张康之、李圣鑫：《论任务型组织及其主动性》，《西北大学学报》（哲学社会科学版）2007年第6期。
⑧ 张康之、李圣鑫：《任务型组织解散中的责任小组》，《成都行政学院学报》2008年第6期。
⑨ 奉美凤等：《高可靠性组织研究的现状与展望》，《南华大学学报》2009年第1期。

事故、安全等问题，并认为除了人为因素外，事故或风险存在或者安全管理有误的深层原因与组织本身，即组织自身的可靠性因素有关。① 因此高可靠性组织（High Reliability Organization，HRO）理论就是从组织自身的角度来发现和反思组织的风险或事故的发生以及如何转危为安的管理提升问题。HRO 这一概念最早由加州大学伯克利分校政治学系的 La Porte 教授提出。② 1985 年加州大学伯克利分校成立一个研究小组对航空控制、核动力航空母舰甲板以及 Diablo Canyon 核反应器进行研究，研究发现这些组织虽然都面临超复杂和紧耦合的任务环境，但都通过运用类似策略取得了优秀的安全纪录，于是，La Porte 等人开始研究高可靠性组织及其制度和管理环境的关系。③④⑤

高可靠性组织理论的兴起也是"伯克利学派"作为回应 Perrow 的正常事故理论（Normal Accident Theory）的产物。Perrow 认为无论管理和运行多么有效，在交互复杂和紧耦合的系统中出现事故是正常的、不可避免的，因此它们无法预测或预防。⑥ 与之不同，高可靠性理论认为，一些组织能够在这样的环境中有效地操作并实现很长一段时间内的持续安全

---

① 早期有关 HRO 的文献研究包括：Rochlin G. I., La Porte, Roberts K. H., "The Self-Designing High Reliability Organization: Aircraft Carrier Flight Operations at Sea," *Naval War College Review* 4（1987）：76 – 90；Roberts K. H., "Some Characteristics of High Reliability Organizations," *Organization Science* 3（1990）：160 – 177；Weick K. E., Sutcliffe K. M., *Managing the Unexpected: Assuring High Performance in an Age of Complexity*, San Francisco, CA, USA: Jossey-Bass, 2001, pp. 10 – 17；Roberts K. H., Stout S. K., Halpern J. T., "Decision Dynamics in Two High Reliability Military Organization," *Management Science* 5（1994）：614 – 624。

② La Porte T. R., *Organized Social Complexity: Challenge to Politics and Policy*, Princeton, NJ: Princeton University Press, 1975.

③ La Porte T. R., Roberts K. H., Rochlin G. I., The Research Challenge, Institute of Governmental Studies, Working Paper, 1987.

④ La Porte T. R., Consolini P., "Working in Practice but not in Theory: Theoretical Challenges of High-Reliability Organizations," *Journal of Public Administration Research and Theory* 1（1991）：19 – 47.

⑤ La Porte T. R., "A Strawman Speaks Up: Comments on the Limits of Safety," *Journal of Contingencies and Crisis Management* 4（1994）：207 – 211.

⑥ Perrow C., *Normal Accidents: Living with High Risk Technologies*, New York: Basic Books Inc., 1984.

纪录,①② 这类组织诸如美国海军潜水艇③、联邦航空管理局的航空管制④、核电站⑤以及海上钻井平台等。

尽管高可靠性组织理论和正常事故理论有所不同,但都是从系统安全和事故预防的社会和组织支撑层面对风险和事故加以关注。这两种理论自产生以来,学界围绕它们的辩论一直存在,但没有明确结论。即使是有关高可靠性组织的准确含义,目前也未统一,尽管不同研究者的观点有所差异,但是它们还是有一些共同点存在。现有研究中,很多学者对高可靠性组织是这样定义的:在一系列高风险组织中,如果它们能在相当长一段时期内保持一个高安全性的纪录,那么这些组织就是 HRO。⑥ Schulman 等人区分了高可靠性组织内的不同,由此还出现了高可靠性理论分支。⑦ 后来也有研究发现高可靠性组织也不如初现时那么独特,因为一些核电站运用其他策略也获得了同样的可靠性。高可靠性理论最具意义的发展当数可靠性研究视角和维度的提出,美国学界开始通过保护和抑制、保守风险测试、试错学习等方法防止巨灾的出现。

有关高可靠性组织的关键特征,很多学者都有阐述。如加州大学 La Porte 等人认为高可靠性组织技术专业、技术过程稳定、强调安全、关注

---

① La Porte T. R., Consolini P., "Working in Practice but not in Theory: Theoretical Challenges of High Reliability Organizations," *Journal of Public Administration Research and Theory* 1 (1991): 19 – 47.
② Roberts K. H., "Managing High Reliability Organizations," *California Management Review* 4 (1990): 101 – 114.
③ Rochlin G. I., La Porte T. R., Roberts K. H., "The Self Designing High-Reliability Organization: Aircraft Carrier Flight Operations at Sea," *Naval War College Review* 40 (1987): 76 – 90.
④ Schulman P. R., "The Negotiated Order of Organizational Reliability," *Administration & Society* 3 (1993): 353 – 372.
⑤ La Porte T. R., Lasher T., Cold Turkeys and Task Forces: Pursuing High Reliability in California's Central Valley, Working Paper 88 – 125, Berkeley, CA: Institute of Governmental Studies, University of California, 1988.
⑥ 奉美凤等:《高可靠性组织研究的现状与展望》,《南华大学学报》2009 年第 1 期。
⑦ Schulman P. R. et al., "High Reliability and the Management of Critical Infrastructures," *Journal of Contingencies and Crisis Management* 2 (2004): 14 – 28.

问题并且以学习为导向;① 密歇根大学的组织心理学教授 Weick 等人指出,高可靠性组织拥有一项重要特征就是它们能够及时发现不断出现的意外或变化,进而采取一系列措施来积极应对。② Weick 和 Sutcliffe 在其书中指出了 HRO 的重要特点:高可靠性组织都具有紧急预案来应对意外情况的发生,有详细的操作说明、灵活的操作程序,重视组织柔性和弹性化,尊重专家看法并重视发挥技术作用。③ 大量的研究者认为 HRO 的原则和特点都是依赖背景的,并指出源自 HRO 理论的做法应被视为框架而非指南,应在实践中进行检验。④

（2）高可靠性组织理论的研究进展

自从该组织理论被提出以后,它就被许多学者广泛运用在不同行业或类型的组织（如消防部门、医疗行业和航空航天等）研究中。最初的有关研究始于美国海军潜水艇的航行研究、联邦航空管理局的航空管制、核电站以及海上钻井平台等,近来研究者们认为高可靠性组织也可以在常规的、低风险的环境中运用,⑤ 比如医疗部门⑥、铁路部门⑦、电力部门⑧、软件公司⑨、银行⑩等

---

① La Porte T. R., Consolini P., "Working in Practice but not in Theory: Theoretical Challenges of High Reliability Organizations," *Journal of Public Administration Research and Theory* 1 (1991): 19–47.
② Weick K. E., Roberts K. H., "Collective Mind in Organizations: Heedful Interrelating on Flight Decks," *Administrative Science Quarterly* 3 (1993): 357–381.
③ Weick K. E., Sutcliffe K., *Managing the Unexpected: Assuring High Performance in an Age of Complexity*, San Francisco: Jossey-Bass Publishers, 2001, p. 135.
④ Tamuz H., "Improving Patient Safety in Hospitals: Contributions of High-Reliability Theory and Normal Accident Theory," *Health Services Research* 4 (2006): 1654–1671.
⑤ Zohar D., Luria G., "Organizational Meta-Scripts as a Source of High Reliability: The Case of an Army Armored Brigade," *Journal of Organizational Behavior* 7 (2003): 837–859.
⑥ Roberts K. H., Martha G., "Risk Mitigation in Healthcare Organizations and in Aggregations of those Organizations," in Marilyn S. Bogner, ed., *Human Error in Medicine* (2nd edition), Hillsdale/NJ: Erlbaum, 2008.
⑦ Busby J. S., "Failure to Mobilize in Reliability-Seeking Organizations: Two Cases from the UK Railway," *Journal of Management Studies* 6 (2006): 1375–1393.
⑧ Roe E., Schulman P., *High Reliability Management: Operating on the Edge*, Stanford, CA: Stanford University Press, 2008, pp. 115–126.
⑨ Vogus T. J., Welbourne T. M., "Structuring for High Reliability: HR Practices and Mindful Processes in Reliability-Seeking Organizations," *Journal of Organizational Behavior* 7 (2003): 877–903.
⑩ Roberts K. H., Libnser C., "From Bhopal to Banking: Organizational Design Can Mitigate Risk," *Organizational Dynamics* 4 (1993): 2–17.

等，这些组织环境对可靠和高效有着极大的需求。

　　有研究者还指出，由于环境和挑战的相似性，安全文化对于医疗部门而言也是极其重要的。安全文化演变的一个结果就是高可靠性组织的产生，因此高可靠性组织对于医疗看护而言也具有潜在价值。① 类似的研究还有很多，如 Baker 等人则认识到医疗救援中团队合作是高可靠性组织形成的根本要素，② Vincent 等人也对医疗救护中的高可靠性进行了研究。③

　　华盛顿大学 Bigley 教授和加州大学 Roberts 教授借消防部门采用事故指挥系统（Incident Command System，ICS）处理紧急事故作为 HRO 应用于实践的一个例子，他们认为 ICS 是一个应对极端事件非常可靠的组织，其构成机制、有限即兴的组织支持以及认知管理方法使得这种新的组织形式受到欢迎，它一方面能保障行政组织的高效控制，另一方面也能避免和克服官僚组织的惰性倾向。④ 康奈尔大学高级人力资源研究中心（CAHRS）Frants 教授采用问卷对加州圣贝纳迪诺市消防部门展开了实证研究。研究发现，该市消防部门采纳了高可靠性组织的重要理念并且将这些理念巧妙融入其组织结构和组织文化中，其直接效果就是在紧急行动的开展中效率提高，加大安全性。因此他认为采用高可靠性组织的活动原则不仅在紧急情况甚至在非紧急情况下也能够提高组织活动效率以及充分利用组织资源等。⑤ 此外，加州大学 Roberts 教授等人还把 HRO 理论应用于人力资源管理的研究中，运用组织行为学的研究方法，他们提出了提高高可靠性组织业绩的人力资源管理策略

---

① Hudson P., "Applying the Lessons of High Risk Industries to Health Care," *Quality and Safety in Health Care* S1（2003）：7－12.
② Baker D. P., Day R., Salas E., "Teamwork as an Essential Component of High-Reliability Organizations," *Health Services Research* 4（2006）：1576－1598.
③ Vincent C., Benn J., Hanna G. B., "High Reliability in Healthcare," *British Medical Journal* 340（2010）：84.
④ Bigley G. A., Roberts K. H., "The Incident Command System: High Reliability Organizing for Complex and Volatile Tasks," *Academy of Management Journal* 6（2001）：1281－1299.
⑤ Fratus J. M., Center for Advanced Human Resource Studies / Toward a Strategic Human Resource Management Model of High Reliability Organization Performance（CAHRS Working Paper 04－02），Ithaca, NY：Author, 2004.

模型。①

由此可见，高可靠性组织理论已在大量领域得到广泛应用。尽管上述大量理论研究和一些实证研究的开展使 HRO 理论迅速发展，但是我们在高可靠性组织的理解上仍存在一些空白。尽管此前研究强调高可靠性组织的各种特征，认为它们对于安全和绩效有重要意义，但是在不同的环境中究竟哪个特征最重要仍没有结论，什么特征是在不同环境中都适用的、积极的？另外也很少有研究关注高可靠性组织的实施问题，在挑战和机遇并存的环境中实施这些过程要求哪些能力？高可靠性组织又能多大程度提高企业安全和系统绩效？

三 理论述评与借鉴

应急指挥系统（ICS）本质上是有关组织的研究，国内在应急管理领域对于国外组织理论发展成果的学习和借鉴还不够，特别是在高可靠性组织理论方面。目前只看到南京行政学院高信奇运用高可靠性组织的研究成果提出了高可靠性应急管理政府的构成因素。② 但是究竟应急指挥系统是不是高可靠性组织目前在国外仍没有定论，有关高可靠性组织和正常意外理论的讨论和争辩一直没有结论。至于 ICS 的本质特征，绝大多数学者认为它就是官僚组织（Bureaucracy）或者封闭性组织，也有学者认为它是网络组织（Networks），还有研究者认为应急指挥体系形式是科层的，但是其运行或者原则本身可以带来令组织可靠的因素。③ 不管持何种看法，高可靠性组织的特征和实现条件可以为我们完善非常规突发事件应急指挥组织结构提供些许借鉴和思路。

中国人民大学张康之等人认为应急指挥组织是任务型组织的主要形式。

---

① Roberts K. H. et al., "A Case of the Birth and Death of a High Reliability Healthcare Organisation," *Quality and Safety in Health Care* 3 (2005): 216–220.

② 高信奇：《高可靠性应急管理政府：借鉴与构建》，《上海市经济管理干部学院学报》2011 年第 2 期。

③ Bigley G. A., Roberts K. H., "The Incident Command System: High Reliability Organizing for Complex and Volatile Tasks," *Academy of Management Journal* 6 (2001): 1281–1299.

北京社科院熊炎对应急组织的历史语境、协调机制和结构设计进行了回顾,[①] 他认为"高效应急组织"分为机械应急组织、专业应急组织和分部应急组织三类,并研究了其运行过程和运行特征:信息传递格式化、成员行为惯性化和专家联盟集权化。[②] 他认为应急管理研究要落实到权变理论、任务型组织理论两大理论中,二者共同构成一个应急组织的理论基础,[③] 要不断发展并完善非常态组织理论。[④] 因此从某种程度上,可靠性组织理论和任务型组织理论都是现代组织理论的发展,无论是从组织特点还是从内涵而言,它们都从一个侧面揭示了突发事件应急指挥组织体系的特点,如这个组织需要具备完成规定时间内规定目标的能力,即具有高可靠性;这个组织往往具有临时的某些特殊的任务,且必须快速完成该任务,即"任务导向"性,不得不承认这些组织理论都与突发事件应急指挥系统的组织形式内在契合,因此这两种理论都可作为研究应急指挥组织结构的重要依据。

本章小节

本章在指出研究背景和选题来源后,提出一个理论和实践中都迫切需要进一步解释的核心问题,即如何确保应急指挥系统或应急响应组织体系在有限时间内有效地协调响应人员和物资持续稳定地发挥功能,继而完成既定响应目标的可靠性管理问题。围绕该研究问题,本章对研究内容和研究方法展开了阐述;对与选题有关的核心概念进行了界定和区别;最后还对与选题有关的理论进行了简要的评述和借鉴。

[①] 熊炎:《应急组织的历史语境、协调机制与结构设计》,《天津行政学院学报》2011年第5期。
[②] 熊炎:《高效应急组织的界定、分类与运行特征》,《中国人民公安大学学报》2011年第3期。
[③] 熊炎:《应急管理中的组织原理》,《中国社会科学报》2010年10月21日,第10版。
[④] 熊炎:《应急管理中的组织原理综述》,《广东行政学院学报》2010年第6期。

第二章 国内外相关文献综述

非常规突发事件潜在的巨大影响使其得到国内外理论界和实践者的高度重视。2009年以来，国内学界也掀起了该问题的研究热潮。本章围绕"非常规突发事件应急响应可靠性研究"这个命题，将展开以下四个方面的文献回顾：一是有关非常规突发事件的研究，包括其含义、特征、研究主题和主要研究方法；二是有关应急响应的研究，包括应急响应的含义、应急响应的任务划分、应急响应研究的学科视角、应急响应结果的影响因素等；三是应急响应的组织载体（ICS）也就是突发事件应急指挥系统的研究，包括ICS的起源和发展、ICS的有关争议、ICS在中国的发展研究、ICS研究方法述评等；四是有关可靠性的研究，包括可靠性的含义及研究方法等。有关回顾将为本书后续理论构建及实证研究奠定基础。

第一节 非常规突发事件研究述评

一 非常规突发事件的含义及特点

在国外，非常规突发事件（Unconventional Emergency）常常被称为"极端事件"，英文是 Extreme Events。尽管国外社会科学领域早在20世纪60~70年代就开始了有关灾害和危机（Disaster / Crisis）的研究，其最早期著名的研究中心也随 Enrico L. Quarantelli 从俄亥俄州立大学迁往位于纽瓦克的特拉华大学，但是这一时期有关极端事件的表述和研究还不多。美国最早关于"极端事件"的定义是在 1999~2000 年由 Priscilla Nelson, Ann Bostrom 和

Rachelle Hollander 几位研究人员在美国国家科学基金（National Science Foundation，NSF）项目的一篇文稿中提出的。① 2000 年美国 NSF 专门设立了关于极端事件的研究项目，其中对极端事件进行了界定，提出了 6 点特征，如响应活动是非线性的；极少发生，一旦发生速度非常快；这类事件多产生于社会和自然领域；导致人类、生态和地球发生变化；带来灾难性后果或者具有潜在的巨大危害和影响。② 类似切尔诺贝利核事故、安德鲁飓风、洛杉矶北岭大地震、全球气候变暖、主要能源和食品短缺、地区武装冲突、传染病流行、区域生态系统破坏等都可被称为"极端事件"。③ 这些事件通常具备共同的特征：发生非常少见且突然，并带有不确定性，发生时极具破坏性，后果严重，事件构成复杂，潜在的长期变化性，影响到大量的生命和生态系统等。④

国内有关非常规突发事件的研究始于 2009 年前后，最初有关定义大多是从这类事件的危害性和发生频率等方面展开的。⑤ 如同济大学韩传峰等人指出非常规突发事件是那些社会很长时间都没有发生或者极少发生过的，并且社会各界缺乏对该类事件演化规律的认识以及处置该事件的经验，其具有突发性、破坏性、持续性和危害性等一些基本特征。⑥ 林鸿潮和詹承豫认为，作为一个动态情境下应对主体与事件本身相互作用、相互影响的过程，非常规突发事件自身表现出难预测性（发生原因）、不确定性（演变过程）和严重的社会危害性（影响后果）等特征（或这些特征的集合）。对应对主体而言，则表现为超过其既有的风险认知范围和常规手段下的可控程度，从

---

① 极端事件（Extreme Events）的定义由 Priscilla Nelson，Ann Bostrom 和 Rachelle Hollander 在 1999～2000 年美国国家科学基金项目中提出。
② 刘霞、严晓、刘世宏：《非常规突发事件的性质和特征探析》，《北京航空航天大学学报》（社会科学版）2011 年第 3 期。
③ 刘霞、严晓、刘世宏：《非常规突发事件的性质和特征探析》，《北京航空航天大学学报》（社会科学版）2011 年第 3 期。
④ Sarewitz D., Pielke R., Extreme Events: A Framework for Organizing, Integrating and Ensuring the Public Value of Research, Report of a Workshop Held in Boulder, Colorado, on June 7 – 9, 2000.
⑤ 舒其林：《情景—应对模式下非常规突发事件应急资源配置调度研究》，博士学位论文，中国科学技术大学，2012。
⑥ 韩传峰、王兴广、孔静静：《非常规突发事件应急决策系统动态作用机理》，《软科学》2009 年第 8 期。

而需要使用非常规方式予以应对。① 马庆国和王小毅则指出，非常规突发事件在日常生活中几乎不发生，若一旦发生，应对该突发事件的决策者和受灾群体几乎没有相应的决策规则和经验可以依循与借鉴，该事件对社会影响范围大且严重，并且容易发生次生灾害（如地震后的泥石流、流行病等）。②

考虑到国家应急管理的重大战略需求和应急管理重大科学前沿中的基础科学问题，2009年国家自然科学基金委启动了"非常规突发事件应急管理研究"的重大研究计划，并在重大计划项目规划书中首次将非常规突发事件定义为"前兆不充分、具有明显的复杂性特征和潜在的次生衍生危害，而且破坏性严重，采用常规管理方式难以有效应对的突发事件"。尽管国内研究者在具体运用这一概念时仍有不同表达，但是这一定义基本得到学术领域的广泛认可。

本书认为，可以从不同方面来理解非常规突发事件：首先，内在本质上它是一类极端不确定性事件；其次，外在表现形式上它多引起一连串后果，并导致影响巨大的灾害事件链出现；最后，应对方式上它的有效应对和处置离不开不断变化发展的连续过程或者复杂系统，也就是说如果拿一般的应对方式多效果不理想，因此就应对方式而言它需要一些非常规手段。

虽然目前国内外学界对非常规突发事件和极端事件的名称界定不一，但其内涵性质有相同之处。不论是非常规突发事件、巨灾，还是极端事件，一定程度上存在着互通之处："一个动态情景下应对主体与事件本身相互作用、相互影响的过程，自身表现出难预测性（发生原因）、不确定性（演变过程）和严重的社会危害性（影响后果），对应对者来说，需要使用非常规方式予以应对。"③

---

① 林鸿潮、詹承豫：《非常规突发事件应对与应急法的重构》，《中国行政管理》2009年第7期。
② 马庆国、王小毅：《非常规突发事件中影响当事人状态的要素分析与数理描述》，《管理工程学报》2009年第3期。
③ 林鸿潮、詹承豫：《非常规突发事件应对与应急法的重构》，《中国行政管理》2009年第7期。

二 非常规突发事件的研究主题及启示

国外有关非常规突发事件的研究早期大多与气候变化及其带来的极端气象灾害有关（极端事件，Extreme Events），近来还出现了意义相近的概念如跨界危机（Transboundary Crises）、巨灾（Catastrophe）等。

早期极端事件的研究大多与气候变化相关。科罗拉多大学 Katz 和 Brown 教授研究气候变化背景下的极端事件时指出采用气候模型需要在初设计时发现气候的变异性，而应对极端事件的政策分析不能随研究未来及其后续变化情境方法的变化而变化，因此这种气候变化的变异性远比均值重要。[①] 马萨诸塞大学阿默斯特分校 Carver 和 Lesser 教授在其研究中把人的认知行为过程嵌入应急响应系统中，其目的是发现应对这类事件的有效办法。[②] 1998 年美国桑迪亚国家实验室进行了由恐怖主义引发的极端事件产生后果的模拟实验。[③] Sarewitz 和 Pielke 认为极端事件要求一个统一框架来构建对社会有益的知识，他们试图从组织和政策的角度系统地构建该框架，并指出该框架的主要构成：脆弱性是组织原则，决策过程是应对极端事件时的基本单元，此外还有知识整合工具、技术以及过程。[④]

2001 年 4 月底美国国家自然科学基金会在弗吉尼亚艾灵顿召开了一次主题为"极端事件决策"（Extreme Events Decision Making）的研讨会，[⑤] 会议吸引了一群不同学科的研究者讨论如何提高人们面临极端事件时的判断和决策能力，会议一方面旨在形成一些能够获得决策风险与管理科学项目资助

[①] Katz R. W., Brown B. G., "Extreme Events in a Changing Climate: Variability is More Important than Averages," *Climatic Change* 21（1992）：289-302.

[②] Carver N., Lesser V., "Evolution of Blackboard Control Architectures," *Expert System with Application Special Issue on the Blackboard Paradigm and Its Application* 7（1994）：1-30.

[③] Pryor R. et al., Modeling Requirements for Simulating the Effects of Extreme Acts of Terrorism: A White Paper, Albuquerque, NM: Sandia National Laboratories, 1998.

[④] Sarewitz D., Pielke R., Extreme Events: A Research and Policy Framework for Disaster in Context, Extreme Events Decision Making Workshop Report, http://www.albany.edu/cpr/xedm/ April 29-30, 2001.

[⑤] Extreme Events Decision Making Workshop Report, http://www.albany.edu/cpr/xedm/. 2002.6.

的极端事件决策的研究议题（Program on Decision Risk and Management Science），另一方面还要形成关于极端事件决策研究的战略规划。Comfort 以"9·11"事件作为极端事件的一个案例，分析了极端事件中政府组织或行政系统的脆弱性，重新定义了复杂自适应系统中行政体系应对公共安全方面的功能，并指出了政府能力的有限性及其四点改进措施。① Mendonca 与 Wallace 对即兴响应开展了研究，认为应对极端事件需要组织之间响应与合作，强调临机反应。② Mendonca 以"9·11"事件为例研究了极端事件应对中的即兴决策问题，为组织提供了如何进行即兴决策认知层面的支持办法。③

近些年，以 Boin 为代表的学者围绕跨界危机进行了全面的研究，内容包括跨界危机提出的时代背景、跨界危机的概念和特征、跨界危机的应急管理是否可能④、跨界危机中领导力及意义感知与建构问题⑤、跨界危机对于政策制定的影响⑥、危机领导力评价的问题⑦、欧盟在跨界危机治理中的作用⑧等。实践领域也对这一问题展开了思考，纽约消防局 Joseph Pfeifer 研究

---

① Comfort L. K.，"Rethinking Security: Organizational Fragility in Extreme Events," *Public Administration Review* 9 （2002）：98－107.
② Mendonca D.，Wallace W. A.，"Studying Organizationally-Situated Improvisation in Response to Extreme Events，" *The International Journal of Mass Emergencies and Disasters* 2 （2004）：5－29.
③ Mendonca D.，"Decision Support for Improvisation in Response to Extreme Events: Learning from the Response to the 2001 World Trade Center Attack," *Decision Support Systems* 3 （2007）：952－967.
④ Boin A.，Hart P.，"Public Leadership in Times of Crisis: Mission Impossible？" *Public Administration Review* 5 （2003）：544－556.
⑤ Boin A. et al.，*The Politics of Crisis Management: Public Leadership under Pressure*，Cambridge: Cambridge University Press，2005，p. 194.
⑥ Arjen Boin，"The New World of Crises and Crisis Management: Implications for Policymaking and Research，" *Review of Policy Research* 4 （2009）：367－377.
⑦ Boin A.，Kuipers S.，Overdijk W.，"Leadership in Times of Crisis: A Framework for Assessment，" *International Review of Public Administration* 1 （2013）：79－92.
⑧ Boin A.，Busuioc M.，Groenleer M.，"Building European Union Capacity to Manage Transboundary Crises: Network or Lead-Agency Model," *Regulation & Governance* 4 （2014）：418－436.

了应对和适应这种极端事件时危机领导问题。[①] 上述研究多从政治学、行政学和公共管理角度展开阐述和论证，以质性研究为主。

从系统科学或者其他学科角度进行的有关极端事件应对的定量研究也有一些。如 Guastello 提出了一种用非线性动态系统理论来诠释组织应对极端事件时的行为模式和响应方式。[②] Baudains 等人以 2011 年伦敦暴乱为例研究了极端事件中的离散目标选择问题。[③] 总之，无论是从学科角度还是从研究主题来看，国外有关极端事件的研究较为丰富，并已经取得了一定研究结论，但是有关这类事件应对效果的实证研究还远远不够。

在我国，近年来非常规突发事件的研究呈现一股喷涌的势头，出现了大量研究成果。自 2009 年立项至今，NSFC 重要研究计划"非常规突发事件应急管理研究"一共资助 82 个项目，其中培育项目有 53 个，重点支持项目有 25 个，集成项目有 3 个，总集成升华平台有 1 个，据统计整个立项经费达 11725 万元。[④] 国家自然科学基金委高度评价这些立项：该项目实施 4 年来，我国在应急管理理论研究方面取得了一大批创新成果，同时，结合国家重大需求，依据研究成果参与编制完成了多项国家和地方标准和规范，部分研究成果直接应用于重特大突发事件应急处置的实践，为提高国家公共安全应急保障能力做出了重要贡献。[⑤]

以中国知网数据库的文章为数据来源，发表时间限制在 2009 年 1 月至 2014 年 8 月，以"非常规突发事件应急管理"为篇名检索得到结果为 29 条；而仅以"非常规突发事件"为篇名检索，文章（学术论文、研究报告

---

① Pfeifer J. W., Crisis leadership: The Art of Adapting to Extreme Events, HKS Program on Crisis Leadership, 2013, http://www.hks.harvard.edu/programs/crisisleadership/about - us/people/joseph - w. - pfeifer.
② Guastello S. J., *Managing Emergent Phenomena: Nonlinear Dynamics in Work Organizations*, New Jersey: Mahwah, NJ, US: Lawrence Erlbaum Associates Publishers, 2002.
③ Baudains P., Braithwaite A., "Target Choice during Extreme Events: A Discrete Spatial Choice Model of the 2011 London Riots," *Criminology* 2 (2013): 251 - 286.
④ 国家自然科学基金委员会：《重大研究计划项目"非常规突发事件应急管理研究"2013 年度项目检查交流会在长沙召开》，《中国应急管理》2013 年第 12 期。
⑤ 国家自然科学基金委员会：《重大研究计划项目"非常规突发事件应急管理研究"2013 年度项目检查交流会在长沙召开》，《中国应急管理》2013 年第 12 期。

等）检索结果总共约 250 篇，经过梳理和阅读，排除其中一部分非研究性质的报道及与主题不相关文献，直接相关的论文 150 余篇。笔者把这些文章发表年限按"非常规突发事件应急管理"重点支持项目启动以来的阶段进行划分，分布情况如表 2-1 所示。

表 2-1 2008~2014 年"非常规突发事件应急管理研究"立项及文章发表情况

年份	立项数（项）	发文数（篇）
2008 年	提议	2
2009 年	4~5 项重点、25~30 项培育	14
2010 年	7 项重点、1 项集成、23 项培育	30
2011 年	1 项重点	45
2012 年	8 项重点、1 项集成	46
2013 年	3 项重点	47
2014 年		17
合计		201

注：年度立项数根据各年发布指南统计而来，与最后实际立项数略有出入。
资料来源：截至 2014 年 9 月 CNKI 查询结果，仅中文文献。

从表 2-1 中发现，自该项目启动以来相关研究逐渐增多。阅读后发现，大多增加的文章主题和内容新、学术性高、问题解决意识强，这也从侧面表明我国学术界和实践领域在这个问题上的新进展和新发现。[①]

从研究层次来看，博士论文 14 篇，硕士论文 31 篇，期刊论文约 140 篇；从学科角度看，数量上从多到少依次是行政学与国际行政管理（60 篇）、安全科学与灾害防治（34 篇）、宏观经济与可持续发展（23 篇）、新闻与传媒（16 篇）、行政法及地方法制（10 篇）、领导学与决策学（10 篇）、计算机技术与计算机应用（10 篇）、图书情报学（8 篇）、自动化技术（7 篇）、社会学及统计学（7 篇）、管理学（7 篇）、非线性科学与系统科学

[①] 闫绪娴：《非常规突发事件应急管理的国内研究热点评析——基于共词分析》，《理论月刊》2014 年第 8 期。

（6篇）等。

从研究主题来看，其涉及的科学问题主要包括非常规突发事件的信息处理与演化规律建模、应急决策理论、紧急状态下个体和群体的心理与行为反应规律、动态模拟仿真系统、突发事件应急平台体系的基础平台、突发事件应急预案体系的基础平台；而文献主题涉及网络舆情、信息处理、风险沟通、协同机制、应急决策、资源调度、应急准备、疏散行为、群体心理等领域。①

通过对文献标题的浏览和论文关键词的选择和统计，得到有关2009年到2014年非常规突发事件应急管理文章的关键词列表，如表2-2所示。从表2-2可以看到，有关非常规突发事件应急指挥系统的研究尚且不是很多。

表2-2 "非常规突发事件应急管理"项目文献（2009~2014年）关键词

关键词	数量	关键词	数量	关键词	数量
非常规突发事件	56	演化	6	仿真模拟	3
应急管理	20	交通组织	5	特征	3
应急决策	15	信息	4	政府	3
情境	11	规划	4	分析方法	3
应急物流	10	旅游	3	模糊理论	3
模型	9	知识元	3	应急指挥体系	3
突发事件	7	风险管理	3	元胞传输模型	2
网络舆情	7	资源	3	蚁群算法	2
系统	6	生产能力储备	3	指标体系	2
网络	6	耦合	3	文化	2

注：论文数量的统计数据，根据笔者以论文主题为篇名在中国期刊全文数据库中检索的结果计算而来，除此表中的16个主题外，还有404篇文章没有明确的主题，故没有统计在表中。

资料来源：根据2014年9月CNKI查询结果。

---

① 闫绪娴：《非常规突发事件应急管理的国内研究热点评析——基于共词分析》，《理论月刊》2014年第8期。

研究者闫绪娴运用共词分析和聚类分析对目前国内非常规突发事件应急管理的研究进行了统计，发现了如下研究热点：交通领域、旅游文化领域、应急物资调度领域、生产能力储备方面、应急指挥体系、应急物流领域、网络舆情方面、非常规突发事件研究中运用的方法和模型的研究、非常规突发事件的特征方面。①

第二节　应急响应研究述评

一　应急响应的含义

应急响应（Emergency Response）一词最早是作为阶段论之一出现在国外有关应急管理过程划分的研究中。米切尔·K.林德尔在其《应急管理概论》一书中指出应急响应是"以保护人员生命、限制事件所带来的损失和将第二次影响所带来的损失最小化为目标的灾害管理战略，并且响应开始于事件发生时"。他认为，应急响应有三个目标，即"保护灾民、限制最初影响带来的损失以及最大限度地减轻二次影响带来的损失"，应急响应活动包括"确保受灾区域的安全、疏散受威胁区域的民众、搜救伤者、提供应急医疗救助以及为被疏散者和灾民提供住所"。在这个理解中，应急响应是作为应急管理的四个阶段之一而出现的，也就是罗伯特·希斯提出的危机管理"4R"模型②（即 Reduction-Readiness-Response-Recover）中的 Response。

而总览目前国内有关文献，其中提及"应急响应"时主要有以下两大类。

第一类：应急响应体系，包括响应组织、响应级别、响应规划、响应机制等。这类文献中大多介绍国内不同行业或领域中应急响应体系，如城市电网、医院救护、核泄漏事故等。

---

① 闫绪娴：《非常规突发事件应急管理的国内研究热点评析——基于共词分析》，《理论月刊》2014 年第 8 期。
② 〔美〕罗伯特·希斯：《危机管理》，王成、宋炳辉、金瑛译，中信出版社，2001，第 30～31 页。

第二类：应急响应技术。这类文献多是从计算机科学技术或者系统平台方面研究突发事件应急响应指挥系统的设计、关键技术及其应用问题。有关文献中涉及的应急响应系统包括海上溢油应急响应系统、内河运输危化品船舶应急响应信息系统、煤与瓦斯突出预测及应急响应系统、公路突发事件灾害预警及应急响应系统、省级或地方地震应急响应系统、架空输电线路覆冰灾害预警的应急响应系统等等。如刘传正等人对重大地质灾害应急响应技术支撑体系展开研究，认为这一体系应包括人才团队、技术装备和理论方法等。① 陈备在已有应急指挥系统前提下提出了一个综合性管理系统，将其运用在上海某化学工业区中，他还对该系统响应的有效性进行了评价和优化。②

从研究视角而言，本书应急响应主要是从应急管理的角度而言，具体是指应急处置和救援阶段的一系列活动，与之紧密相关的是应急响应体系（第一类）有关的内容，如应急响应组织、应急响应级别、应急响应机制等等。因此从这个意义上看，有关应急响应含义的研究主要是对应急响应阶段的任务和过程的描述。这一过程在《突发事件应对法》中指的就是"处置与救援"阶段，即"针对灾害或危机爆发后所进行的各项维护社会秩序、救护、避难等工作"，③ 是一个过程或者一系列活动的集合。清华大学刘仁辉等人认为应急响应是事发后采取各项措施降低损害的行为，如灾情评估、灾情警报、应急措施、应急对策和媒体沟通等环节，且不同管理层次的应急响应内容有所差异。④ 暨南大学卢文刚则认为应急响应通常是指一个组织为了应对各种突发意外事件的发生所做的准备以及在事件发生后所采取的应对处置措施。⑤ 也有研究者在研究政府部门的应急响应能

---

① 刘传正等:《重大地质灾害应急响应技术支撑体系研究》,《地质通报》2010年第1期。
② 陈备:《上海化学工业区应急响应系统有效性评价和优化研究》,硕士学位论文,华东理工大学,2014。
③ 童星、陶鹏:《论我国应急管理机制的创新——基于源头治理、动态管理、应急处置相结合的理念》,《江海学刊》2013年第2期。
④ 刘仁辉、安实:《面对突发事件企业应急管理策略》,《管理世界》2008年第5期。
⑤ 卢文刚:《城市电力突发事件应急响应能力评价体系构建初探》,《中国应急管理》2011年第4期。

力时认为应急响应包括快速反应、应急指挥、应急救援、应急避难和灾害信息发布等。① 杨永俊通过对应急预案的分析，提出了突发事件应急响应的逻辑框架和一般流程，他认为其核心过程就是救人、救物和防止次生灾害。②

二 应急响应的学科研究视角

国内有关应急响应的研究可以从学科视角进行总结，除了从灾害科学和应急管理的角度，还有大量研究从地理、环境、计算机和法学等学科开展，丰富了有关研究成果。

（1）应急管理视角下的应急响应研究

尽管近些年国内社会科学领域在应急管理方面的研究者激增，但是真正围绕这一问题展开研究的并不多，知名专家学者早期主要是介绍和引入，后期少有持续深入研究，也有一些硕士和博士研究生从事该领域的一些研究。客观条件也不利于应急响应环节的研究。一方面，不同于应急准备或者恢复重建，应急指挥阶段的特殊性往往使研究者无法在第一时间参与其中或从旁观察，从而获得第一手研究资料；另一方面，除安全生产事故外，我国对外公布的其他类型突发事件调查报告较少。这些客观限制都不利于研究开展。

（2）多学科视角下的应急响应研究

国内从不同学科和视角开展突发事件应急响应的研究已经包括一些，如地理学科中研究自然灾害应急响应的时间变化和区域分异特征③，气象或环境科学中对某类自然灾害应急响应对策的研究④，控制工程科学中有关突发

---

① 铁永波、唐川、周春花：《政府部门的应急响应能力在城市防灾减灾中的作用》，《灾害学》2005年第3期。
② 杨永俊：《突发事件应急响应流程构建及预案评价》，硕士学位论文，大连理工大学，2009。
③ 马玉玲、袁艺、程姚英：《2005～2010年中国自然灾害救助应急响应的区域分异特征》，《地理研究》2013年第1期；马玉玲、袁艺、程姚英：《2005～2010年我国自然灾害救助应急响应的时间变化特征》，《长江流域资源与环境》2012年第11期。
④ 李佳：《天津市气象灾害应急响应对策研究——以暴雨内涝为例》，硕士学位论文，天津师范大学，2014。

事件应急响应的建模①，计算机科学中对有关应急响应服务的关键技术研究②，以及法学中有关某类事件应急响应的法律制度研究。

三 应急响应的具体问题研究

前面回顾有关应急响应的含义时指出，应急响应是一串为实现救援目标而开展的活动过程或者总和，因此有关响应过程中具体环节或者问题的研究也需要特别梳理，正是因为这些环节的可靠才能确保整个过程的可靠。回顾文献可以发现有关协同、资源需求与调度、国外应急响应经验借鉴以及信息沟通及决策等方面的研究较为集中，后文将就这几个与响应相关的主要问题进行简单总结。

（1）协同问题

樊博、詹华在利益相关者理论的基础上对我国突发事件应急响应中多参与主体的协同问题进行了类型划分和研究，并以汶川地震的协同救援案例进行理论框架的检验。③ 类似的应急响应协同的研究还有陈述等人，他们在系统分析重大突发事件协同应急的特征以及参与应急响应部门之间的协同作用后，利用有向图构建了重大突发事件应急响应的协同网络，并将协同应急响应问题抽象为多目标协同决策优化模型。④ 王恩雁等人对巨灾应急响应中组织的信息共享和协调问题进行了研究。⑤ 杨小林等人还对长江流域跨界水污染事故的应急响应联动机制进行了研究，认为有必要建立基于流域应急指挥中心、地方应急指挥中心和专业应急联动部门三个层次的应急

---

① 韩煜：《基于OODA的突发事件应急响应建模研究》，硕士学位论文，南京理工大学，2014。
② 伍江江：《面向服务应急响应的数据保护关键技术研究》，博士学位论文，国防科学技术大学，2012；苏春宇：《应急决策支持系统中基于案例推理的应急响应方法的研究》，硕士学位论文，西安电子科技大学，2012；刘传正等：《重大地质灾害应急响应技术支撑体系研究》，《地质通报》2010年第1期。
③ 樊博、詹华：《基于利益相关者理论的应急响应协同研究》，《理论探讨》2013年第5期。
④ 陈述等：《重大突发事件的协同应急响应研究》，《中国安全科学学报》2014年第1期。
⑤ 王恩雁等：《大灾难应急响应中的跨组织信息共享与协调规划研究》，《第八届（2013）中国管理学年会——管理与决策科学分会场论文集》2013年11月8日。

联动组织体系，并实施以信息沟通机制、协调处置机制以及奖惩机制为主的事故应急响应联动机制。① 类似的还有流行病应急响应的国际合作问题等等。

（2）资源需求与调度

王国庆等人对应急响应中的救援物资需求展开了研究，把应急响应划分为启动、救援和恢复三个阶段并针对不同阶段特性对救援物资的需求进行分析，力求实现处置流程需求和物资的匹配。② 文仁强等人对多级应急响应下灾后应急资源空间配置的问题利用蚁群优化算法进行了研究。③ 邓守成等人针对水上交通突发事件应急响应的资源需求问题进行了基于案例推理的资源需求预测。④ 李从东等人为了弥补传统应急资源调度系统的结构性缺陷以提高应急响应效率，基于 BOX 理论构建了以人和物为核心的应急资源调度系统分解模型。⑤ 李丽丽采用灰色建模技术对大地震应急救援物资需求进行了预测研究。⑥

（3）国外经验介绍与借鉴

陈虹等人就 2010 年 4 月 20 日美国墨西哥湾"深水地平线"号钻井平台的爆炸溢油事件，从应急响应管理和技术手段两个角度对响应过程和响应组织机构进行了研究，认为我国海上环境突发事故的应急响应机制以及应急响应技术都有待提高。⑦ 此外，他们还对日本核泄漏

---

① 杨小林等：《长江流域跨界水污染事故应急响应联动机制》，《水资源保护》2014 年第 2 期。
② 王国庆、詹伟：《应急响应中的救援物资需求研究》，《电子科技大学学报》2012 年第 5 期。
③ 文仁强等：《基于蚁群优化算法的多级应急响应下灾后应急资源空间优化配置》，《清华大学学报》（自然科学版）2012 年第 11 期。
④ 邓守成等：《基于案例推理的水上交通突发事件应急资源需求预测》，《中国安全科学学报》2014 年第 3 期。
⑤ 李从东：《BOX 理论在多阶段应急资源调度中的应用研究——以应急响应阶段为例》，《中国安全科学学报》2014 年第 7 期。
⑥ 李丽丽：《基于灰色建模技术的大规模地震应急救援物资需求预测研究》，硕士学位论文，重庆工商大学，2013。
⑦ 陈虹、雷婷、张灿等：《美国墨西哥湾溢油应急响应机制和技术手段研究及启示》，《海洋开发与管理》2011 年第 11 期。

事故应急响应机制进行了研究。① 王娟、苏彦利用日本岩手县应急响应21项行动调研报告对日本"3·11"大地震海啸的应对经验进行了总结和借鉴。② 罗发菊介绍了"美国德州农工大学工程推广服务项目",即美国国家应急响应和救援培训中心的经验。③

(4) 组织结构视角下应急响应研究

根据本书中对应急响应含义的界定以及本书的研究视角,从应急响应所依赖的响应组织结构及其运行的角度对突发事件展开的研究并不多见,其中有价值的实证研究更少。中国地震应急搜救中心张俊、许建华针对多个突发事件应急响应案例,对应急处置的要素进行分析,从而提出了地方政府在应对突发事件中的处置原则及相应的响应流程等。④ 杨智杰以广东省政府为例,对其在非常规突发事件的应急处置策略方面的问题进行了研究,指出其在应急响应和处置方面,目前整体反应水平和响应水平都不高,存在着应急指挥不顺畅、应急决策错误、应急救援能力不强并且社会参与程度不高等问题。⑤ 张英菊对事故预案与应急响应绩效的关系进行了假设,提出了二者关系模式的概念模型和假设。⑥ 暨南大学唐攀和周坚则对非常规突发事件应急响应组织结构及其运行模式进行了研究,认为其组织结构应该包括后方应急响应组织结构和现场应急响应组织结构两类。⑦ 总的来说,国内从应急指挥组织结构这个角度出发针对突发事件尤其是重大突发事件的应急响应活动开展的案例分析和实证研究还很不足。

---

① 张灿、陈虹等:《日本核泄漏事故应急响应机制研究及启示》,《海洋开发与管理》2012年第5期。
② 王娟、苏彦:《"3·11"东日本大地震海啸应对经验教训——岩手县应急响应21项行动调研报告》,《中国应急救援》2013年第5期。
③ 罗发菊:《美国德州农工大学工程推广服务——美国国家应急响应和救援培训中心》,《中华灾害救援医学》2014年第9期。
④ 张俊、许建华:《突发事件应对中地方政府的处置原则研究》,《灾害学》2014年第1期。
⑤ 杨智杰:《广东省政府应急处理非常规突发事件的策略研究》,硕士学位论文,华南理工大学,2013。
⑥ 张英菊:《井喷事故预案与应急响应绩效关系模式研究》,《油气田地面工程》2013年第3期。
⑦ 唐攀、周坚:《非常规突发事件应急响应组织结构及运行模式》,《北京理工大学学报》(社科版)2013年第2期。

四 应急响应结果影响因素

从全系统的角度看,非常规突发事件的应急响应过程和结果都受到多方面因素的影响,比如技术、自然环境、资源、社会环境等,但是本书主要关注组织层面的相关影响因素。

在国外,特别是美国,应急指挥体系(ICS)是其突发事件应急管理的重要工具,研究者指出一些人甚至将 ICS 视为消防及应急管理部门的"De facto"(业界标准),[①] 因此现有研究中应急响应好与坏大多围绕 ICS 展开评价。纵览有关文献,尽管 ICS 发展几十年,但是有关 ICS 实施效果的研究并不多,[②] 特别是定量方面的研究很少见。早期的研究者针对如何提高应急管理能力(包括应急响应能力)的问题进行了一些思辨和判断。加州大学 Tierney 对应急响应进行文献回顾时就指出,关键任务的实施及效果、危机相关的组织调整和创新、应急响应活动性质和效果的影响因素等 7 个方面是近几十年社会科学研究领域关于灾害应急响应活动研究的热门主题。[③] 单就应急响应而言,不仅研究者如 Alexander、Perry 和 Lindell 提出了一些响应原则,也有行业机构如美国国家消防局(U. S. National Fire Protection Agency)等提出了具体标准。总之,如何有效应急响应已经引起了国外研究者和实践领域的重视。

如何评估政府应急响应并不容易,正如 Henstra 所提出的"公共部门的管理者究竟采用什么评估框架呢?"[④] 究竟怎样的应急响应是好的、有效的、成功的、可靠的? 其中存在一个价值标准的问题。McConnell 认为危机管理的评估存在方法论上的困难,源于评价者的价值判断及其响应目标的偏好和优先次序不同。[⑤]

[①] Harrald J. R., "Agility and Discipline: Critical Success Factors for Disaster Response," *The Annals of the American Academy of Political and Social Science* 1 (2006): 256 – 272.

[②] Lutz D. L., Lindell M. K., "Incident Command System as a Response Model within Emergency Operation Centers During Hurricane Rita," *Journal of Contingencies and Crisis Management* 3 (2008): 122 – 134.

[③] Tierney K. J., Research Overview: Emergency Response, http://udspace.udel.edu/handle/19716/655.

[④] Henstra D., "Evaluating Local Government Emergency Management Programs: What Framework Should Public Managers Adopt?" *Public Administration Review* 2 (2010): 236 – 246.

[⑤] McConnell A., "Success? Failure? Something in-between? A Framework for Evaluating Crisis Management," *Policy and Society* 2 (2011): 63 – 76.

在查阅的外文文献中涉及 ICS 或应急响应的文献较多出现"Best Practice""High Performance""Better Response""More Reliable""Response Effectiveness""Best Efficiency and Effectiveness"等词语,本书将这些都视为对有效应急响应的不同描述。梳理文献发现研究者或从整体出发,从多个方面进行有效应急响应的综合分析,或聚焦于某一突出方面进行单一因素探索。

(1) 多元影响因素研究

国外社会科学领域在 1986 年前后就出现了把应急管理或应急响应看作一个完整过程进行成功响应的研究,此后的研究有很多,有的是从前人研究中提炼观点,有的是通过实证调研获得新的理论模型;有的着眼于石油钻井事故,有的关注森林火灾;有的采用文献分析,有的采用深度访谈;有的关注危机管理小组(EMT),有的研究应急运行中心(EOC);有的集中于组织层面,有的聚焦于规则和规范;有的强调规范性,有的强调灵活性,还有的认为需要兼顾二者。总之,基于全过程的综合研究或者案例分析谈及的影响因素较多,具体见表 2-3。

表 2-3 多因素的应急响应研究及其研究者

研究者	成功响应的关键因素
Wenger, Quarantelli & Dynes(1986)	出色的信息收集和分配、应急运行中心(EOC)的全员配置和发挥作用、充足的人力和物资、响应单位及协作单位的专业分工、合法的权威组织结构、整合协调与外部组织间的关系、应急响应官员与媒体代表的互利有效关系以及基于事实的报道[1]
Quarantelli(1997)	准确区分响应需求和部门产生的需求、充分落实共通的功能和任务、有效动员人力和资源、适当进行任务授权和人员分工配置、信息充分处理、合理开展应急决策、全局协调、融合紧急和常规组织行为、提供适当的媒体信息、EOC 功能发挥充分[2]
Fischer(1996)	制订灾害计划、灾害培训和演练、设置应急运行中心、互助合作协议、发展与媒体良好关系[3]
Fischer(1998)	具备过去的灾害经验、合适的任务分工、授权以及协调[4]
Wybo(1998)	能力和沟通的分配、适应性的动态组织、危机响应的角色分类、任务分配[5]
Weick & Sutcliffe (2001)	除计划外,组织要更关注失败而非成功;要不厌其烦去解释正在发生的问题,特别是错误;对行动十分敏感;要致力于增强适应性;需要发展专业差异和分工[6]

续表

研究者	成功响应的关键因素
Bigley & Roberts (2001)	组织快速调整、有限即兴、灾害认知管理方法[7]
Crichton et al. (2005)	决策、情境意识、沟通、领导与合作等[8]
Drabek(2005)	形成高度共识、多运用协调策略、长期预警、灾前充分演练且经常与其他部门联系等[9]
National Research Council(2006)	组织同时保持结构稳定以及面对快速变化的条件和无法预期的要求时的灵活性的能力[10]
Harrald(2006)	规范性和灵活性[11]
Baker and Refsgaard (2007)	适应性管理策略(如组织需要大力发展立法、信任、组织学习等环节)[12]
Edwards(2009)	新的规划[13]
Ansell, Boin and Keller(2010)	识别有效应急指挥的障碍因素(如何应对不确定性、如何保障超负荷能力、如何组织响应、如何进行公众沟通);有效实现有限能力汇聚的方法,即分布式风险感知识别、快速可持续且恰当比例的部署和正式的组织扩展结构[14]
Boin & Paul't(2010)	一系列能确保灵活性、信息畅通且正式组织结构最大程度发挥积极作用的原则和程序[15]
Leonard & Howitt (2010)	分权、协调网络组织[16]
Jensen & Waugh (2014)	个体参与者、单个组织、系统内部领导者、响应网络组织、当地情况、灾害特征及 ICS 的使用情况[17]

资料来源:1. Wenger D., Quarantelli E., Dynes R., *Emergency Management Offices and Arrangements*, Final Project Report #34, Newark, DE: Disaster Research Center, 1986.

2. Quarantelli E. L., Research Based Criteria for Evaluating Disaster Planning and Managing, Retrieved from University of Delaware, https://ehs.umbc.edu/files/2017/10/DISASTER – PLANNING – MANAGING_ Quarantelli.pdf.

3. Fischer H., "What Emergency Management Officials Should Know to Enhance Mitigation and Effective Disaster Response," *Journal of Contingencies and Crisis Management* 4 (1996): 208 – 217.

4. Fischer H., *Response to Disaster: Fact Versus Fiction & Its Perpetuation*, New York: University Press of America, Inc., 1998.

5. Wybo J. L., Madl K. Kowalski, "Command Centers and Emergency Management Support," *Safety Science* 1 – 2 (1998): 131 – 138.

6. Weick K. E., Sutcliffe K. M., *Managing the Unexpected: Assuring High Performance in an Age of Complexity*, San Francisco, CA: Jossey-Bass, 2001, p. 135.

7. Bigley G. A., Roberts K. H., "The Incident Command System: High-Reliability Organizing for Complex and Volatile Task Environments," *The Academy of Management Journal* 6 (2001): 1281 – 1299.

8. Crichton M. T., Lauche K., Flin R., "Incident Command Skills in the Management of an Oil Industry Drilling Incident: A Case Study," *Journal of Contingencies and Crisis Management* 3 (2005): 116 – 128.

9. Drabek T., "Predicting Disaster Response Effectiveness," *International Journal of Mass Emergencies and Disasters* 1 (2005): 49–72.

10. National Research Council, *Facing Hazards and Disasters: Understanding Human Dimensions*, Washington D. C.: National Academies Press, 2006.

11. Harrald J. R., "Agility and Discipline: Critical Success Factors for Disaster Response," *The Annals of the American Academy of Political and Social Science* 1 (2006): 256–272.

12. Baker D., Refsgaard K., "Institutional Development and Scale Matching in Disaster Response Management," *Ecological Economics* 2–3 (2007): 331–343.

13. Edwards F. L., "Effective Disaster Response in Cross Border Events," *Journal of Contingencies and Crisis Management* 4 (2009): 255–265.

14. Ansell C., Boin A., Keller A., "Managing Transboundary Crises: Identifying Building Blocks of an Effective Response System," *Journal of Contingencies and Crisis Management* 4 (2010): 205–217.

15. Boin A., Paul't Hart, "Organizing for Effective Emergency Management: Lessons from Research," *Australian Journal of Public Administration* 4 (2010): 357–371.

16. Leonard H. B., Howitt A. M., "Organizing Response to Extreme Emergencies: The Victorian Bushfires of 2009," *Australian Journal of Public Administration* 4 (2010): 372–386.

17. Jensen J., Waugh W. L., "The United States' Experience with the Incident Command System: What We Think We Know and What We Need to Know More About," *Journal of Contingencies and Crisis Management* 1 (2014): 5–17。

（2）单一影响因素研究

还有一些研究是以某一灾害或事故为例分析响应过程中存在的最突出不足或者某一问题并提出改进建议。

以2005年卡特尼娜飓风为例，Waugh和Streib认为各级政府的领导力差是最大的问题，他们还引用Donald Kettl的话来证明这点，认为FEMA和DHS（美国国土安全部）更应该关注如何提高其领导力的问题而不是组织改革。① Comfort指出与其说卡特尼娜是天灾，不如说是人祸，飓风前多次预警却丝毫未能引起政府重视，各级政府对危机的感知能力（Sense-Making）

---

① Waugh W. L., Streib G., "Collaboration and Leadership for Effective Emergency Management," *Public Administration Review* S1 (2006): 131–140.

低下使得这场天灾更加严重。① Wachtendorf 和 Kendra 则认为，组织和多组织层面缺乏即兴与整个响应过程中的很多失败紧密相关。② Wise 还建议采用组织适应性管理作为未来应对国土安全的重要做法，但也承认它不是万能的。③

类似从一个角度或单一因素开展的应急响应研究还包括危机决策、信任、沟通、信息技术、决策支持系统、组织即兴、组织调整、协调/合作、组织文化和组织氛围等方面，见表2-4。

除了这些方面，研究者也涉及了一些其他方面，在此不一一赘述。通过文献回顾，可以发现，上述因素很多在危机响应中都是紧密相关、相互影响的，这也是很多研究兼而述之的缘故。再者也有一些因素影响的不仅是响应阶段，也作用于准备阶段，或者说是从响应需求的角度出发提出应急准备措施，一定程度上也可以作为分析有效应急响应的影响因素。

表2-4 单一因素的应急响应研究及其研究者

因素	主要研究者
决策 Decision-Making	Paul't, Rosenthal & Kouzmin[1] Flin; Stewart & Slaven[2] Mclennan, Alina & Wearing[3]
信任 Trust	Mishra[4] Moynihan[5]
危机沟通 Crisis Communication	Hale, Dulek[6] Quarantelli[7] Garnett, Kouzmin[8] Seeger[9] Janoske & Liu[10]

---

① Comfort L. K., "Crisis Management in Hindsight: Cognition, Communication, Coordination, and Control," *Public Administration Review* S1 (2007): 189-197.

② Wachtendorf T., Kendra J. M., Improvising Disaster in the City of Jazz: Organizational Response to Hurricane Katrina, Published on 11 June 2006, http://katrinaresearchhub.ssrc.org/improvising-disaster-in-the-city-of-jazz-organizational-response-to-hurricane-katrina/resource_view.

③ Wise C. R., "Organizing for Homeland Security after Katrina: Is Adaptive Management What's Missing?" *Public Administration Review* 3 (2006): 302-318.

续表

因素	主要研究者
意义建构 Sense-Making	Weick[11] Keller & Ansell[12] Busby & Hibberd[13] Hermann & Dayton[14] Boin & Renaud[15]
即兴 Improvisation	Tierney[16] Kendra & Wachtendorf[17] Franco et al.[18] Mendonca[19]
信息技术 IT	Wallace, Balogh[20] Comfort[21] Schoenharl & Madey[22] Leidner et al.[23]
协调/合作 Coordination/ Collaboration	Waugh[24] Comfort et al.[25] Comfort[26] Kapucu[27] Palm & Ramsell[28] Tsai & Chi[29]
组织调整 Organization Adaptation	Dynes & Aguirre[30] Lin[31] Wise[32]

资料来源：1. Paul't Hart, Rosenthal U., Kouzmin A., "Crisis Decision Making: The Centralization Thesis Revisited," *Administration & Society* 1 (1993): 12 – 45.

2. Flin R., Stewart K., Slaven G., "Emergency Decision Making the Offshore Oil and Gas Industry," *Human Factors: The Journal of the Human Factors and Ergonomics Society* 2 (1996): 262 – 277.

3. Mclennan J. et al., "Decision Making Effectiveness in Wildfire Incident Management Teams," *Journal of Contingencies and Crisis Management* 1 (2006): 27 – 37.

4. Mishra A. K., "Organizational Responses to Crisis: The Centrality of Trust," in Roderick M. Kramer and Tom Tyler, eds., *Trust in Organizations: Frontiers of Theory and Research*, Newbury Park, CA: Sage, 1996, pp. 261 – 287.

5. Moynihan D. P., Member Diversity, Shared Authority and Trust in Crisis Management: The Network Aspects of Incident Command Systems, Paper Prepared for the Public Management Research Conference, University of Arizona, Tucson, October 25 – 27, 2007, http://www.pmranet.org/conferences/AZU2007/ArizonaPapers/Moynihan_ 2007.pdf.

6. Hale J. E., Dulek R. E., "Crisis Response Communication Challenges: Building Theory from Qualitative Data," *Journal of Business Communication* 2 (2005): 112 – 134.

7. Quarantelli E. L., "Disaster Crisis Management: A Summary of Research Findings," *Journal of Management Studies* 4 (1988): 373 – 386.

8. Garnett J. L., Kouzmin A., "Communicating throughout Katrina: Competing and Complementary Conceptual Lenses on Crisis Communication," *Public Administration Review* 67 (2007): 171 - 188.

9. Seeger M. W., "Best Practices in Crisis Communication: An Expert Panel Process," *Journal of Applied Communication Research* 3 (2006): 232 - 244.

10. Janoske M. L., Liu B. F., "Congress Report: Experts' Recommendations on Enacting Best Practices in Risk and Crisis Communication," *Journal of Contingencies and Crisis Management* 4 (2013): 231 - 235.

11. Weick K. E., "The Collapse of Sensemaking in Organizations: The Mann Gulch Disaster," *Administrative Science Quarterly* 4 (1993): 628 - 652.

12. Keller A. C., Ansell C. K., "Improving Pandemic Response: A Sensemaking Perspective on the Spring 2009 H1N1 Pandemic," *Risk, Hazards & Crisis in Public Policy* 2 (2012): 1 - 37.

13. Busby J. S., Hibberd R. E., Artefacts, Sensemaking and Catastrophic Failure in Railway Systems, 2004 IEEE International Conference on Systems, Man and Cybernetics, pp. 6198 - 6205.

14. Hermann M. G., Dayton B. W., "Transboundary Crises through the Eyes of Policymakers: Sense Making and Crisis Management," *Journal of Contingencies and Crisis Management* 4 (2009): 233 - 241.

15. Boin A., Renaud C., "Orchestrating Joint Sensemaking across Government Levels: Challenges and Requirements for Crisis Leadership," *Journal of Leadership Studies* 3 (2013): 41 - 46.

16. Tierney K. J., Lessons Learned from Research on Group and Organizational Responses to Disasters, Paper Presented at Countering Terrorism: Lessons Learned from Natural and Technological Disasters, Academy of Sciences, 2002, February 28 - March 1.

17. Kendra J. M., Wachtendorf T., Improvisation, Creativity, and the Art of Emergency Management, Disaster Research Center, 2006.

18. Franco Z. E. et al., Evaluating the Impact of Improvisation on the Incident Command System: A Modified Single Case Study Using the DDD Simulator, Proceedings of the 6th International ISCRAM Conference, Gothenburg, Sweden, May, 2009.

19. Mendonca D., "Decision Support for Improvisation in Response to Extreme Events: Learning from the Response to the 2001 World Trade Center Attack," *Decision Support Systems* 3 (2007): 952 - 967.

20. Wallace W. A., Balogh F. D., "Decision Support Systems for Disaster Management," *Public Administration Review* 45 (1985): 134 - 146.

21. Comfort L. K., "Integrating Information Technology into International Crisis Management and Policy," *Journal of Contingencies and Crisis Management* 1 (1993): 15 - 26.

22. Schoenharl T., Madey G., WIPER: A Multi-Agent System for Emergency Response, Proceedings of the 3rd International ISCRAM Conference, Newark, NJ (USA), May, 2006.

23. Leidner D. E., Pan G., Pan S. L., "The Role of IT in Crisis Response: Lessons from the SARS and Asian Tsunami Disasters," *Journal of Strategic Information Systems* 2 (2009): 80 – 99.

24. Waugh W. L., Mechanisms for Collaboration in Emergency Management: ICS, NIMS, and the Problem with Command and Control, 2006 Collaborative Public Management Conference, Syracuse University Greenberg House, Washington D. C., September, 2006, pp. 28 – 30.

25. Comfort L. K. et al., "Coordination in Complex Systems: Increasing Efficiency in Disaster, Mitigation and Response," *International Journal of Emergency Management* 2 (2004): 1 – 2.

26. Comfort L. K., "Coordination in Rapidly Evolving Disaster Response Systems the Role of Information," *American Behavioral Scientist* 3 (2004): 295 – 313.

27. Kapucu N., "Interorganizational Coordination in Dynamic Context: Networks in Emergency Response Management ," *Connections* 2 (2006): 33 – 48.

28. Palm J., Ramsell E., "Developing Local Emergency Management by Co-Ordination between Municipalities in Policy Networks: Experiences from Sweden," *Journal of Contingencies and Crisis Management* 4 (2007): 173 – 182.

29. Tsai J. S., Chi C. S. F., "Cultural Influence on the Implementation of Incident Command System for Emergency Management of Natural Disasters," *Journal of Homeland Security and Emergency Management* 1 (2012): 1 – 5.

30. Dynes R. R., Aguirre B. E., "Organizational Adaptation to Crises: Mechanisms of Coordination and Structural Change ," *Disasters* 1 (1979): 71 – 74.

31. Lin Z., Organizational Design and Adaptation in Response to Crisis: Theory and Practice, Master's Theis, University of Texas at Dallas, 2002.

32. Wise C. R., Organizing for Homeland Security after Katrina: Is Adaptive Management What's Missing?" *Public Administration Review* 3 (2006): 302 – 318。

纵览国外大量有关应急响应的研究文献，从主题和内容上看有两个特点：其一，研究者已把 ICS 的运用从消防部门扩展到大规模突发事件、大规模流感疫情、反恐、医院急诊等各个领域；其二，绝大多数研究是针对 ICS 或者 NIMS 在美国某州、地方或某部门甚至其他国家运用的实际情况。有关应急响应影响因素或者说有关响应评价的研究也可以总结为两大类：第一类多把应急响应（和准备）作为一个整体进行全方位的考量，第二类是针对响应阶段某一环节或者某一影响因素展开的响应能力研究。

五 研究方法及述评

应急响应的实践产物即应急指挥系统（ICS）伴随着加州森林火灾应运而生，随着实践的发展而不断完善，逐渐成为美国各州广泛应用的重要工具和模式，其组织模式和基本原则也被世界多个国家借鉴和学习。尽管在各种灾害事故中屡试不爽，但不可忽视的是响应实践中依然存在很多问题，响应效果依赖于很多交互影响或发生耦合作用的因素。

围绕着应急指挥系统的响应运行开展的众多研究属于质性研究范畴，在研究方法上，Lalonde 指出，有关应急响应的研究以案例分析为主，从中总结经验和有效响应的视角。[①] 案例分析既有个案分析，也有多案例分析与比较，从而获得一定推演性或经验性结论，实证研究大多采用结构化或半结构化访谈获取数据资料并对数据进行分析从而得出结论。少量研究采用问卷形式进行大样本调查，也略有一些理论模型或数学模型构建的研究。

国外应急响应相关文献研究方法及其作者见表 2-5。

从研究方法上看，主要有案例分析、实证研究和模型构建三种。从数量上看，案例研究数量不少，个案分析和多案例的比较并存（兼具），大多是从描述性分析中获取推演性或经验性结论，规范的案例研究并不多。此外通过访谈和调查获取数据并对数据进行内容分析或数理统计分析从而获得结论的实证研究也有一些。最后还有一些研究采用数学建模或者理论模型构建的方法。

就案例分析而言，学者 Buchanan 总结了案例研究中四种获得研究结论的模式，即一般性概括、经验主义概括、基于案例分析的优化和扩展、相似性学习，并认为这些方法并不彼此排斥。他还指出相较于传统的依靠统计数据进行分析概括从而获得结论，这些新的概括方式在获取新知识和指导实践上更加有效。

---

① Lalonde C., "Crisis Management and Organizational Development: Towards the Conception of a Learning Model in Crisis Management," *Organization Development Journal* 1 (2007): 17–26.

表 2-5 国外应急响应相关文献研究方法及其作者

研究方法	研究者
案例分析	Crichton, Lauche & Flin[1] Ullman[2] Neil[3] Jensen[4] Kane[5] Moynihan[6]
实证研究	Comfort & Siciliano[7] Lutz & Lindell[8] Thompson[9] Smith[10] Cole[11] Subramaniam et al.[12] Djalali et al.[13] Djalali et al.[14] Ansell and Keller[15] Clark[16]
模型构建	Hughey[17] Hughey and Bell[18] Jackson et al.[19] Nolte and Boenigk[20] Drabek[21] Freeman & Tobin[22] Thomas, Edbert & Hong[23] Arnold et al.[24] Flynt[25] Jiacun Wang et al.[26]

资料来源：1. Crichton M., Lauche K., Flin R., "Incident Command Skills in the Management of an Oil Industry Drilling Incident: A Case Study," *Journal of Contingencies and Crisis Management* 3 (2005): 116-128.

2. Ullman M., *Integration of the Incident Management System between the Police and Fire Departments of the City of Goodyear*, National Fire Academy, 1998, Arizona.

3. Neil B. O. A., *Model Assessment Tool for the Incident Command System: A Case Study of the San Antonio Fire Department*, 2008.

4. Jensen J., *NIMS in Action: A Case Study of the System's Use and Utility*, Natural Hazards Center of the University of Colorado Report, 2008.

5. Kane J., The Incident Command System and the Concept of Unified Command at a Terrorist Incident, Community Response to the Threat of Terrorism, Fairfax, VA: Public Entity Risk Institute, 2001, pp. 9 – 15.

6. Moynihan D., From Forest Fires to Hurricane Katrina: Case Studies of Incident Command Systems, http://www.businessofgovernment.org/report/forest–fires–hurricane–katrina–case–studies–incident–command–systems.

7. Comfort L. K., Siciliano M., "Resilience, Entropy, and Efficiency in Crisis Management: The January 12, 2010, Haiti Earthquake," *Risk, Hazards & Crisis in Public Policy* 3 (2011): 1 – 25.

8. Lutz L., Lindell M., "Incident Command System as a Response Model Within Emergency Operation Centers during Hurricane Rita," *Journal of Contingencies and Crisis Management* 3 (2008): 122 – 134.

9. Thompson D., Building Effectiveness in Multi-State Disaster Management Systems, The Case of the Caribbean Disaster and Emergency Response Agency, Doctor's Dissertation, The Pennsylvania State University, 2010.

10. Smith D., A Study of Command and Control of Multi-agency Disaster Response Operations, Doctor's Dissertation, University of Phoenix, 2010.

11. Cole D., The Incident Command System: A 25-Year Evaluation by California Practitioners, An Applied Research Project Submitted to the National Fire Academy as Part of the Executive Fire Officer Program, 2000, http://www.usfa.fema.gov/pdf/efop/efo31023.pdf.

12. Subramaniam C., Ali H., Shamsudin F., "Influence of Physical Ability on Initial Emergency Response Performance," *Disaster Prevention and Management* 5 (2012): 556 – 571.

13. Djalali A. et al., "Hospital Incident Command System (HICS) Performance in Iran; Decision Making during Disasters," *Scandinavian Journal of Trauma Resuscitation and Emergency Medicine* 20 (2012): 14.

14. Djalali A. et al., "Facilitators and Obstacles in Pre-Hospital Medical Response to Earthquakes: A Qualitative Study," *Scandinavian Journal of Trauma Resuscitation and Emergency Medicine* 19 (2011): 30.

15. Ansell C., Keller A., "Improving Pandemic Response: A Sensemaking Perspective on the Spring 2009 H1N1 Pandemic," *Risk, Hazards & Crisis in Public Policy* 2 (2012): 1 – 37.

16. Clark L. E., Implementation of the National Incident Management System in New Jersey, Doctor's Dissertation, University of Baltimore, 2010.

17. Hughey E., Community Size and Response to Hazards: A Case Study of Falmouth, Kentucky and the Flood of 1997, Master's Thesis, University of South Florida, 2003.

18. Hughey E., Bell H., "A Model of Community Response: Institutional Structures and Effective Disaster Management," *Risk, Hazards & Crisis in Public Policy* 2 (2012): 1 – 17.

19. Jackson B., Faith K. S., Willis H., "Are We Prepared? Using Reliability Analysis to Evaluate Emergency Response Systems," *Journal of Contingencies and Crisis Management* 3 (2011): 147–157.

20. Nolte I., Boenigk S., "A Study of Ad Hoc Network Performance in Disaster Response," *Nonprofit and Voluntary Sector Quarterly* 1 (2013): 148–173.

21. Drabek T., "Predicting Disaster Response Effectiveness," *International Journal of Mass Emergencies and Disasters* 1 (2005): 49–72.

22. Freeman J. A., Tobin G. A., "Assessment of an Emergency Disaster Response to Floods in Agadez, Niger," *Risk, Hazards and Crisis in Public Policy* 2 (2011): 1–19.

23. Thomas T., Edbert H., Hong K., "The Incident Command System in Disasters: Evaluation Methods for a Hospital-Based Exercise," *Prehospital and Disaster Medicine* 1 (2005): 14–23.

24. Arnold J., Paturas J., Rodoplu Ülkümen, "Measures of Effectiveness of Hospital Incident Command System Performance," *Prehospital and Disaster Medicine* 3 (2005): 202–205.

25. Flynt J., The Application of a NIMS ICS Compliant Virtual Emergency Operations Center in Regional Emergency Response, Master's Thesis, Arkansas Tech University, 2008.

26. Jiacun Wang et al., "Dynamic Workflow Modeling and Analysis in Incident Command Systems," *IEEE Transactions on Systems, Man, and Cybernetics, Part A: Systems and Humans* 5 (2008): 1041–1055.

不得不提及的是，灾害科学和应急管理作为新兴的交叉学科发展尚处于起步阶段，在研究尚未成熟的情况下，广泛运用案例研究的重要性不言而喻。Buchanan 非常认同这个看法，他认为危机研究者要努力促进案例研究的应用和发展，使之成为目前的主要研究方法。[①]

第三节 应急指挥系统（ICS）研究述评

应急指挥系统是美国国家应急管理系统的核心和基础，之所以研究应急响应还要对 ICS 有关研究展开回顾，是因为应急响应活动的开展离不开 ICS 这个组织形式载体，分析 ICS 在实践中的运用也有助于发现应急响应过程和结果的影响

---

① Buchanan D. A., Denyer D., "Researching Tomorrow's Crisis: Methodological Innovations and Wider Implications," *International Journal of Management Reviews* 2 (2013): 205–224.

因素。追溯 ICS 在美国的起源和发展、分析 ICS 存在的主要争议及转向、观察 ICS 在中国的实践及发展研究、总结国内 ICS 的研究方法是本小节的主要内容。

一 ICS 的起源与发展

1970 年发生在南加州的一场森林火灾造成了大量的人员伤亡和巨额的经济损失，而在火灾救援中，消防部门在人员、设备、专业术语、组织方式等方面的差异严重影响了救援效率。灭火救援时消防人员发现自己很难解决一些问题，如太多人向一个长官报告、不同的应急响应组织结构、缺少可靠的事件信息、通信系统不兼容、缺少部门间协调规划的部门、指挥链不清晰、部门间的术语差异、模糊的事件响应目标等等。[①] 为了整合资源，美国国家林业局（United States Forest Service）在联邦应急管理署（FEMA）资助下开展了 FIRESCOPE（Fire Fighting Resources of Southern California Organized for Potential Emergencies）项目，该项目的目标是由联邦、州和地方消防部门共同合作并确定各参与单位的组成和职责，[②] 其结果就是 FIRESCOPE ICS，也就是现在 ICS 的雏形。

1982 年，美国国家森林火灾协调小组（National Wildfire Coordinating Group）采用并修改了 FIRESCOPE ICS。此后该项目又几经修改变化（如 Brunacini's Incident Management System，LEICS for Law Enforcement，HICS for Hospital Incident Command），致力于解决除消防部门之外其他部门存在的问题。80 年代开始，许多州开始采用 ICS 并不断完善，90 年代，FEMA 下属的应急管理学院（Emergency Management Institute，EMI）把 ICS 作为重要课程加以推广。

2001 年"9·11"事件发生后，美国政府高度重视，随后美国成立了新的国土安全部接管国家综合应急管理职能，原先的 FEMA 则成为其下属部门。2004 年 3 月 1 日，国土安全部在完善了一系列概念、准则、程序、流程和术语的基础上发布了国家突发事件管理系统（National Incident

---

[①] Wilson E. K., *Lessons Learned the Hard Way*: *Incident Command System Learning and Training*, Master's Thesis, University of Delawere, 2013.

[②] Irwin R. L., "The Incident Command System," in Auf der Heide E., ed., *Disaster Response*: *Principles of Preparation and Coordination*, St. Louis: CV Mosby, 1989, pp. 133 – 163.

Management System，NIMS），ICS 正是其核心。FEMA 认为，作为一个应急指挥的标准结构，不论是事件大小、事件类型，还是事前计划和事发应对，ICS 都普遍适用。标准化的 ICS 由现场指挥、作业组、计划组、后勤组以及财务组构成，采用可扩展的模块化组织结构形式，还通过十四点原则来提高组织效率，这些原则包括通用术语、模块化组织、目标式管理、整合的通信、统一指挥、统一的指挥框架、统一的突发事件行动计划、适当的控制幅度、救灾所需要的特定设施、综合的资源管理、指挥链和指挥的统一性、责任、派遣调度、信息和情报管理等。[1] 标准化后的 ICS 把理性和科层制组织原则扩展到灾害响应的不确定性中，不仅提供了响应规则和做法，还建立了任务分工和协调机制。

ICS 有多个版本，最初 ICS 关注运行、计划和物流，计划是最核心的功能，分行动计划和操作计划。当 ICS 还在消防体系内发展演变时，美国住房及城市发展部下属的联邦灾害救援署，即后来的 FEMA，陆续在加利福尼亚、华盛顿和阿拉斯加等地方实施地震救援计划，最终发展成为联邦响应计划（Federal Response Plan，FRP）。起初 FRP 不包含 ICS 在内，一个重要不足是没有明确信息和规划部门的角色。在 FRP 指引下第一次开展行动规划是在 1994 年加州北岭地震（Northridge Earthquake）中。此时是加州应急服务办公室在响应中负责整个行动规划，FEMA 则表现不太积极。到 2001 年"9·11"事件发生后 FEMA 才包揽规划职责，随后规划也成为 FRP 框架下事故管理过程的重要职能。[2] 直至今日，ICS 包括指挥、行动、计划、后勤和行政五项基本职能。上述发展过程的回顾和职能的演变也表明 ICS 是逐渐发展完善的。

二 ICS 的争议与转向

通过研究大量文献后发现，有关 ICS 的争议主要围绕两个词：Agility 和 Discipline（或 Flexibility 和 Rigidity），争论的焦点在于严格的指挥与控制模

---

[1] 郑双忠、邓云峰、刘铁民：《事故指挥系统的发展与框架分析》，《中国安全生产科学技术》2005 年第 4 期。
[2] Buck D., Trainor J., Aguirre B., "A Critical Evaluation of the Incident Command System and NIMS," *Journal of Homeland Security and Emergency Management* 3 (2006): 1–27.

式是否适用于各类突发事件的应急管理？或者说 ICS 的组织结构形式究竟是灵活的还是科层的？从 ICS 的发展过程可以看出其经历了一个强调规范性到重视灵活性的过程。第一阶段在 20 世纪 90 年代之后，这时 ICS 从加州消防部门逐渐发展完善并推广至其他州，甚至其他领域，不难发现，实践领域对其态度是积极的，而这时也有少数研究者对于 ICS 是否可以适用于其他地区和其他类型事件的应急管理过程产生怀疑。① 第二阶段是 ICS 成为美国通用性事故现场管理工具之后。这一时期，随着越来越多复杂的、跨界的、大规模突发事件（如 2005 年卡特尼娜飓风）频频发生，跨组织合作与协调成为响应难题，而具有官僚制特征的 ICS 在适应该难题方面明显不足，越来越多的研究者强调组织适应性和灵活性问题。

（1）第一阶段：重视规范性的支持者及其批判

20 世纪 90 年代，实践部门对 ICS 的应用赞扬颇多，而少数研究者对其效率并不乐观。支持者认为从大型森林火灾到奥林匹克运动会 ICS 的运用都是极为成功的，这些成功因素主要是预先规划和系统训练。Cole 对 ICS 展开了详细的研究，发现 ICS 在消防组织中运用最有效，在执法部门、公共卫生以及公共服务等部门中运用效果次之。②③ 实践部门还很肯定其指挥与控制的价值，认为它满足了灾害响应的各种需求，放之四海而皆准。④

Wenger 等人提出了有关 ICS 最著名的批判。他们认为 ICS 响应模式有着先天不足，尽管 ICS 的概念已成为应急规划和消防部门的专门术语，但是这与实际的应急管理模式没有什么关系。他们指出：①实施 ICS 只意味着某人对灾害现场进行了管理，而没有发挥原本致力于现场

---

① Wenger D., Quarantelli E. L., Dynes R. R., "Is the Incident Command System a Plan for All Seasons and Emergency Situations?" *Hazard Monthly* 3（1990）: 8 - 12.

② Cole D., Chaos, Complexity, and Crisis Management: A New Description of the Incident Command System, Executive Officer Program, National Fire Academy, Emmitsburg, MD, 2001.

③ Cole D., The Incident Command System: A 25-Year Evaluation by California Practitioners, A Research Paper Submitted to the National Fire Academy, Executive Fire Officer Program, 2000, February.

④ Buck D., Trainor J., Aguirre B., "A Critical Evaluation of the Incident Command System and NIMS," *Journal of Homeland Security and Emergency Management* 3（2006）: 1 - 27.

管理的所有机制的作用；②从最初现场指挥者到高层级领导的权力转移常常会导致现场情况的失控；③ICS 在组织间的协调比较弱，尤其是与当地应急部门、救援队伍以及志愿者一同时协调能力更弱；④在一些小规模事件中 ICS 的使用造成了人员、设备和物资的过度集中；⑤ICS 在解决沟通和组织间的问题时也并非万能；⑥除非过去有合作经验，否则 ICS 在需要相互支持的多部门协作的灾害事故中无法有效解决该问题；⑦ICS中指挥与控制的模式在非政府机构中无法发挥作用。因此他们得出结论：灾害情境的复杂性使 ICS 不可能运用于要求多组织响应的活动中。[①]

还有批评特别指出 ICS 忽略了志愿者和紧急组织的作用。Schneider 指出，灾时应急响应人员是在一种错误认知驱使下行动的，这种错误认知就是把普通居民视为障碍而不是潜在的应急人力资源，ICS 缺乏纳入志愿者的机制，这使得整体响应出现中断。[②] Neal 和 Phillips 认为这种忽视和错误认知违背了紧急人力资源模型，该模型要求将应急志愿者整合到一个有组织的响应体系中去。[③] 这一时期，ICS 还是一个较新的概念，没有统一的执行标准。这种批评在当时看来不无道理。Leonard 与 Howitt 也对 ICS 质疑：一个指挥控制系统能适合所有部门或组织？[④] 研究者还认为，复杂的响应活动依靠一个核心办公室自上而下地协调和管理是无法完成的，需要一种自组织的响应系统，而不是严格地指挥与控制。[⑤⑥]

针对研究者们的诸多质疑，实践者也做了回应，认为这些人并没有真正

---

① Wenger D., Quarantelli E. L., Dynes R. R., "Is the Incident Command System a Plan for All Seasons and Emergency Situations?" *Hazard Monthly* 3 (1990): 8 – 12.

② Schneider S. K., "Governmental Response to Disasters: The Conflict between Bureaucratic Procedures and Emergent Norms," *Public Administration Review* 3 (1992): 135 – 145.

③ Neal D., Phillips B., "Effective Emergency Management: Reconsidering the Bureaucratic Approach," *Disasters* 4 (1995): 322 – 337.

④ Leonard H., Howitt A., "A Command System for All Agencies?" *Crisis Response Journal* 2 (2005): 41 – 42.

⑤ Mcentire D. A., "Coordinating Multi-Organizational Responses to Disaster: Lessons from the March 28, 2000, Forth Worth Tornado," *Disaster Prevention and Management* 5 (2002): 369 – 379.

⑥ Kettl D. F., "Contingent Coordination: Practical and Theoretical Puzzles for Homeland Security," *American Review of Public Administration* 3 (2003): 253 – 277.

理解 ICS。Hansen 则认为有关响应过程中协调困难等问题的出现与 ICS 本身没有太大关系，更多是执行不力所致。① 还有实践者认为，建立 ICS 的基本原因就是协调多部门响应，而 ICS 有一些原则和结构如统一指挥、地方指挥与多部门协调中心等来处理部门和各级政府之间出现的协调问题。他们还指出更多更好的培训有助于解决批评者指出的问题。

尽管这一阶段有许多质疑存在，却不影响 ICS 在政府大力推行之下越来越被广泛应用并借鉴到加拿大、澳大利亚、新西兰以及中国台湾等地。

（2）第二阶段：强调灵活性与跨界合作

针对一些 ICS 存在的不足，2004 年美国国土安全部将志愿组织和其他政府实体纳入该体系，但这些改革在实际应急响应活动中多大程度上执行了依旧是未知数。② 2005 年 8 月卡特尼娜飓风席卷美国南部沿海地区，美国联邦和州政府在飓风响应中的不佳表现使 ICS 再次成为研究者们反思的话题。Schneider 指出，飓风中一些重大问题的出现源于政府应急管理系统中的行政失灵，官僚制的重要标志是成熟规范的程序、高效领导以及清晰的目标，而早期一项评估表明正是这些特点弱化了政府在飓风中的快速且有效的反应。③ Majchrzak 等人指出由于正式预案出乎意料地都失效，飓风时所有的响应活动完全依赖临时的紧急行动。④ 但这种情况下，很难平衡响应时的控制和灵活性。Ansell 等人甚至直接表示卡特尼娜飓风中大部分的灾害响应者都不清楚 ICS 具体的工作方式是什么。⑤《公共行政评论》（*Public Administration Review*）在 2007 年底出版一期特刊"*Administrative Failure in*

---

① Hansen R. R., "Letter to the Editor Regarding Incident Command System," *Journal of Homeland Security and Emergency Management* 3 (2006): 1 – 3.

② Lutz D. L., Lindell M. K., "Incident Command System as a Response Model within Emergency Operation Centers During Hurricane Rita," *Journal of Contingencies and Crisis Management* 3 (2008): 122 – 134.

③ Saundra K. Schneider, "Administrative Breakdowns in the Governmental Response to Hurricane Katrina," *Public Administration Review* 5 (2005): 515 – 516.

④ Majchrzak A., Jarvenpaa S. L., Hollingshead A. B., "Coordinating Expertise among Emergent Groups Responding to Disasters," *Organization Science* 1 (2007): 147 – 161.

⑤ Ansell C., Boin R. A., Keller A., "Managing Trans-Boundary Crises: Identifying the Building Blocks of an Effective Response System," *Journal of Contingencies and Crisis Management* 4 (2010): 195 – 207.

the Wake of Katrina",旨在针对飓风灾害的原因和响应过程以及经验教训进行总结。尽管很难找到飓风响应失败的唯一解释,但是研究者们认为其中之一一定是缺乏统一的行动,如有时候组织目标冲突、日常行动路径和方法不同等。①②③ 对美国政府而言,无法协调并控制整个响应过程是一个惨痛教训。总之,这一时期有关 ICS 的质疑主要围绕在响应的灵活性和协作上。

针对 ICS 在实际应用中的情况,一些研究者展开了案例实证研究。Buck,Trainor 和 Aguirre 通过对 FEMA 下属的城市搜救队所参与的 9 起事件行动的分析,指出 ICS 一定程度上的适用性及其实现有效应急响应的前提条件,并得出结论:目前美国使用 ICS 作为灾害管理原则的努力可能无法获得预期的成功。作为指挥和控制的基本模式,他们还指出了只有在一系列的前提条件都满足的情况下 ICS 的原则才成立。④ Lutz 和 Lindell 研究了丽塔飓风中的得州应急事故作业中心(Emergency Operation Center,EOC)应用 ICS 的绩效,结果表明不同 EOC 运用 ICS 的情况和效果不一样,认为 ICS 在不同类型灾害情境中的运用还有待深入研究。⑤ Moynihan 把 ICS 视为网络组织进行了多案例分析,从事件的性质、事件响应过程中的指挥与控制、网络组织能力以及工作关系和信任的创建等角度对四起灾害进行了研究。⑥ 此外,他还研究了危机

---

① Comfort L. K., "Crisis Management in Hindsight: Cognition, Communication, Coordination and Control," *Public Administration Review* S1 (2007): 189–197.
② Majchrzak A., Jarvenpaa S. L., Hollingshead A. B., "Coordinating Expertise among Emergent Groups Responding to Disasters," *Organization Science* 1 (2008): 147–161
③ Moynihan D. P., "The Network Governance of Crisis Response: Case Studies of Incident Command Systems," *Journal of Public Administration Research and Theory* 4 (2009): 895–915.
④ Buck D., Trainor J., Aguirre B. A., " Critical Evaluation of the Incident Command System and NIMS," *Journal of Homeland Security and Emergency Management* 3 (2006): 1–27.
⑤ Lutz L. D., Lindell M. K., "Incident Command System as a Response Model within Emergency Operation Centers During Hurricane Rita," *Journal of Contingencies and Crisis Management* 3 (2008): 122–134.
⑥ Moynihan D. P., From Forest Fires to Hurricane Katrina Case Studies of Incident Command Systems, Reporet of IBM Center for the Business of Government, 2007, http://www.businessofgovernment.org/pdfs/MoynihanKatrina.pdf.

响应过程中的网络治理问题。①

2014 年 3 月《欧洲应急事件与危机管理》期刊（*The Journal of Contingencies and Crisis Management*）筹划了一期有关 ICS 的特刊，邀请 Kees Boersma，Louise Comfort 等人担任主编。这期刊物旨在揭示"黑匣子背后的 ICS，重新审视藏在 ICS 背后被认为理所当然的假设和看法"。② 其中 Jensen 与 Waugh 在全面回顾美国近几十年来有关 ICS 的研究和实践基础上认为一些假设都是错误的。③ 总之，围绕 ICS 争议褒贬不一，其主要观点见表 2-6。

表 2-6 有关 ICS 争议的主要观点

作者/时间	缺点	作者/时间	优点
Quarantelli，2002[1]	应急响应努力通常是社区导向，所以基于集权的 ICS 模式不适合灾害响应	Bigley & Roberts，2001[2]	研究表明 ICS 是灵活的、可靠的
Dynes，1994[3]	建立在准军队模式基础上的组织在吸纳志愿者方面有困难，因为难以将其纳入严格的等级和权威结构中去	Irwin，1989[4]	ICS 建立的标准之一是它必须以下层面提供有效响应：单一区域或部门内、单一区域内多部门参与时以及多区域间
Wenger，1990[5]	组织间实施 ICS 缺乏一致性、指挥变化过程中信息缺失、ICS 不能实现多部门协调、不能整合志愿者、在小规模事件中浪费资源、不能解决现场一般的与沟通和协调有关的问题、系统不能解决响应单位间协调问题等	Moynihan，2007[6]	ICS 并不是一个真正的科层体系，实际上是一个科层和网络的结合，这使得它与生俱来就具有灵活性；ICS 现场的成立需要花时间，但一旦成立就能够提供有效的、高效的沟通，资源管理和部门协同

---

① Moynihan D. P., The Network Governance of Crisis Response: Case Studies of Incident Command Systems, La Follette School Working Papers, 2008, http://minds.wisconsin.edu/handle/1793/36344.
② Boersma K. et al., "Editorial: Incident Command Systems: A Dynamic Tension among Goals, Rules and Practice," *Journal of Contingencies and Crisis Management* 1 (2014): 1-4.
③ Jensen J., Waugh W. L., "The United States' Experience with the Incident Command System: What We Think We Know and What We Need to Know More About," *Journal of Contingencies and Crisis Management* 1 (2014): 5-17.

续表

作者/时间	缺点	作者/时间	优点
Neal and Phillips, 1995[7]	指挥和控制模式主张不采取应急部门和小组模式。我们不建议应急管理者采取指挥和控制模式是因为其理论基础不牢、支撑数据库很小型，并且用来支持指挥控制假设的方法论不成熟	Cole, 2000[8]	1972年经美国国会批准成立的FIRESCOPE联盟承担了全国性委托来发展一个复杂灾害中多部门协调的系统
Jensen and Youngs, 2011[9]	志愿消防人员要接受大量集中的ICS培训，但是他们没有时间	Deal et al., 2010[10]	大量书籍和研究详细阐述了ICS在除响应阶段外的价值和意义
Jensen, 2011[11]	实施情况在全美并不一致，因此NIMS的目的可能没法实现	NIMS, 2008[12]	灵活性是ICS的关键原则之一
Buck et al., 2006[13]	ICS不能把个人和志愿者纳入其中	National Wildfire Coordinating Group, 1994[14]	强调了部门间行动的重要性
Lutz and Lindell, 2008[15]	强调ICS的功能，如何在消防部门适用及其为什么可能不适用于其他灾害中	Sambler and Barbera, 2011[16]	建立了协调概念，有助于调整以适应各部门的法律、程序、政治要求和限制

资料来源：1. Quarantelli E., Here is a Statement about the Incident Command System: Letter to Dr. OLeary: Here is a Statement about the Incident Command System, 2002.

2. Bigley G. A., Roberts K. H., "The Incident Command System: High-Reliability Organizing for Complex and Volatile Environments," *The Academy of Management Journal* 44 (2001): 1281–1299.

3. Dynes R. R., "Community Emergency Planning: False Assumptions and Inappropriate Analogies," *International Journal of Mass Emergencies and Disasters* 2 (1994): 141–158.

4. Irwin R., "The Incident Command System," in E. Auf der Heide, ed., *Disaster Response: Principles of Preparation and Coordination*, St. Louis: C. V. Mosby, 1989, pp. 100–121.

5. Wenger D., Quarantelli E., Dynes R. R., "Is the Incident Command System a Plan for All Seasons and Emergency Situations," *Hazard Monthly* 3 (1990): 8–12.

6. Moynihan D. P., From Forest Fires to Hurricane Katrina: Case Studies of Incident Command Systems, Washington D. C.: The IBM Center for the Business of Government, 2007.

7. Neal D. M., Phillips B. D., "Effective Emergency Management: Reconsidering the Bureaucratic Approach," *Disasters* 4 (1995): 327 - 337.

8. Cole D., The Incident Command System: A 25-Year Evaluation by California Practitioners, A Research Paper Submitted to the National Fire Academy, Executive Fire Officer Program, 2000, February.

9. Jensen J., Youngs G., Explaining National Incident Management System (NIMS) Implementation Behavior, https://www.ndsu.edu/fileadmin/emgt/DRAFT_ EXPLAINING_ NIMS_ IMPLEMENTATION _ BEHAVIOR. pdf.

10. Deal T. M. et al., *Beyond Initial Response: Using the National Incident Management System's Incident Command System*, Bloomington, IN: Author House, 2010.

11. Jensen J., "The Current NIMS Implementation Behavior of United States Counties," *Journal of Homeland Security and Emergency Management* 1 (2011): 1 - 23.

12. National Incident Management System, https://www.fema.gov/national - incident - management - system.

13. Buck D., Trainor J., Aguirre B., "A Critical Evaluation of the Incident Command System and NIMS," *Journal of Homeland Security and Emergency Management* 3 (2006): 1 - 27.

14. National Wildfire Coordinating Group, History of ICS, 1994.

15. Lutz L. D., Lindell M. K., "Incident Command System as a Response Model within Emergency Operation Centers During Hurricane Rita," *Journal of Contingencies and Crisis Management* 3 (2008): 122 - 134.

16. Stambler K., Barbera J. A., "Engineering the Incident Command and Multiagency Coordination Systems," *Journal of Homeland Security and Emergency Management* 1 (2011): 29 - 32。

三 国内 ICS 的研究发展

国内有关应急指挥系统的研究始于 2005 年前后，回顾 ICS 在我国的研究和发展，可以发现最初的文献主要是单纯的国外做法介绍，随后研究者开始针对典型灾害事件进行响应组织的案例分析，还有研究者提出一些不同的应急指挥模式分类，或是总结国内实践中不同的指挥结构模式等；此外一类较突出的则是将应急指挥系统视为计算机软硬件系统进行系统构架的设计。本小节除了研究内容回顾外，还将简单对文献运用的研究方法进行总结。

（1）单纯国外经验介绍

国内有关文献将 Incident Command System 译为"事故指挥系统"、"应急指挥系统"、"突发事件现场应急指挥系统"和"突发事件应急指挥体系"等,文献主要介绍了其在美国的发展历史及主要内容等,① 指出了其在处置重大和复杂突发事件中的优越性,介绍其原型框架以及系统要素构成,叙述了指挥和行动等各部门的职责与功能及互相之间的联系。② 刘成林还专门针对美国森林火灾扑救系统进行了介绍,包括该系统的功能、成员职责、组织构建、设施和资源、指挥与协调架构以及运行支撑保障等等。③ 这是首本有关国外专业领域内单灾种应急指挥系统的详细介绍。

目前国内有关这方面的主要著作有宋劲松主编的《突发事件应急指挥》(中国经济出版社,2011)、贾群林和刘鹏飞主编的《突发公共事件的应急指挥与协调》(当代世界出版社,2010)、刘成林编著的《美国的森林火灾扑救指挥系统》(中国林业出版社,2008)等等。

除了更详细地介绍有关ICS基本情况,马奔等人还对国外案例进行了分析,美国俄亥俄州代顿市(Dayton)仓库火灾事件中指挥系统运作的个案分析就是其中之一。通过案例分析,研究结合我国实际提出几点建议,如加强事发初期现场指挥力度和责任、完善多部门综合协调指挥机制、建立兼具规范性与灵活性的应急现场指挥系统等等。④ 但是,这些建议尚属宏观层面的理念,对标准化和灵活性含义没有解释,对如何建立这一指挥系统并实现标准化和灵活性的统一也没有进一步研究。

(2) 围绕应急指挥组织结构的案例分析或比较研究

近年来国内有关研究逐渐转向以国内某重大事件或者灾害为研究对象,进行响应中应急指挥组织结构的动态分析,研究涉及的灾害类型包括地震、洪涝、交通事故、事故灾难、公共卫生事件等等。

宋劲松不仅详细介绍了我国政府层面、专业救援力量以及大型企业的应急指挥结构,还对巨灾(如汶川地震、玉树地震等)中应急指挥组织模式

---

① 郑双忠、邓云峰、刘铁民:《事故指挥系统的发展与框架分析》,《中国安全生产科学技术》2005年第4期。
② 刘铁民:《重大事故应急指挥系统(ICS)框架与功能》,《中国安全生产科学技术》2007年第2期。
③ 刘成林:《美国的森林火灾扑救指挥系统》,中国林业出版社,2008,第5~6页。
④ 马奔、王郅强:《突发事件应急现场指挥系统研究》,《山东社会科学》2011年第5期。

进行了案例研究，从第一响应人到现场应急指挥部成立再到调整各个方面都进行了较为深入的分析，也提出了我国突发事件应急指挥体系的建设构想。① 云南地震局的研究者总结了汶川地震后云南地震应急指挥中心的应急工作过程和经验教训，提出了云南地震应急双向连接、横向联动的新应急模式。②

2010 年夏我国长江三峡区域爆发了长江全流域性洪水灾害，刘丹等人据此对三峡水库防洪应急指挥组织的行为规范进行设置：ECOS（Emergency Command Organization Structure）中各级政府应急部门采用官僚结构，现场指挥部采用项目小组结构，会商小组采用任务小组结构，整体构成矩阵结构。他们还认为这种刚柔复合、有层次和权威的、开放权变的应急指挥组织结构更适合我国国情，试图以此来解决我国非常规突发事件应急响应过程中存在的各种问题。③

唐攀、周坚分析了非常规突发事件应急响应组织的运行模式，以"7·23"甬温动车事故为例分析其应急响应过程，认为其提出的应急响应组织运行模式与目前我国应急管理体系特点相配，不仅能满足非常规突发事件应急响应的要求，还能够实现对所有应急响应实体进行统一编组。④ 陈一洲等人通过对白象山铁矿 F4 断层突水事故案例的剖析，提出了事故响应标准程序及事故应急指挥体系。⑤ 胡颖廉就突发公共卫生事件进行案例比较，分析了各类应急组织体系在动员效率、决策科学水平与协调力度等方面的差异。⑥ 这些研究大多围绕组织体系展开设计，但是对于其实际效果或绩效方面的研究尚未提及，或者缺乏实证研究。

---

① 宋劲松：《突发事件应急指挥》，中国经济出版社，2011，第 154~160 页。
② 曹刻、李永强、曹彦波等：《汶川 8.0 级地震对云南地震应急指挥中心地震应急模式的启示》，《地震研究》2008 年第 S1 期。
③ 刘丹、王红卫等：《非常规突发事件应急指挥组织结构研究》，《中国安全科学学报》2011 年第 7 期。
④ 唐攀、周坚：《非常规突发事件应急响应组织结构及运行模式》，《北京理工大学学报》2013 年第 2 期。
⑤ 陈一洲、何理等：《白象山铁矿 F4 断层突水应急救援方案分析》，《金属矿山》2010 年第 6 期。
⑥ 胡颖廉：《中国应急管理组织体系比较研究——以突发公共卫生事件为例》，《北京科技大学学报》（社会科学版）2012 年第 2 期。

还有研究者对应急响应组织结构的业务流程、要素构成与关系、运转机制等进行了细化研究。北京社科院熊炎提出了机械应急、专业应急和分部应急三种不同应急组织的组成及其运行特征。① 大连理工大学王宁和王延章以安全生产应急管理业务为例分析微观层面的应急管理业务流程,并对其工作重点进行分析和展望,特别构建了非常态下国家级、省级、地方各级应急指挥业务流程。② 还有研究借鉴系统工程思想与组织设计理论,在分析应急响应工作参与主体及其关系基础上提出了一种由现场应急响应组织结构和后方应急响应组织结构共同构成的应急响应组织体系。陆金华提出了我国城市突发事件现场应急指挥通用模式的组织框架,并针对指挥模式编组、组织扩展、指挥权转移等方面的运作机制展开了讨论,并将其研究结果运用在了北京市突发事件应急指挥的运作中并证明了其有效性。③

此外,还有一些研究者对中外应急管理的组织结构进行了比较研究,如罗章、李韧在分析中日应急管理的体制要素时,对两国中央和地方应急机构设置、职权划分以及协调机制进行了比较。④

(3) 应急指挥模式类型及特点

有关应急指挥模式的研究与国外经验介绍几乎同时出现,但仍处于探索阶段。有学者针对行业突发事件的特征提出了响应模式,也有学者从一般意义上对指挥模式进行分类,比如刘铁民按照事故性质和规模把 ICS 分为单一、区域和联合三种并进行特征比较。⑤ 当事故升级,影响范围变大、参与部门增加时,刘铁民认为 ICS 可以扩展为联合指挥,认为联指是"多辖区参与跨地区与跨行业响应行动的必需,它强调协调机制,将响应事故的组织联

---

① 熊炎:《高效应急组织的界定、分类与运行特征》,《中国人民公安大学学报》2011 年第 3 期。
② 王宁、王延章:《应急管理体系及其业务流程研究》,《公共管理学报》2007 年第 2 期。
③ 陆金华:《城市突发事件现场应急指挥通用模式研究》,硕士学位论文,首都经济贸易大学,2009。
④ 罗章、李韧:《中日应急管理体制要素比较研究》,《学术论坛》2010 年第 9 期。
⑤ 刘铁民:《重大事故应急指挥系统(ICS)框架与功能》,《中国安全生产科学技术》2007 年第 2 期。

系起来，并为这些组织达成一致决策提供了平台"。① 联合指挥还有军队参与地方政府应急指挥组织层面的研究。

一些研究还对目前应急指挥模式进行了归纳和分类。中科院池宏等人认为其主要有"集中模式"和"分散模式"两种，并对两种模式进行了界定和区分。② 王威的研究专门分析了深圳、南宁等城市所采用的集中模式，并指出"国内大多数城市都采用分散模式，造成了应急管理系统多、指挥中心多、决策层次多、反应速度慢等问题"。③ 除了这种分类外，邹逸江把目前城市应急联动系统总结为四种运作模式，即集权模式、授权模式、代理模式、协同模式。④ 万鹏飞还对城市应急指挥系统的组织构成进行了更为细致的层次划分和界定，提出了一个多层次的指挥网络体系，即决策层－指挥层－实施层，各层级分别对应市长领导下的应急管理委员会、应急指挥中心、各有关的专业队伍及职能部门。⑤ 类似的指挥网络层级体系在北京市应急体系中还包括第四层，即社会动员层。

还有研究针对具体某类灾害（如飓风、地震等）中的应急模式进行总结。如张海波研究美国卡特尼娜飓风灾害时提出了两种应急模式，即"指挥－控制"模式和合作模式，前者以军队为代表，在巨灾情境下真正有效率，后者以政府为主体，相比之下在巨灾时较为低效。我国的应急响应因行政管理制度一直是"指挥－控制"模式。研究认为这两种模式非但不矛盾反而可取长补短。研究就应急组织机构设置方面提出了"全能"和"使能"两种方式并分析指出后者更可行。⑥

地震灾害方面，有研究通过对地震应急指挥系统业务范畴、工作特

---

① 刘铁民：《突发事件应急指挥系统与联合指挥》，《中国公共安全》（学术版）2005 年第 Z1 期。
② 池宏、祁明亮、计雷等：《城市突发公共事件应急管理体系研究》，《中国安防产品信息》2005 年第 4 期。
③ 王威：《南宁市城市应急联动系统》，《办公自动化》2003 年第 10 期。
④ 邹逸江：《城市应急联动系统的研究》，《灾害学》2007 年第 4 期。
⑤ 万鹏飞：《美国、加拿大和英国突发事件应急管理法选编》，北京大学出版社，2006，第 8～15 页。
⑥ 张海波：《当前应急管理体系改革的关键议题——兼中美两国应急管理经验比较》，《甘肃行政学院学报》2009 年第 1 期。

点、作用及其结构的系统分析，确定了实现地震应急指挥功能的必备条件和实施地震应急指挥的关键环节，指出了我国地震应急指挥模式的核心是"提醒"功能；我国地震应急指挥系统的结构，即各级抗震救灾指挥部和地震现场之间的三种结构包括纵向结构、横向结构和直通结构。还指出，在市级地震发生时，保证各级指挥部、现场与各有关部门之间通信畅通是应急管理的重中之重。最后认为未来指挥模式将会由现在的"宏观评估－提醒"模式，逐步转化为"细评估－决策"模式，最终将提升为"监控－评估－决策"模式，[①] 这种转变一定程度上体现了重视预警预防的思想。

综上，国内有关研究提出的应急指挥模式主要类型见表2－7。

表 2－7　应急指挥模式主要类型

划分标准	指挥模式类型	说明
事故影响规模	单一模式、区域模式、联合模式	联指是多辖区参与跨地区与跨行业响应行动的必要平台，强调用协调机制把响应事故的组织联系起来，并为它们决策达成提供平台
主体	地方指挥、军地联指	军地联指指军队参与地方政府应急指挥组织
城市现有模式	集中模式、分散模式	前者通过整合政府和社会所有应急管理资源，成立专门的应急管理指挥中心，代表政府全权行使危机管理指挥。分散模式造成应急管理系统多、指挥中心多、决策层次多、反应速度慢等问题
集权程度	集权模式、授权模式、代理模式、协同模式	城市如南宁、上海、北京和扬州
具体某类灾害中的应急模式	"指挥－控制"模式、合作模式	我国属于前者，美国卡特尼娜飓风中运用后者，两种模式并不冲突
指挥系统分层	决策层－指挥层－实施层	

资料来源：刘铁民《突发事件应急指挥系统与联合指挥》，《中国公共安全》（学术版）2005年第Z1期。

[①] 苗崇刚、聂高众：《地震应急指挥模式探讨》，《自然灾害学报》2004年第5期。

（4）应急指挥系统架构设计

ICS 在国外更多地被视为组织结构及其运行原则等。国内有关 ICS 的翻译常见的包括"应急指挥体系""应急指挥组织结构""应急指挥系统"等，这都是组织层面的，与美国 ICS 意义基本一致；与此不同的还有一种计算机软硬件意义上的突发事件应急指挥平台方面的提法。

王迎春的研究指出应急指挥有其特定的指挥体制与运行规则，它们构成这个系统的基本要素；要用法规的形式来明确指挥活动各环节运行的程序与要求，规定各级各类指挥机构与人员的职责以及主要的指挥关系从而使应急处置指挥活动高效有序地进行。① 师立晨和曾明荣等人采用标准化、模块化的设计思路对事故应急救援指挥中心的组织架构和运行机制进行了研究。② 这在前面的文献回顾中已有涉及，此处不再赘述。

从计算机软硬件平台的角度进行应急指挥系统的研究也有很多。霍彦在对国内外大城市应急指挥系统现状的分析基础上从系统总体、应用、安全以及实施等方面设计了我国大城市应急指挥系统。③ 张强从技术构成方面对城市突发事件应急指挥系统展开研究，所谓技术构成即指挥平台的建设，包括应急指挥系统软件的设计和相应的硬件配备等。④ 马庆钰、程玥介绍了纽约市消防局应急指挥的新范式，即一种突破传统、在信息共享基础上建立的由"声音、图像、数据"构成的"网络指挥"。⑤ 同时他们还提出"全息指挥与协同应急新模式"。⑥ 军队也是参与地方政府应急体系的重要力量，晏湘涛等人还专门从突发事件区域态势感知系统、通信系统和指挥决策系统三个层次描述了指挥体系的结构并提出未来对各子系统进行深入设计的目标，以

---

① 王迎春：《反恐应急指挥机制建设的主要问题》，《中国人民公安大学学报》（社会科学版）2008 年第 4 期。
② 师立晨、曾明荣等：《事故应急救援指挥中心组织架构和运行机制探讨》，《安全与环境学报》2005 年第 2 期。
③ 霍彦：《大城市应急指挥系统研究》，硕士学位论文，天津大学，2004。
④ 张强：《城市突发事件应急指挥系统研究》，硕士学位论文，武汉理工大学，2007。
⑤ 马庆钰、程玥：《应急指挥的新范式——以纽约市消防局为例》，《中国应急管理》2011 年第 3 期。
⑥ 程玥、马庆钰：《构建全息指挥与协同应急新模式》，《中国行政管理》2011 年第 5 期。

提高军队在地方突发事件中的反应能力。①

总之,这类有关应急指挥决策系统和应急指挥平台设计和实践的研究对象涉及了突发公共卫生事件、环境突发事件、城市火灾、地震灾害、反恐作战、机场突发事件、安全生产、危险品运输,以及道路交通等各种类型,研究主体除了高校研究人员还包括很多技术开发公司,有很多研究专门开发某省或某市政府应急平台或应急指挥系统的建设问题。

应急指挥系统包括两种:一是组织或体制意义上的,二是计算机软件和硬件系统意义上的。这两种不同视角下的研究如何进行更好的融合,使之在共同语境中互通互促还有待思考,但是本书主要从第一个层面进行研究。

四 国内 ICS 研究方法述评

国内有关研究多是定性分析,早期以介绍国外经验为主,逐渐发展到一些经验性分析,从中获得推演性或经验性结论,但几乎不见有关 ICS 的定量和实证研究,有关实践中应急指挥系统绩效的研究也几乎没有。我国台湾地区则有研究社区和受灾民众对 ICS 核心原则认知的实证研究。②

通过文献回顾可以发现,案例研究是主要运用的研究方法。从类型上看,案例研究既有单个案例也有多个案例,还有国内外的案例比较;从数据来源看,案例的资料主要是通过新闻报道、观察或少量事故灾后调查得来,缺少深入访谈和问卷调查等多种形式;从研究人员上看,以单个研究者为主,很少有研究团队;从案例分析的结果来看,主要是发现问题提出建议,并没有新理论产生或者涉及理论检验等。

除了案例分析外,比较研究也是研究方法之一。有国内多案例的比较,也有中外应急指挥组织结构的优缺点比较。有研究者通过国内多起案例的时间序列上的纵向比较来分析国内有关应急指挥组织结构方面取

---

① 晏湘涛、曾华锋、石海明:《非常规突发事件中军民一体的指挥体系研究》,《国防科技》2009 年第 2 期。
② Lam C. et al.,"A Pilot Study of Citizens' Opinions on the Incident Command System in Taiwan," *Disasters* 2 (2010): 447 – 469.

得的进步和存在的问题。① 有研究者通过横向上中外突发事件应急指挥和响应的比较来发现不足，以更好地借鉴国外经验等等，如研究者专门比较了北京和纽约两大城市应急管理组织机构和运行机制等多个方面。②

有研究者指出案例研究的结论缺乏普遍性，对案例研究质疑，认为其不够规范化，有国外研究者甚至认为案例研究从来就不是主流的研究方法。③ 对此，我们必须要看到我国应急管理领域的研究刚刚开始，理论还很不完善，在这个时期运用案例分析的方法可以获取更多数据和材料，在对新问题知之甚少的情况下可以从一个较为全面的角度来接近问题本身，这有助于新理论的提出和创建。尽管国外应急管理的研究早于我们，也逐渐出现一些实证研究和定量分析甚至建模研究，但数量上看仍是少数，案例研究也是目前研究采用的主要方法。为此我们完全可以在现有条件下，不断拓展有关ICS的案例研究和实证研究。比如通过某类型突发事件应急响应组织运行全过程的总结和比较，并升华其结论，力争获取一般性经验，并试图拓展其研究结果和理论的解释力，或者也可以去比较和分析全国若干大城市应急指挥和响应的做法，去分析各城市经验的优劣，试图寻找到一种类似加州森林防火部门的做法，加以完善和规范然后予以推广。

总之，国内有关研究不仅有待深入和需要更多的本土化研究，同时，研究需引起更多学界和实践领域的关注，为此我们有必要进一步深入研究，努力进行多学科的交叉创新，搭建不同学科领域研究的共同话语环境，为我国突发事件应急指挥系统标准化的研究和实践开创科学可行的路径。

---

① 宋劲松、邓云峰：《我国大地震等巨灾应急组织指挥体系建设研究》，《宏观经济研究》2011年第5期。
② 刘秀云、吴超：《中美典型大城市突发事件应急管理模式的比较研究》，《工业安全与环保》2011年第1期。
③ Eisenhardt K. M., Graebner M. E., "Theory Building from Cases: Opportunities and Challenges," *Academy of Management Journal* 1 (2007): 25–32.

第四节　可靠性研究述评

一　可靠性的含义

国外有关可靠性（Reliability）的研究始于20世纪40年代对武器装备等硬件产品的研究。可靠性关注的是功能的稳定性，是产品（或系统）在规定的条件下、在规定的时间内完成规定功能的能力，也是产品（或系统）在使用寿命期内和预计的环境中保证其设计的功能、性能的能力。系统是由相互联系、相互制约的若干要素按一定的法则组合而具有特定功能的整体。系统普遍存在于我们生活的社会和自然中，不管是水域生态系统、水电网络系统、城市交通网管还是计算机硬件系统本身，差别只是它们的规模和复杂程度不同。有关可靠性研究的最新特点和研究趋势是研究范围扩大、研究内容日渐丰富、硬件系统可靠研究转向软件系统可靠研究、机械或物的可靠研究转向人或软性层面的可靠研究、单一可靠性研究转向复杂综合可靠性研究。[1] 如今，可靠性问题在国外早已成为涉及数理学、产品技术学、管理学、心理学的综合性交叉学科。

在我国，国家标准GB3187—82《可靠性基本名词术语及定义》中"可靠性"这种能力是以概率表示的，也称可靠度。[2] 相较之国外，国内对可靠性的称谓略有不同。目前学术界比较认同的观点是：香港和台湾地区习惯用可靠度来表示可靠性，而内地（大陆）地区多用可靠性本身表示。实际上二者没有本质区别，可靠度可视为可靠性的概率测度。

从学科运用角度而言，国内可靠性的研究集中于数学、物理、工程、教育与管理四个领域，分别形成可靠性数学、可靠性物理、可靠性工程以及可靠性教育与管理四大门类。这与国外可靠性研究的应用领域基本一致，各自

---

[1] 傅跃强：《应急系统响应可靠性理论及在火灾应急中的应用研究》，博士学位论文，南昌大学，2008。

[2] 国家标准，GB3187—82《可靠性基本名词术语及定义》。

研究对象分别是可靠性定量规律、失效的物理原因和数学物理模型、工程技术失效概率、可靠性活动推广等。

二　可靠性的研究方法

与可靠性研究有关的研究方法也是五花八门，囊括各种定性和定量研究方法。观察可知，系统可靠性分析领域中对系统由定性分析转向定量分析是目前一个新趋势。在过去可靠性的有关研究中，主要的分析方法是基于专家经验和相关的定性分析技术，而近年来，各学科有关可靠性的研究中定量分析和定量研究已经成为主流。

通览国外现有文献①②，不难发现系统可靠性分析的研究方法至少有以下八种，具体方法及参考标准见表 2-8。

表 2-8　系统可靠性分析的方法及标准

方法	英文	参考标准	解释
专家分析法	Expert Analysis	德国标准 DIN/VDE 0801	基于专家在相关领域里所获取的一些先验、经验来进行分析
故障模式及效果分析	Failure Mode and Effects Analysis	国际标准 IEC 812	通过检查所有部件故障并确定整个系统故障的效果来对系统进行自下至上的设计和分析
局部计算分析	Local Calculation Analysis	军事手册 MIL-HDBK-217F	通过对系统所有部件的故障率进行相加来获得整个系统故障率
可靠性方框图法	Reliability Block Diagrams	国际标准 IEC 1078	通过图解的方法来显示系统的特性
故障树法	Fault Tree Analysis	国际标准 IEC 1025	一种树形结构表示法，基础事件导致上层事件的发生
马尔可夫故障模型法	Markov Model	国际标准 IEC 1165	通过描述系统可能发生的不同故障状态来进行系统的安全性分析

---

① 国际标准，Analysis Techniques for Dependability：Guide on Methodology，IEC 300-3-1。
② Rouvroye J. L.，Brombacher A. C.，"New Quantitative Safety Standards：Different Techniques，Different Results，" *Reliability Engineering System Safety* 2（1998）：121-125.

续表

方法	英文	参考标准	解释
混合分析法	Mixed Analysis	国际标准 IEC 61508	结合可靠性方框图法、马尔可夫故障模型法以及故障树法来进行分析
改进的马尔可夫故障模型法	Improved Markov Model	无相应标准	结合马尔可夫分析法、不确定性分析以及灵敏性分析

在表2-8所列出来的技术当中，专家分析法和故障模式及效果分析是定性分析方法，分析主要基于主观判断和评价；其他几种方法是定量分析方法，运用定量分析方法可以计算出事故或者故障出现的概率大小。

上述研究方法不仅国外在使用，国内也展开了大量研究。除了上述方法外，近来可靠性的研究方法出现了新的发展，一些学者运用Petri网方法进行系统可靠性分析。马淑萍利用Petri网的结构特性、建模特性和分析方法，对造纸工业碱回收过程中的人员可靠性进行了研究；[1] 钟茂华等人应用Petri网对城市突发公共事件应急联动救援系统进行性能分析；[2] 宋才胜等人在分析通信网络体系结构和失效模式的基础上，应用Petri网建模仿真的递增建模方法对通信网络可靠性进行了评估研究。[3]

国内还出现了一些研究关注人的可靠性分析。如张炜等人对"人-机-环境"系统的可靠性进行了研究，提出人的可靠性是系统可靠性的重要方面；[4] 孙东川等人将过程系统可靠性模型视为一个串联系统，由人、机、环三个子系统组成；[5] 洪亮应用检查表和权重系数来建立人的可靠性评估程序。[6] 还有一些学者将系统可靠性的理论和方法应用于对社会系统可靠性的研究。周恒勇等人应用故障树的方法建立三峡移民社会风险因果树，并

---

[1] 马淑萍：《基于Petri网的人员可靠性研究》，《北京轻工业学院学报》2000年第2期。
[2] 钟茂华、刘铁民、刘功智：《基于Petri网的城市突发事件应急联动救援系统性能分析》，《中国安全科学学报》2003年第11期。
[3] 宋才胜、曾熠、罗雪山：《基于Petri网的通信网络可靠性评估建模仿真》，《计算机仿真》2004年第8期。
[4] 张炜、李文钊：《人-机-环境系统的可靠性设计》，《南华大学学报》（理工版）2002年第1期。
[5] 孙东川、徐咏梅：《管理学在过程系统可靠性研究中的应用》，《软科学》2001年第5期。
[6] 洪亮：《人的可靠性评估的一种实用方法》，《人类工效学》1999年第1期。

采取布尔代数方法进行求解;① 赵振宇等人将故障树分析法引入工程项目风险管理,并探讨项目风险识别模式、风险因素量化等问题,用最小割集法进行了定性分析,用二态系统和概率理论对项目成功度和风险源问题进行定量分析;② 林晖等人建立了工作流结构的数学模型,提供了计算系统资源耗费及过程不确定性的方法,给出了可靠性评价方案。③

由系统的定义可知,系统是由要素即元件构成的,因此要研究系统可靠性,其系统中元件可靠性是基础。在可靠性研究中,所谓元件就是一个基本单元在系统运行过程中可靠性特征保持不变,而不意味着再不能从结构上将其分解。元件与系统的概念是相对的,某一研究对象在一定研究范围内可认为是系统,但在更大的研究范围内则可认为是元件,这取决于研究目的、研究精度、研究的概念水平以及研究对象在研究范围内的地位等。而系统元件之间的关系构成了不同系统可靠性的研究分类,如串联系统、并联系统和混联系统的可靠性研究。这种把系统分成不同类别然后进行系统可靠性计算的研究多围绕硬件系统的可靠性研究。总的来说,现有研究对于硬件系统的可靠性研究较为成熟,而有关软件系统可靠性和人因可靠性的研究则相对少一些。

三 应急管理领域可靠性的研究

目前将可靠性引入应急管理领域的研究很少,特别是在研究应急指挥系统方面。

国外早期有关研究多见于军事领域,对于指挥和控制系统的稳定性、可靠性问题,苏联军事科学博士阿尔图霍夫强调领导和指挥结构在作战实践中的重要作用。④ 在突发事件应急指挥系统(ICS)方面从来不乏定性分析,

---

① 周恒勇、梁福庆、郑根保:《三峡农村移民安置中的社会风险因果树分析》,《河海大学学报》(哲学社会科学版)2002 年第 2 期。
② 赵振宇、刘伊生、杨华春:《故障树法引入工程项目风险管理研究》,《现代电力》2002 年第 2 期。
③ 林晖、赵泽超、张优云:《工作流系统模型的建立及其可靠性的评价》,《机械工程学报》2001 年第 2 期。
④ 佘廉、贺璇:《现场应急指挥的要素可靠性分析》,《电子政务》2013 年第 6 期。

近来也见到少量定量分析。

定性研究方面。Bigley 和 Roberts 就通过专家实证调研指出 ICS 能够在复杂不稳定的任务环境中高可靠性地开展组织活动并实现任务目标,基于扎根理论研究者总结出能导致组织可靠的三个因素——结构化机制、有限即兴以及认知管理办法(见图2-1),[1] 该研究结论是通过对消防部门有丰富经验的工作人员的访谈而得出的。美国各大事故调查报告中往往采用可靠性方框图或者事故树的研究方法来表示事故响应过程中的失灵环节,美国化学安全委员会网站上可以发现很多类似报告。据近期兰德公司研究人员对应急响应系统的可靠性研究,他们在分析大量事故灾后调查报告的基础上对不同特点的系统(如鲁棒系统)可靠性进行了初步研究,提出了一个系统响应可靠性曲线。[2] 总的来说,有关方面质性或实证研究还不够丰富。

定量研究方面。国外在 *Safety Science*,*Reliability Engineering & System Safety* 等期刊上有较多关于系统可靠性的建模和量化研究,尤其是在与基础设施相关的各种系统可靠性评价和分析问题上。研究者对铁路交通系统的维护管理进行了可靠性分析,考虑到交通系统要求的服务水平,他们建立了铁路系统的可靠性模型以识别关键项目。[3] 为了更好地预防灾害,对网络风险进行评估是重要的步骤,这个方面,除了系统脆弱性之外,可靠性方面也得到很多研究。可靠性关注失灵发生的概率大小。Selcuk 和 Yucemen 研究了生命线网络在地震灾害情况下的可靠性问题,设计了一个辅助决策支持系统,可以运用概率模型来计算和评估土耳其布尔萨震后输水管网的可靠

---

[1] Bigley G. A., Roberts K. H., "The Incident Command System: High-Reliability Organizing for Complex and Volatile Task Environments," *The Academy of Management Journal* 6 (2001): 1281-1299.

[2] Jackson B. A., Sullivan F. K., Willis H. H., "Are We Prepared? Using Reliability Analysis to Evaluate Emergency Response Systems," *Journal of Contingencies and Crisis Management* 3 (2001): 47-157.

[3] Macchia M. et al., "Maintenance Management of Railway Infrastructures based on Reliability Analysis," *Reliability Engineering & System Safety* 104 (2012): 71-83.

性。① 类似研究很多，但大多在社会科学研究领域中并不常见，且因本书采取方法与之有异，不做详细综述。

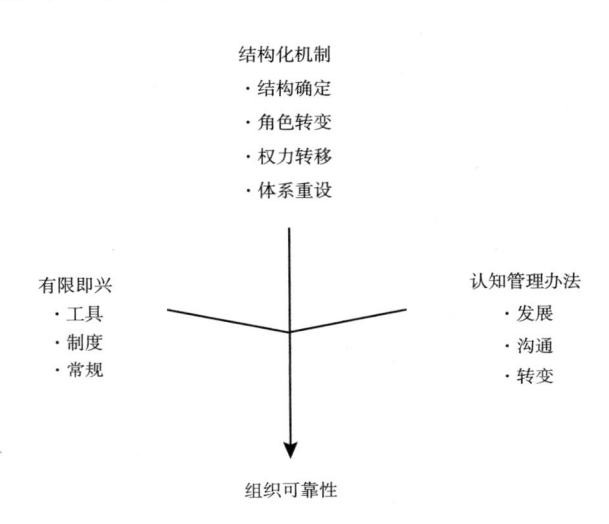

```
              结构化机制
              ·结构确定
              ·角色转变
              ·权力转移
              ·体系重设
                  │
  有限即兴          │          认知管理办法
   ·工具           │           ·发展
   ·制度           │           ·沟通
   ·常规           │           ·转变
                  ↓
              组织可靠性
```

图 2-1　复杂多变任务环境中利于组织可靠性的 ICS 因素

资料来源：Bigley G. A., Roberts K. H., "The Incident Command System: High-Reliability Organizing for Complex and Volatile Task Environments," *The Academy of Management Journal* 6 (2001): 1281-1299。

国内把可靠性运用于公共安全领域的也非常少见。董华等人采用组合功能分析和过程分解的方法，应用系统论从整体性、动态相关性、预决性和层次性等对城市公共安全系统的功能、结构和组成进行了讨论，认为城市公共安全体系功能的实现依赖于城市公共安全系统的整体可靠性，并应用框图模型和事件树的混合方法对城市公共安全系统的可靠性特征进行了定性分析，建立了城市公共安全系统可靠性模型，② 提出了城市公共安全系统优化和完善的途径。③ 彭伟功等人运用可靠性分配理论与 FTA（故障树分析）相结合

---

① Selcuk S. A., Yucemen S. M., "Reliability of Lifeline Networks with Multiple Sources under Seismic Hazard," *Nat Hazards* 21 (2000): 1-18.
② 董华、胡军、薛梅：《系统论方法在城市公共安全系统构建中的应用》，《中国安全科学学报》2003 年第 6 期。
③ 董华、周恩泽、褚晓明：《城市公共安全系统可靠性研究》，《中国安全科学学报》2004 年第 5 期。

的方法，建立了系统中各单元可靠度再分配的量化模型，并在建筑物火灾引起人员伤亡事故的实例中进行了应用。① 韩正强关注了突发事件应急过程的可靠度评价问题，在极值理论基础上展开应急过程可靠性定量分析的建模和数据分析的研究。②

但到目前为止，有关应急指挥系统的可靠性研究还比较少见，有研究将应急指挥系统视为由硬件、软件和人三个子系统构成的复杂系统，认为该系统的可靠性问题需要首先研究其子构成系统的可靠性问题。③④ 众所周知，应急指挥系统或者说应急指挥组织体系是一个由响应者、组织及其活动构成的复杂系统，特别是当系统在开展应急指挥和响应活动的过程中，系统又处于动态变化中，其正常运行取决于多种因素的作用，而其在不同活动的开展中也受到许多不确定性因素的影响。因此应急指挥系统本身是复杂又不稳定的。对应急指挥系统进行可靠性管理是提高系统性能的重要手段。国内对于应急指挥系统可靠性的含义界定尚未见到，但应急指挥系统的可靠性内涵或评价应当与其目标和功能有紧密关系。

本章小节

任何研究都始于前人研究成果，本书也不例外。该章就本书核心概念（非常规突发事件、应急响应、ICS及可靠性）进行国内外文献回顾，指出目前亟须对非常规突发事件开展深入研究。尽管这类事件的应急响应问题在国外已经受到关注，但是有关实证研究还不够，且大多是从最优角度去发现应急响应的影响因素或者是从纯思辨和逻辑阐述角度提出有效应急响应的"最佳办法"，不仅缺乏实证验证，而且从可靠性角度尝试一种可以接受的应急响应能力和结果的研究并不多。

---

① 彭伟功等：《可靠性理论在公共安全领域的应用研究》，《中国安全科学学报》2009年第4期。
② 韩正强：《突发事件应急过程能力评价研究》，博士学位论文，华中科技大学，2011。
③ 傅跃强：《应急系统响应可靠性理论及在火灾应急中的应用研究》，博士学位论文，南昌大学，2008。
④ 安金朝：《应急响应过程可靠性建模及调度方法研究》，硕士学位论文，南昌大学，2007。

第三章　事故灾难应急响应失灵案例分析

从第二章文献回顾可以看出，非常规突发事件应急响应受到学术界和实践领域的广泛关注。在国外，一方面 ICS 的广泛运用大大改善了应急响应，另一方面 ICS 的实施环境及管理方面的因素也影响其充分发挥预期功能。国内围绕应急指挥系统开展应急响应过程和结果的研究还有所欠缺。本章将聚焦于事故灾难类特大突发事件，围绕典型案例中应急指挥体系的成立、扩展、缩减、任务分工及开展情况等进行跨案例分析，探寻非常规突发事件应急响应失灵的常见环节及其深层原因，并从规范性和灵活性两个维度分析现有应急指挥组织，提出几种应急响应失灵模式，从而为后文构建应急响应可靠性概念模型及有关理论做准备。

第一节　案例研究及案例选择

一　案例构建理论的合理性

案例研究可以用来实现不同的研究目标，或提供描述，或检验理论，或构建理论，而本书关注的是最后一个。作为一种研究策略，案例研究的焦点在于理解某种单一情境下的动态过程，一般会综合运用多种数据收集方法，如文档资料、访谈、问卷调查和实地观察等。数据可以是定性的（文字），也可以是定量的（数字），或者两者兼有。[①] 案例研究的方法一直被视为构

[①] 李平、曹仰峰：《案例研究方法：理论与范例——凯瑟琳·艾森哈特论文集》，北京大学出版社，2012，第3~4页。

建管理理论的重要方法之一，在应急管理研究领域尤为如此。通过案例研究构建理论是指运用一个或者多个案例，根据案例中的实证数据创建理论构念、命题或中层理论的一种研究策略。① 案例研究的宗旨是以案例为基础从中归纳产生理论，而理论的产生完全是由于其根植于并升华于案例内或者案例间的构念之间的关系的模式以及这些关系所蕴含的逻辑论点。② 近年来较为成功地运用案例构建理论的研究大多是有关企业组织的研究，本章主要研究的是应急响应组织即应急指挥部及应急指挥体系，因此运用案例进行理论构建存在适用性的可能。Eisenhardt 指出，在研究初期，特别是当我们对所研究问题知之甚少或者试图从一个全新角度切入时，案例研究非常有用。③ 这一点从国外和本土研究均以案例分析为主的事实中早已经获得了印证。

二 以事故灾难为案例代表

这一章旨在揭示非常规突发事件的应急响应失灵常见环节及失灵模式，根据定义，笔者将"应急响应失灵"界定为应急响应组织结构在开展任务活动过程中未能及时有效实现任务目标的情况，而失灵的具体表现如多头指挥或指挥链中断、缺乏沟通或沟通不足、决策迟缓或失误、协调不力、人员伤亡、信息封锁或回应不足等等。为此，后文将围绕三个问题进行思考：第一，应急响应失灵为什么出现，为什么这些失灵现象或环节在一些事件中发生，而在另一些事件中并未发生，失灵必然产生于所有事件中还是与特定突发事件有关？第二，应急响应失灵的表现形式是什么，有什么规律？第三，这些失灵表现如何影响应急响应系统的可靠性？为此本章案例分析的样本就来自近年发生的重大或特大突发事件。

通过多案例的相似性比较，围绕这些重大、特大突发事件应急响应过程展开响应任务分析及失灵现象的总结，试图提出一个基于流程和任

---

① Eisenhardt K. M. , "Building Theories from Case Study Research," *Academy of Management Review* 4 (1989): 532 – 550.
② 〔美〕凯瑟琳·M. 埃森哈特、梅丽莎·E. 格瑞布纳：《由案例构建理论的机会与挑战》，张丽华、何威译，《管理世界》2010 年第 4 期。
③ Eisenhardt K. M. , "Building Theories from Case Study Research," *Academy of Management Review* 4 (1989): 532 – 550.

务的突发事件现场指挥系统（ICS）响应失灵环节和基本失灵模式。本章拟对以工业事故和交通事故为代表的事故灾难进行案例研究，而选择事故灾难类突发事件作为非常规突发事件的研究类型和代表，有以下几点原因。

（1）本书研究对象是应急响应过程以及在该过程中发挥重要作用的应急指挥体系，特别是作为现场层面的应急指挥组织结构，目前而言该研究对象在我国事故灾难中表现较为突出和明显。相比之下，公共卫生事件和社会安全事件中有关应急指挥体系的信息难以获得，而自然灾害类的相关内容已经有研究者涉及（如宋劲松、邓云峰等针对近些年多起地震灾害进行了有关研究）。

（2）在我国，事故灾难较之于另三类事件而言发生频率更高。有数据显示，近年来平均每隔几天就有事故灾难发生，且这类生产安全事故灾难的应急管理由来已久，因此本章将围绕事故灾难类突发事件进行案例分析和失灵模式的总结。

（3）随着对工业事故的理解不断加深以及事故灾难的不断演化，研究者们不再简单地将其视为人为或者技术失灵造成的灾难，而是同时伴随着不利的组织环境等因素发生。[①] 工业事故日趋复杂，理应受到更多关注，并开展更深层次的研究。从社会管理角度来看，这类技术性事故灾难在我国没有得到足够重视，几乎每隔两天就会发生并造成大量的人员伤亡和经济损失。人们往往更关注对诸如地震、台风、洪水等自然灾害的管理，对工业企业的技术性灾难不以为意。实际上类似切尔诺贝利核泄漏、博帕尔毒气泄漏等技术性灾害带来的生命和财产损失并不比自然灾害小。

考虑到分析对象信息相对容易获取、发生频率高且潜在影响巨大，因此本节选择典型的特别重大事故灾难类突发事件作为本章研究的案例类型，为简化后文均用"事故灾难"一词表示事故灾难类非常规突发事件。

[①] Dien Y., Llory M., Montmayeul R., "Organizational Accidents Investigation Methodology and Lessons Learned," *Journal of Hazardous Materials* 1-3 (2004): 147-153.

三 案例选择及数据来源

通过过去相似案例的失败经验,形成共识是预防潜在危机的有效办法。① 威斯康星大学曼迪逊分校 Moynihan 教授在研究危机学习时指出经验借鉴和移植的能力取决于关键条件如危机性质和范围、地理空间特点、响应任务、所需技术以及行动参与者等的相似程度。② 因此选择在关键特征上相似的案例进行分析是构建一个可扩展应用的非常规突发事件应急响应失灵模式的前提,只有这样,才能一定程度上提高结果的有效性。

据此本书提出以下事故灾难案例的选择标准:①该突发事件必须是特定的某个,而其结论可推广适用(generalizable)于其他同类事件中;②该事故必须是众所周知的,且影响较大;③该事故必须发生在类似地域/企业/组织中,需要大量的响应单位和人员;④该事故最好还拥有一些与先前事故类似且反复发生的方面。案例研究存在一个很大的问题,这就是单个案例结论的不可推广性。Eisenhardt 认为从案例研究中构建理论至少需要 4 个以上的案例,否则结论不能令人信服,且还指出,多案例的选择需采用复制法则而非抽样法则。③

基于上述案例类型、特点和数量要求的考虑,本书选择的技术灾害案例分别是 2003 年 12 月 23 日发生的重庆开县井喷事故、2005 年 11 月 13 日发生的吉林石化公司双苯厂车间爆炸事故及水污染事件、2011 年 7 月 23 日发生的甬温动车事故以及 2013 年 11 月 22 日发生的青岛中石化油管爆炸事故。

从类型上看案例涉及生产事故和交通运输事故两类,也是事故灾难类中常见的类型。选择这几起事故,是因为它们都是特大事故灾难,尤其是井

---

① Eleanor S., Clive S., "Understanding Business Failure: Learning and Un-Learning from Industrial Crises," *Journal of Contingencies and Crisis Management* 1 (1999): 56 – 72.
② Moynihan D. P., "Learning under Uncertainty: Networks in Crisis Management," *Public Administration Review* 2 (2008): 50 – 365.
③ Eisenhardt K. M., "Building Theories from Case Study Research," *Academy of Management Review* 4 (1989): 532 – 550.

喷、双苯厂和油管泄漏爆炸事故，都发生在石化行业的国有企业内部，事故发生后国务院都成立了事故调查小组对事故进行全面调查。与此同时，这些事故都引发了公众与国内外媒体的广泛关注。事故发生后，两家国企都将事故发生时间定为企业安全生产警示日，并进行了深刻反思。而从应急响应过程来看，事故中应急响应任务包括人员转移和疏散、医疗救护等，都存在较大相似性，这意味着这些案例可以进行比较分析。

这几起事故大多发生突然，（如"12·23"和"11·22"事故都是发生在晚上，事先无明显征兆），而且事故存在一定演化路径（如"11·13"），都具有潜在的衍生或二次灾害（如"11·22"），在救援和处置过程中部分任务用常规的救援工具和手段无法有效应对（如"7·23"），并且事故破坏性巨大（如"12·23"事故被媒体称为中华人民共和国成立以来最为严重的类似事故）。因此从事件规模和性质上看，这几起事故属于本书研究对象"非常规突发事件"的范畴。并且上述四个案例的时间跨度正好是从2003年到2013年，这一阶段恰恰是我国应急管理的制度环境发生重大改变的时期。

并不是只有定量信息的案例数据才是规范的案例研究，案例研究的证据是多样化的，既可以是定性的也可以是定量的，并且案例数据收集方式也是多样的。[1] 因此本章中用于分析的数据信息主要来源于网络文本和文献研究资料，如事故灾后调查报告、事故过程中的媒体新闻报道、新闻发布会、部门经验总结等等，也就是说大多不是第一手信息，同时辅以少量结构化访谈的材料和实地调查的录音整理的文本，后者主要是针对"11·22"青岛油管爆炸事故。有关数据来源见表3-1。下文在介绍完频繁发生的事故灾难及其管理后将对这些事故案例进行一个质性分析的梳理过程，即案例选取、信息收集、信息分析、初步结论、与已有文献的比较分析等。

---

[1] 叶康涛：《案例研究：从个案分析到理论创建——中国第一届管理案例学术研讨会综述》，《管理世界》2006年第2期。

表 3-1　四个典型案例数据来源

案例	数据来源
"12·23"重庆开县井喷事故	网络文献,包括主流媒体新闻报道、各门户网站事件专题; 安监部门网站有关信息; 《关于川东钻探公司"12·23"井喷特大事故调查组技术报告》; 主题涉及应急处置和应对的研究性文献资料
"11·13"吉林石化双苯厂爆炸和水污染事件	网络文献,包括主流媒体新闻报道、各门户网站事件专题; 安监部门网站有关信息; 《中石油吉林石化分公司双苯厂"11·13"爆炸事故通报》; 主题涉及应急处置和应对的研究性文献资料
"7·23"甬温线交通事故	网络文献,包括主流媒体新闻报道、各门户网站事件专题; 安监部门网站有关信息; 《"7·23"甬温线特别重大铁路交通事故调查报告》; 主题涉及应急处置和应对的研究性文献资料
"11·22"青岛油管泄漏爆炸事故	网络文献,包括新闻报道、各门户网站事件专题; 《山东省青岛市"11·22"中石化东黄输油管道泄漏爆炸特别重大事故调查报告》; 主题涉及应急处置和应对的研究性文献资料; 2014年7月28日为期一周的实地调研与访谈录音,获取的内部资料

第二节　事故灾难案例样本描述

一　频繁发生的事故灾难

目前我国正处在经济社会全面转型发展的关键时期,各种经济、社会、资源、环境等矛盾凸显。改革开放以来,我国经济飞速增长,与此同时各种事故灾难频频发生,也给我国经济的快速发展抹上了些阴影。20世纪90年代,随着经济的快速发展,我国安全生产事故平均每年以6.28%的幅度上升。[①] 进入21世纪,构建和谐社会的愿望和诉求越来越强烈,我国经济增

[①] 国家安全生产应急救援指挥中心:《统一领导　分类管理　分级负责　协同应对——〈国家安全生产事故灾难应急预案〉解读》,《中国应急管理》2007年第4期。

长模式发生巨大转变，工业化步伐加快，国内企业发展相对比较成熟，然而依然不变的是安全生产问题。"十五"期间，每年安全生产事故死亡人数在13万人左右。① 这个数字虽然在"十一五"和"十二五"期间有所下降，但是每年各类生产安全事故死亡人数依然居高不下。以"十二五"为例，2011年全国发生各类生产安全事故347728起，全国各类生产安全事故死亡75572人，2012年全国发生各类生产安全事故33万起，各类生产安全事故死亡约72000人，而到2013年仅上半年全国发生各类生产安全事故就超过22万起，2013年各类生产安全事故共死亡69434人。② 虽然总量上看有减少趋势，但是事故总量依然很大，重特大事故时常发生，平均几天一起，频率太高，总的形势依然严峻。

本章研究对象是我国不断且频繁出现的事故灾难，具体说是指造成特别重大人员伤亡、财产损失、生态破坏、社会危害甚至危及公共安全的紧急事件。这样的选择有两个方面的原因：第一，伴随着经济和科技的快速发展，频繁出现的生产安全事故类突发事件，往往会造成大量人员伤亡和重大经济损失；第二，突发事件包含四大类，范围过广，全盘把握难度较大，对其分门别类，有选择性地细化研究能更好地开展某类突发事件响应过程的研究进而实现有效治理。

二 我国事故灾难的应急管理

"统一领导、综合协调、分类管理、分级负责、属地管理为主"的应急管理体制是我国政府在长期的应急管理实践中逐步形成的，这种原则体现在事故灾难的管理中，这一点也在2006年颁布的《国家安全生产事故灾难应急预案》中得到明确规定。除了坚持党和政府的统一领导外，当事故具体到某种或某几种相关重大公共危机或事故灾害时则遵循分类别、分部门管理的原则，也就是以国务院对口主管部门为主负责预防和处置工作，其他相关政府部门参与配合。国务院各职能部门中负责应急管理的机构为了应对职责

---

① 崔克亮：《中国安全生产事故频发的原因和解决之道》，《中国经济时报》2006年11月16日。
② 中华人民共和国国家统计局编《中华人民共和国2013年国民经济和社会发展统计公报》，http://www.stats.gov.cn/tjzs/tjsj/tjcb/tjzl/201405/t20140529_560248.html。

范围内的重大公共危机或事故灾害,分别建立各自应急管理指挥体系、应急救援体系和专业应急队伍,并形成危机事件和灾害的预警预报体制、部际协调机制、救援救助体制等。① 以事故灾难为研究对象,这类突发事件对口主管部门见表3-2,与之相关的国家专业应急救援体系见表3-3,需要补充说明的是表3-2、表3-3均是应急管理部成立之前的情况。

表3-2 重大事故灾难及其国务院对口主管部门

名称	种类	主管部门
事故灾难	交通运输	交通部、民航总局、铁道部、公安部
	生产事故	行业主管部门、企业总部
	公共设施	建设部、信息产业部、邮电部
	核与辐射	国防科工委
	生态环境	国家环保局

注:行业主管部门和企业总部指矿山、石油、冶金、有色金属、建材、地质、机械、轻工、纺织、电力、贸易、公路、水运、铁路、民航、建筑、水利、电信、军工、旅游等部门。

资料来源:高小平《综合化:政府应急管理体制改革的方向》,《行政论坛》2007年第2期。

表3-3 重大事故灾难相关国家专业应急救援体系

专业应急救援体系	国务院主管部门	管理层级	队伍人员	职责
公安救援体系	公安部	各行政层级	各级公安和武警队伍	公安治安救援
消防救援体系	公安部	国家、省、地(市)、县4级	3000多个消防大队,2900多个消防中队,共12万人	防火灭火、抢险救灾
核事故救援体系	国防科工委	国家、地方和核电厂3级	各级核应急指挥中心和核电厂	核事故处理救援
矿山救援体系	国家安监总局	国家、省、市(县)、矿山4级	区域、重点矿山的矿山救护队和医疗救护中心	矿山事故抢险救助
化学事故救援体系	国家安监总局	国家、区域2级	国家化学事故应急救援指挥中心,8个区域抢险中心	化学事故应急处理

资料来源:高小平《综合化:政府应急管理体制改革的方向》,《行政论坛》2007年第2期。

---

① 高小平:《综合化:政府应急管理体制改革的方向》,《行政论坛》2007年第2期。

根据这类事故发生的规模和影响范围，分别由各级政府实施应急管理；跨省、跨部门或者特别重大事故灾难由国务院及有关部门进行直接管理，地方各级政府予以配合；其他一般性事故灾难则由地方相应层级政府负责处理，上级部门或有关部门予以指导、支持和帮助，即实行一种条块结合的管理结构和响应体制。①

根据《国家安全生产事故灾难应急预案》，全国安全生产事故灾难应急救援组织体系由国务院安委会、国务院有关部门、地方各级人民政府安全生产事故灾难应急领导机构、综合协调指挥机构、专业协调指挥机构、应急支持保障部门、应急救援队伍和生产经营单位组成。国务院安委会是领导机构，国务院安委会办公室承担综合协调指挥职能，专业领域内的应急救援指挥由国务院有关管理部门负责。地方各级人民政府的安全生产事故灾难应急机构由地方政府确定。现场层面的应急救援指挥遵循属地为主原则，现场应急救援指挥部负责指挥所有参与应急救援的队伍和人员，及时向国务院报告事故灾难事态发展及救援情况，同时抄送国务院安委会办公室。涉及多个领域、跨省级行政区或影响特别重大的事故灾难，根据需要由国务院安委会或者国务院有关部门组织成立现场应急救援指挥部，负责应急救援协调指挥工作。②

除了分管安全生产工作的政府监管部门外，企业方面也在突发事件的准备和应对方面做出了很多努力。如 2003 年初，中石油就针对井喷失控、油气管道着火爆炸、炼化装置着火爆炸、危险化学品泄漏，以及海上严重溢油 5 种特大突发事故编制了《突发特别重大事故应急救援预案》。③ 这些应急预案经过不断修订和完善，与成员企业和所属单位的应急预案上下衔接，逐步建立起了"横向到边、纵向到底"的三级应急预案体系，并且在预案中将重点事件的分级、部门职责、处置程序和联系方式等都进行了提炼和简化。④

---

① 高小平：《综合化：政府应急管理体制改革的方向》，《行政论坛》2007 年第 2 期。
② 《国家安全生产事故灾难应急预案》，http://politics.people.com.cn/BIG5/1026/4051508.html。
③ 郑治：《应急救援托起"安全"之翼》，《现代职业安全》2010 年第 3 期。
④ 周吉平：《加强应急管理体系建设认真履行社会责任》，《北京石油管理干部学院学报》2010 年第 1 期。

除加强预案体系的建设外，中石油方面还努力健全完善集团总公司以及子公司的应急管理机构体系以提高应急管理能力。中石油成立了以总经理为组长的应急领导小组，组成了以副总经理为主任，集团公司机关职能部门、信息组、专家组、现场应急指挥部参加的领导小组办公室，形成了"统一领导、分工负责、部门联动"的应急管理工作格局。在子公司成立以主要领导为组长的应急领导小组，按照"一个中心、两个机构"的模式，建立应急救援指挥中心，在经理办或生产运行部门设置办事机构，在安全环保部门设立工作机构，其他相应的职能部门配备专（兼）职应急管理人员。[①] 中石油各方面的举措表明这类企业也在突发事件的应急预案、应急体制、应急机制和应急规范方面进行了不同程度的完善。

在我国，安全生产应急救援体系的建设和形成有这样几个要求：首先是要统一协调应急指挥，其次是要建设训练有素和装备精良的救援体系，再次是建立可靠的法律保障和资源保障，最后还要建立有效运行的工作机制。四个建设目标中，第四点是关键，只有建立了一个科学有效的安全生产应急救援工作机制，才能保障应急救援体系有效运行，而这要依赖于科学规范的国家分级响应制度和联动的应急救援程序。安监总局安全科学技术研究中心的研究员对此展开了研究，见表3-4。

表3-4 国家生产应急救援体系响应机制

响应级别	启动条件	应急救援活动
国家级 （三级）	预期30（含）人以上死亡，或特大财产损失或特别重大环境破坏； 态势仍未完全控制； 跨国救援； 可能需要增援	国家应急指挥中心全面启动； 派出国家现场指挥协调组和专家组； 各有关专业应急救援中心全面启动； 相邻省级应急机构全面启动； 随时派出各级救援力量和资源； 必要时调配军队等部门力量和资源

---

① 中国石油天然气集团公司：《加强应急管理提高应急能力》，http：//www.emc.gov.cn/emc/Contents/Channel_ 20151/2009/0421/57824/content_ 57824.htm，2009-04-21。

续表

响应级别	启动条件	应急救援活动
专业级（二级）	预期人10（含）人以上30人以下死亡，或重大但不致特大财产损失或特别严重环境破坏； 态势仍未完全控制； 跨省救援； 可能需要增援	专业应急救援中心全面启动； 派出现场指挥协调员和专家组； 该区域和相邻区域救援中心待命； 国家应急指挥中心进入预备状态； 通知国家应急委及有关成员单位； 通知其他有关专业应急救援中心； 通知相邻的省级应急机构； 随时派出区域救援中心应急队伍
预备级（一级）	预期3（含）人以上10人以下死亡，或较大但不致重大财产损失或严重环境破坏； 态势仍未完全控制	专业应急救援中心进入预备状态； 该区域救援中心就位待命； 通知相邻区域救援中心； 通知国家应急指挥中心； 派出现场观察协调员和专家组

资料来源：刘铁民、刘功智、陈胜《国家生产安全应急救援体系分级响应和救援程序探讨》，《中国安全科学学报》2003年第12期。

三 事故灾难案例样本描述及失灵现象分析

"12·23"重庆开县井喷事故、"11·13"吉林石化双苯厂爆炸和水污染事件、"7·23"甬温线动车事故以及"11·22"青岛油管泄漏爆炸事故都可谓国内近十余年发生的罕见的特大事故灾难，极具典型性和代表性，四起事故灾难的基本情况见表3-5。这些典型事件的应对和处置也反映了政府、企业、有关组织和社会公众的应急响应现状。

表3-5 四起事故灾难基本信息

事故名称	"12·23"开县井喷事故	"11·13"吉林石化双苯厂爆炸和水污染事故	"7·23"甬温线交通事故	"11·22"青岛油管泄漏爆炸事故
发生时间	2003年12月23日21时55分	2005年11月13日13时36分	2011年7月23日20时30分	2013年11月22日10时25分爆炸
事件影响	243人死，直接经济损失8200余万元	8人死，60人伤，直接经济损失6908万元，引发松花江水污染	40人死，172人伤，直接经济损失19371.65万元	62人死，136人伤，直接经济损失超过7.5亿元

续表

事故名称	"12·23"开县井喷事故	"11·13"吉林石化双苯厂爆炸和水污染事故	"7·23"甬温线交通事故	"11·22"青岛油管泄漏爆炸事故
持续时间	约85个小时	约2天	约37个小时	约3天
事故发生地	开县高桥镇罗家寨	吉林石化公司101双苯厂化工车间	浙江省温州市瓯江特大桥	山东青岛经济技术开发区
事故等级	特大责任事故	特大责任事故	特大责任事故	特大责任事故
责任单位	中石油	中石油	铁道部	中石化

本节以这四起特大事故作为考察样本，深入开展文献搜集和分析，对事故应对过程进行梳理，特别关注其应急响应组织及其任务分工、响应活动及结果等方面，分析指出各案例响应过程中存在的失灵现象，在此基础上希望发现我国事故灾难类突发事件的应对和响应规律。

(1) "12·23" 开县井喷事故响应过程及失灵现象

2003年12月23日晚10点左右，地处重庆市开县高桥镇晓阳村的中国石油天然气集团公司所属四川石油管理局川东钻探公司钻井二公司12队承钻的罗家16H井发生特别重大井喷失控事故。① 事故发生后，重庆和开县两级党委政府采取措施展开救援和应急。从井喷发生（12月23日21时55分）到点火且压井成功（12月27日11时），事故持续约85个小时，以这85个小时为事故响应分析的时间跨度，把事件发展及各方响应活动呈现如下，见表3-6。

表3-6 "12·23"重庆开县井喷事故应急响应过程

时间	响应主体	响应措施
12-23 21:55	企业路井员	发现井涌发出警报
12-23 22:30	企业井队人员	撤离现场疏散井周边居民
12-23 23:00	高桥镇政府	通知群众转移
12-24 2:00~3:00	副县长	抵达现场成立高桥镇现场指挥部
12-24 8:30		设警戒线，搜救，设立医疗点

---

① 汤淳：《重庆市开县"12·23"特别重大天然气井喷失控事故调查》，《劳动保护》2004年第6期。

续表

时间	响应主体	响应措施
12-24 10:30	企业钻探公司救援队	成立齐力指挥部,政府和企业分工
12-24 12:30	企业搜救队	发现井口停喷
12-24 13:00		指挥部后撤至高升煤矿,组织群众转移
12-24 15:55	企业钻井二公司	组织点火,控制险情
12-24 21:00	吴家农副市长	抵达天河乡,成立市抢险救灾指挥部
12-25		全面搜索,疏散转移,医疗救护
12-26	国务院工作组	抵达开县指导工作
12-27 11:00	企业	压井成功

通过表3-6的梳理,结合文献分析笔者发现重庆井喷事故响应过程在以下方面存在失灵现象。

①事故信息报告方面。事故发生后井队人员一边撤离现场,一边报告上级,半小时后井队人员撤离完毕,但井场没有将井喷事故信息及时报告给附近的高桥镇政府,直至约一个半小时之后,高桥镇政府接到开县安全生产监督管理局电话询问时才得知并确认这一信息。

②点火决策方面。开县政府和钻井公司负责人作为事故现场的负责人都无法及时做出实施井口点火的关键决策,导致了有毒气体的持续扩散,伤亡更加严重。从现场指挥部职责分工上看,这属于指挥长决策指挥的职能履行不到位。

③群众疏散方面。高桥镇政府在询问井队人员撤离方向和距离时未得到明确答复。在对于群众疏散和撤离的方向、路径以及距离等不甚明了的情况下,加之深夜黑暗、通信不畅、山区地形复杂、道路崎岖等困难条件,事故响应阶段群众疏散和撤离工作开展非常困难。同时由于群众不了解泄漏气体的毒性,民众转移过程中出现部分居民返家的现象。这在应急指挥体系中属于交通控制组职能履行失误。在通知群众转移方面,该地方属于西南农村,交通和通信都不十分顺畅,说明在我国广大农村社会,预警和警报系统还不完善。

④应急指挥体系方面。从表3-6中有关指挥体系的成立和变化不难发现，随着不同层级领导的到来，现场指挥部变更频繁，指挥部下设小组名称和职能也不一致，这说明我国在应急指挥系统的设立上缺乏规范性，组织机构的设置缺乏模块化和统一的指挥结构。

⑤企业与政府协调方面。在井喷发生后，事故责任单位川东钻探公司和当地政府都各自组建了指挥机构，事发地政府属于基层镇政府及县政府，权力有限，而事故责任单位川东钻探公司又受重庆市的四川石油管理局管辖，因此两个体系的应急指挥部之间缺乏协调，各自为战。

⑥救援物资方面。事故过程中救援人员多次进入警戒区进行人员搜索，但是空气呼吸器、防毒面具等专业救援设备准备及调配不足都严重影响了搜救工作的开展，甚至造成部分救援人员也吸入大量有毒气体。这在应急指挥体系中属于后勤保障的工作不足。

⑦医疗救护方面。由于井喷事故发生地地处我国西南地区的偏远农村，基层医务人员严重缺乏，医疗药品不足，临时设立的医疗点难以满足短时间内大量的群众中毒亟须救护的需求，严重中毒或受伤人员也因为缺乏足够的车辆无法及时转移至附近医院进行抢救。

(2) "11·13" 吉林双苯厂爆炸事故及水污染事件响应过程及失灵现象

2005年11月13日13时36分，中国石油天然气股份有限公司吉林石化分公司双苯厂硝基苯精馏塔发生爆炸，造成8人死亡，60人受伤，直接经济损失6908万元，并引发松花江水污染。① 事故发生后，吉林省委、省政府主要领导迅速赶到事故现场指挥抢险，企业安监负责人也赶往事故现场。从第一次爆炸发生（13日13时36分）到现场明火扑灭再到市政府证实多名遇难者（11月14日晚）为止，事故持续约2天时间，以这段时间为事故响应分析的时间跨度，把事件演化及各方响应活动呈现如下，见表3-7。

---

① 《劳动保护》编辑部：《11起特别重大事故查处结果》，《劳动保护》2007年第2期。

第三章 事故灾难应急响应失灵案例分析

表 3-7 "11·13"吉林双苯厂爆炸事故及松花江水污染事件应急响应过程

时间	响应主体	响应措施
11-13 13:36~15:00	企业现场人员	启动事故预案,报警,上报信息,成立抢险救灾指挥部
11-13 13:45	吉林市消防支队	先后调动11个消防中队、吉化企业专职消防支队5个大队,共计87辆消防车、467名指战员赶赴现场,实施灭火后撤离
	消防支队119调度指挥中心	迅速向吉林市委、市政府、市公安局和吉林省消防总队报告
11-13 15:00左右	吉林市政府	启动应急预案,成立了事故应急救援指挥部,全力开展抢险救援、布置工作
11-13 15:00~16:00		恢复供水供电,恢复装置区灭火
11-13 15:00	吉林省消防总队	长春市消防支队9辆消防车、43名指战员增援队伍赶往事故现场
11-13 15:30	环保局	污水监测数据达最高值,严重超标
11-13 17:00		火势得到控制,伤员送往医院
11-13 17:00	龙潭区政府	成立四级网络发动群众进行居民疏散
	化工学院市出租车	通知学生疏散,转移疏散附近学生
11-13 18:40	吉林市环保局	得知松花江严重污染
11-13 20:00		现场指挥部第二次会议
11-13 半夜	集团负责人	赶往事故现场指挥抢险和善后处置工作
11-13 半夜	企业方面	召开"11·13"爆炸事故新闻发布会,通报松花江水体没有发生变化
11-14 4:00	企业方面	明火扑灭,监测空气,搜寻1名遇难者遗体
11-14 上午		消防车队巡逻,警车指挥交通工人清理现场
11-14 上午	吉林石化	召开视频会议通报事故情况
11-14 13:00左右	吉林市环保局	派人赶到事故及松花江水污染现场
11-14 18:00	吉林市环保局	向省环保局书面报告松花江污染情况
11-14 晚	吉林市政府	证实又搜寻4名遇难者遗体

通过表 3-7 的梳理，结合文献发现该事故响应过程中在以下方面存在失灵现象。

①现场灾情估计方面。当第一次爆炸发生后不久，企业专供消防队伍和附近的吉林市消防支队迅速赶往现场，在缺乏对事故爆炸情况的充分了解下，消防队伍被命令进入现场灭火并实施救援行动。随后厂区多处发生连环爆炸，造成了消防人员的大量伤亡，这说明现场应急指挥部存在对灾情评估不准确和认识不清的错误，也一定程度上反映了现场指挥部缺乏灾情评估和综合计划的职能（小组）。

②应急指挥体系方面。从媒体报道及灾后调查报告中可知，企业方面在第一时间启动紧急预案，也成立了由现场工人、技术人员和管理层组成的现场指挥部。吉林市委、市人大、市政府、市安全生产监督管理局的领导以及吉化公司的领导和专业技术人员赶往现场后也成立了现场抢险救援指挥部，下设五个工作小组，两个指挥部之间的工作关系等均没有详细内容。有关资料显示，市委、市政府在抢险时主要采取了三项措施。企业安全总监一行抵达事故现场组织了灭火救援、医疗救护、大气监测等工作，到 14 号上午集团公司召开视频会议时任务变成受伤人员救治、失踪人员搜寻、安抚家属等。从这些任务来看，指挥部由多个任务执行小组构成，而类似计划、后勤保障和通信等职能大多被忽略或者是划归现场指挥人员或者政府领导，事故造成的周边小区停水停电和人员受伤，以及化工区的治安稳定等由哪些部门参与管理也没有明确，事故发生后续演化也表明指挥部在水体污染监测和控制方面有所欠缺。这些都说明我国在应急指挥系统的设立上缺乏规范性，比较随意，职责分配不清。

③群众疏散和转移方面。爆炸化工厂区周边小区和学校较多，事故发生地下风向两三公里内居民达数万人，仅吉林化工学院师生就多达 7000 人，短时间内紧急疏散和转移任务艰巨，人员和车辆均不够；而爆炸区上风向附近居民 5 万余人大面积疏散的准备工作也出现困难。

④企业和政府协调方面。尽管企业方面在第一时间出动了专供消防队伍，企业安全总监王宜林也带领工作组和专业技术人员在 13 日半夜赶到爆炸厂区，并积极参与了救援工作，但是作为事故责任企业在整个抢险过程中

究竟有哪些具体的救援表现,如何参与或协助政府应急抢险指挥部,这些信息都不清楚。由于立场和利益的不同,企业方面希望爆炸和伤亡得到快速解决,而忽略(或刻意为之)有关苯类污染物大量流入松花江的事实,也没有及时采取更多措施进行控制。

⑤水污染的信息上报和发布方面。尽管吉林市环保局在事故当天就监测到最大浓度的水污染情况,但并没有及时汇报市委、市政府及省环保局,直到14日18时才以书面形式向省环保局报告松花江污染情况,而省环保局在得知这一情况后也并没有及时发布消息,告知市民,甚至没有及时通报下游的黑龙江省环保局。事发当日媒体报道"爆炸产生的是二氧化碳和水,不会污染到水源",企业方面在13日半夜召开的"11·13"爆炸事故新闻发布会上甚至通报松花江水体没有发生变化,但是第二天吉林市即停水一天。尽管15号吉林市就恢复了供水,但是对于下游地区的城市和居民却隐瞒了这一信息。吉林省办公厅、吉林省环保局直到18日才向黑龙江省办公厅和环保局通报了该事故可能会对松花江水造成严重污染的信息。没有及时通报或刻意隐瞒造成了哈尔滨市民抢水危机以及俄罗斯阿穆尔河污染的外交事件。这些问题表明我国突发事件应急响应过程中信息汇报、上报、通报和发布环节仍存在不规范性。

(3)"7·23"甬温线动车事故响应过程及失灵现象

2011年7月23日20时30分,上海铁路局管内杭深线甬温区段两辆动车D301次与D3115次发生追尾事故,两辆动车上共计约1072名乘客瞬间陷入险境。从列车追尾(23日20时30分)到恢复通车(25日9时31分),事故前后持续约37个小时,以这段时间为事故响应分析的时间跨度,把事件演化及各有关响应部门和人员的应对措施呈现如下,见表3-8。

该事故属于交通运输事故,按照有关规定由交通部、铁道部和公安部领导和管理。通过表3-8的梳理和应急指挥组织体系的发展,结合文献分析发现该事故响应过程中在以下方面存在失灵现象。

表 3-8 "7·23"甬温线动车事故应急响应过程

时间	主体	响应措施
7-23 20:30	动车追尾	
	第一支救援队伍:附近居民	成立前期消防救援指挥部自救互救
7-23 20:50	铁道部	成立调度指挥中心,指挥抢险救援,协调、调度铁路救援
7-23 21:00	温州市消防支队	成立"7·23"现场救援指挥部,组织人员搜救、疏散人群
7-23 21:00	省委、省政府	启动应急响应
7-23 21:30	省委	召开紧急会议,部署工作
7-23 23:00		进入第二阶段搜救
7-23 23:20	省消防总队政委	成立省总队抢险救援指挥部
7-24 1:40	市委领导	成立市抢险救援指挥部
	省委领导	成立省抢险救援指挥部
7-24 2:40	上海铁路局负责人	成立现场救援指挥机构
7-24 3:00	铁道部党政负责人	省部会商,成立省部联合救援及善后指挥部
7-24 4:00		旅客疏散安置,现场搜救分桥上、桥下两组进行
7-24 5:30	上海铁路局负责人	桥下搜救结束,组织挖坑就地掩埋车体
7-24 11:00	张德江	抵达事故现场查看,慰问伤员
7-24 14:00	张德江	听取报告,成立事故救援善后总指挥部
7-24 14:25	中铁二十四局	桥上车体吊移、搜救
7-24 17:15	救援人员	最后一名幸存者被救出并送往医院
7-24 18:00	铁路救援人员	清理剩余车厢和旅客行李、线路修复等
7-25 9:31		恢复通车

①事故信息发布、公众沟通方面。政府信息发布和公众沟通环节存在不足,从一个侧面可以反映出来,即事故之后有关该事故的文献较多地集中于政府信息沟通方面。有专家指出:"事故发生后,之所以民怨较多,民情激愤,一个不争的事实就是政府信息公开中存在太多遗憾。"① 笔者在搜集该事故资料时没有找到事故过程中不同指挥部成立、构成和运行情况,这也表明政府在事故响应信息发布和公开方面存在不足。

---

① 莫于川:《通过改革创新更有效地应对突发事件、保障基本权利、约束公共权力——以甬温线动车追尾事故救援处置工作教训为研究线索》,《法学杂志》2012 年第 9 期。

②重大问题决策方面。该事故中响应主体在三个问题的决策上存在失误：是否掩埋车头、是先救援还是先起吊、是否需要尽早恢复通车。通过对事故过程的应对回顾，可以发现就这些决策而言，铁道部与专业救援队伍以及专家态度看法不一致，媒体将救援不力的矛头直指响应主体之一的铁道部，认为其救援组织目标不明确，救人还是通车的行为选择存在失误。

③应急指挥体系方面。从表3-8中有关指挥体系的成立和变化可以发现两个特点：一方面专业救援队伍（消防部门、武警等）指挥部成立迅速，并且立即展开救援任务；另一方面各级指挥部变化快，更替频繁，下设小组数量不一，名称和职能也不一致。这说明我国在应急指挥系统的设立上缺乏规范性，组织机构缺乏模块化设置和统一指挥。

④救援装备准备方面。对于动车的拆卸和移动等作业，缺乏专业的设备和设施。直到救援进入攻坚阶段，才调来专业的切割机用于切割车身。同样对于垂直悬挂的D301次第4节车厢吊走也缺乏合适的吊车。

⑤应急协同方面。地方政府和铁道部先后各自组建了指挥系统，两个体系指挥部并存，系统之间缺乏必要的沟通和协调，各自为战，直到事故发生六七个小时后才进行联合会商，商议救援和处置方案。桥上和桥下分别由铁道部官员和政府领导负责，但是当桥下搜救结束后，铁道部负责人做出就地掩埋车体的决定，这从侧面暴露了现场指挥者间沟通和协同存在不足。

⑥交通保障方面。由于事故车辆位于高架桥上，路面较窄，两辆动车客流较大，事故发生后大量围观市民、各类救援车辆以及私家车辆的到来一时间给伤员转移和旅客疏散增加了难度，甚至阻碍了几台用于救援的大型起重机和吊车进入事故现场。

⑦铁道部应对方面。在整个事故应急处置工作中，也暴露了铁道部对动车组列车运行中发生的重特大事故应急预案和应急机制不完善，应急处置经验不足、方式简单，信息发布不及时，对有关社会关切回应不准确等问题。①

---

① 国务院"7·23"甬温线特别重大铁路交通事故调查组：《"7·23"甬温线特别重大铁路交通事故调查报告》，http://www.chinasafety.gov.cn/newpage/Contents/Channel_5498/2011/1228/160577/content_160577.htm。

(4)"11·22"青岛油管泄漏爆炸事故响应过程及失灵现象

2013年11月22日凌晨2时12分,山东青岛黄岛区秦皇岛路与斋堂岛街交会处,中石化管道储运公司潍坊分公司的东黄复线地下输油管道破裂,原油出现泄漏。上午10时25分左右,在事故抢修过程中,在黄岛区海河路和斋堂岛街交会处,正在被抢修的输油管线现场以及和它相距约700米的雨水涵道相继发生爆燃。从11月22日凌晨2时12分发现泄漏到11月25日新闻发布会的召开,以这段时间为事故响应分析的时间跨度,把事件演化及企业和政府两方面人员的响应活动呈现如下,见表3-9。

表3-9 "11·22"青岛油管泄漏爆炸事故应急响应过程

时间	主体	响应措施
11-22 2:12~2:25	企业潍坊输油处调度中心	发现漏油、停泵停输
11-22 2:31	开发区公安分局110指挥中心	接警出警
11-22 2:50	企业潍坊输油处调度中心	向处运销科报告泄漏,通知处维修中心赶赴现场
11-22 3:10	开发区公安分局110指挥中心	向开发区总值班室报告现场情况
11-22 3:20	企业青岛站	关闭截断阀启动预案
11-22 3:40	企业青岛站	抵达现场组织清理路面,请求调用抢险救灾物资
11-22 4:00	企业青岛站	开挖泄漏点,抢修管道安排人员海上清污
11-22 4:47	企业运销科	上报信息给潍坊输油处处长
11-22 4:10~5:00	应急办、安监、环保、市政等	有关人员先后到达事故现场展开海上溢油清理
11-22 5:30		副处长赴现场指挥,入海原油围控
11-22 6:00	企业潍坊输油处黄岛油库	海上清污
11-22 7:00~8:20	企业潍坊输油处	现场挖掘作业坑找漏油点,报告中石化管道分公司
11-22 7:49	应急办副主任	报告青岛市政府总值班室
11-22 8:18~9:06	青岛市政府总值班室	核实信息、短信上报并通知应急办副主任赴现场
11-22 9:15	中石化管道分公司	通知现场人员按照预案成立现场指挥部
11-22 9:30	潍坊输油处	请求中石化管道分公司抢维修中心支援

续表

时间	主体	响应措施
11-22 9:55~10:21	青岛市经信委副主任等	到达现场并向市政府副秘书长报告情况
11-22 10:25		现场发生爆炸,排水暗渠和海上泄漏原油燃烧
11-22 10:30	青岛市政府、中石化	成立中石化输油管道爆燃事故应急指挥部,启动一级响应,组织医护专家抢救伤员,搜救现场人员
11-22 12:40	青岛市消防支队	燃烧区灭火
11-23 7:00	青岛海事、环保、海上搜救中心等	海上清污
11-25		召开新闻发布会

油管泄漏爆炸属于生产事故类灾害,这类事故由国家安监局及涉事企业总部进行预防和应急工作,而这起事故从事故影响和级别上看属于特别重大工业事故灾难,按照我国突发事件分类管理、分级负责的原则,这类事故多由国务院有关部门直接管理,地方政府予以协助配合。根据表3-9的梳理和应急指挥组织体系的发展,结合文献发现该事故响应过程在以下方面出现失灵现象。

①事故信息报告方面。A. 发现漏油后,企业方面(青岛站:潍坊输油处、中石化管道分公司)没有按要求全面报告泄漏量、泄漏油品等信息,存在漏报情况。事发后企业只是将有关情况向110报警,却并未按照企业预案中的规定向当地政府及相关部门上报或通知。B. 青岛市开发区应急办也未严格执行生产安全事故报告制度,压制、拖延事故信息报告。C. 青岛海事部门和环保部门都是直到原油泄漏几个小时之后才接到原油入海的报告,并且来源也非中石化方面。爆炸之后,现场指挥部在核查事故死亡人数并逐级上报的过程中耽误了宝贵时间。

②事态评估方面。企业有关负责人最初只是把该漏油视为一般突发事件,对原油泄漏的发展趋势研判不足,而青岛经济技术开发区管委会也没有充分认识到原油泄漏的严重程度对地下管网布局情况以及原油泄漏在密闭暗渠空间遇火花可能引发爆炸的情况估计不足,企业和政府有关负责人对事态低估和误判才使后续响应工作出现问题。

③群众疏散方面。事故发生后,企业方面主要是忙于处置漏油,政府相关部门获悉情况后也并没有及时采取对现场进行戒严和封路等措施,未及时通知和疏散

群众，使得在管道爆炸时路面附近仍有车辆和行人来往，造成事故伤亡过大。

④应急指挥体系方面。从表3-9中有关应急指挥部的成立和变化来看，该应急响应过程主要存在两个问题：一是政府有关负责人缺乏经验，反应迟缓，指挥部成立和运行混乱；二是企业和政府应急救援和响应部门之间缺乏沟通和协同，缺乏统一的应对方案，各自为战。

⑤救援物资和人员方面。从事故发展态势来看，一开始企业就向上级部门提出调用物资储备的请求，在清理漏油时请求分公司抢维修中心支援。这表明企业在专业应急人员和物资储备上存在不足，故现场指挥部的后勤保障工作有待提高。

第三节 事故灾难应急指挥体系现状分析

一 事故灾难应急指挥体系的成立及变化

事故灾难应急指挥体系就是事故响应过程中成立的各级各类应急指挥组织结构，常常是由事发地政府及相关部门构成，下设若干工作小组，在事发后迅速开展救援与处置的各项任务，组织结构常因灾情发展及任务变化而做出调整。整个应急处置和救援过程都围绕应急指挥体系这个组织载体展开，因此分析典型事故中应急指挥组织何时成立、构成是什么、如何分工及怎样运行对于了解应急指挥体系现状意义重大。

（1）"12·23"开县井喷事故应急指挥体系的运行

在该事故响应过程中，按照事件发展有关部门先后成立开县、重庆市、中石油以及国家等多个应急指挥机构，后期多个指挥部并行，且随着有毒气体的扩散，现场指挥部先后从事发现场转移至齐力、高升再到天河乡。

首先在事故前期处置（事发后一小时内）中，钻井公司没有按照有关规定报告当地政府，仅仅是采取了一些撤退、设立警戒线和疏散井周边居民的措施。副县长带领县相关部门赶到事故现场后，成立了高桥镇现场指挥部，县安全、公安、卫生、消防和医务等部门参与其中，同时钻井公司人员也加入其中。24日上午四川石油管理局钻探公司救援队赶到现场后，指挥部发生一些小变化，同时后移至齐力。任务分工方面，地方政府负责群众转移、人员救治和社会稳定维护等工作，钻井队和救援队伍负责现场搜索和技术工作。24日约21时重庆市副市长带领有关部门人员抵达事故现场，并于22：30左右成立了"12·23"特大井喷事故重庆市抢险救灾指挥部，由市委、市政府负责统一领导抢险救灾工作，中石油及有关部门予以配合。25日下午市委书记、市长抵达事故现场，26日凌晨1点国务院工作组抵达开县，为了便于开展工作，国务院工作组成立三个工作小组，协助并指导重庆市抢险救灾指挥部开展工作。随着救援工作进入尾声，应急管理逐渐从事故响应转入恢复和安置阶段，指挥部随即调整。短短几天时间，指挥部随着上级领导的到来和救援力量的增加先后多次变更，指挥部门的名称和职能也随之发生调整。各级指挥部的构成和变化见图3-1。

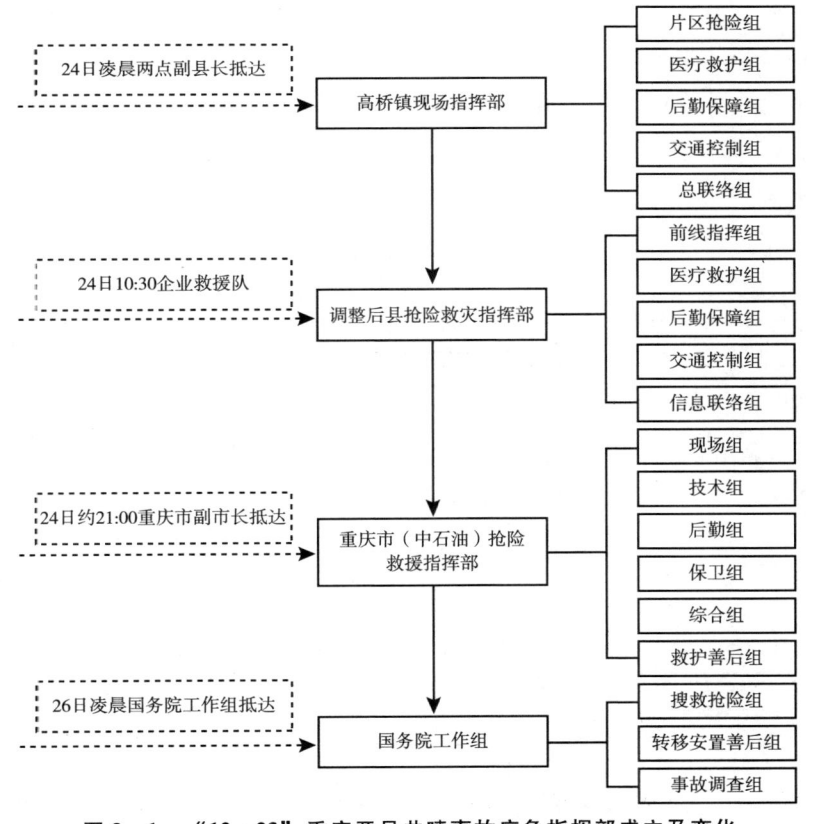

图3-1 "12·23"重庆开县井喷事故应急指挥部成立及变化

(2)"11·13"吉林双苯厂爆炸事故及水污染事件应急指挥体系的运行

在该双苯厂爆炸事故救援过程中成立了企业现场抢险救灾指挥部、吉林市"11·13"事故现场指挥部、事故领导工作小组以及集团"11·13"事故领导工作小组,而随着大量苯类污染物流入松花江继而影响到下游邻国流域,国家层面还成立了专门领导小组应对此事。

爆炸后,吉林石化公司部分领导成员和相关处室人员第一时间赶往现场,迅速启动预案,成立事故救援指挥部,还迅速出动了企业专职消防队伍进入现场开展灭火救援、医疗救护和大气监测等工作,但指挥部的具体构成不详。爆炸信息上报市委领导后,吉林市迅速启动突发事件应急预案,市领导率领相关部门负责人在当日下午赶到爆炸现场,成立事故处理工作领导小组和现场指挥部,下设技术专家组、消防公安组、居民疏散组、医疗抢救组、信息宣传报道组5个工作组,全力开展人员搜救、现场灭火以及人群疏散任务。企业方面,得知消息后集团领导蒋洁敏立即要求企业全力配合抢险救援,14日凌晨约1点,集团公司党组成员、副总经理、安全总监王宜林一行赶到石化公司,了解初步调查情况、救援过程及人员伤亡情况后,提出了五条工作思路。各级现场指挥部成立及变化如图3-2所示。

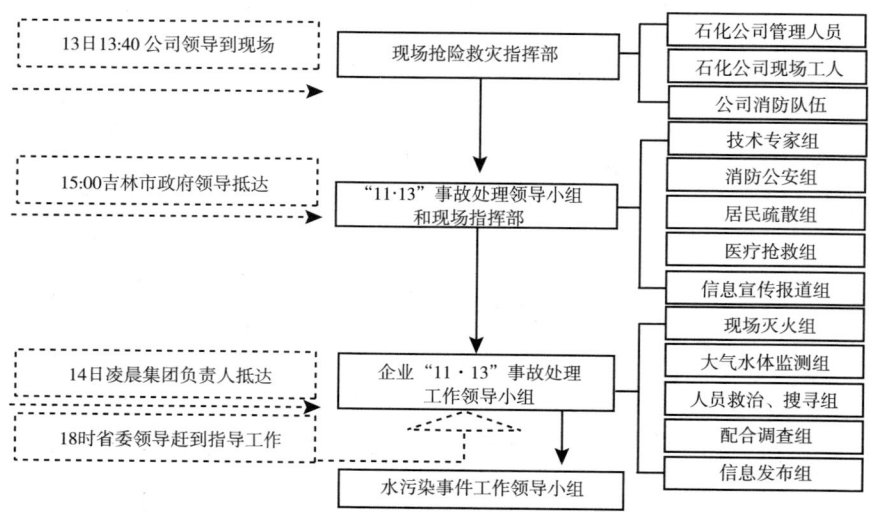

图3-2 "11·13"吉林双苯厂爆炸事故及松花江水污染事件应急指挥部成立及变化

第三章 事故灾难应急响应失灵案例分析

（3）"7·23"甬温动车事故应急指挥体系的运行

在该事故的响应过程中可以发现，在分析时间段内按照事件发展先后成立了前期消防救援指挥部、"7·23"现场救援指挥部、省消防总队、温州市抢险救援指挥部以及浙江省抢险救援指挥部，当铁道部有关负责人抵达现场后，又成立了省部联合救援及善后工作指挥部等多个不同层级指挥部。

事发后，温州市消防支队快速反应，立即调集消防官兵和重型起吊车辆赶往现场，最早抵达的两个消防中队迅速组织成立前期消防救援指挥部，下设战斗小组和疏散小组若干。21时温州市消防支队支队长率队抵达现场，市委领导抵达现场，成立"7·23"现场救援指挥部，下设五个工作组，并根据现场情况迅速确定方案，并随救援情况及时调整力量部署。23：20省消防总队政委抵达事故现场，成立了省消防总队抢险救援指挥部。24日1：40省政府负责人抵达事故现场，24日2：40上海铁路局负责人到达事故现场，立即成立了现场救援指挥机构。这两个现场救援指挥部构成信息不明。3时左右，铁道部主要负责人到达现场后，浙江省、铁道部主要领导召开了省、部协商会议，然后决定成立省部联合救援及善后工作指挥部，善后指挥部由四个工作小组构成，但是小组具体名称不详。各指挥部成立及变化如图3-3所示。

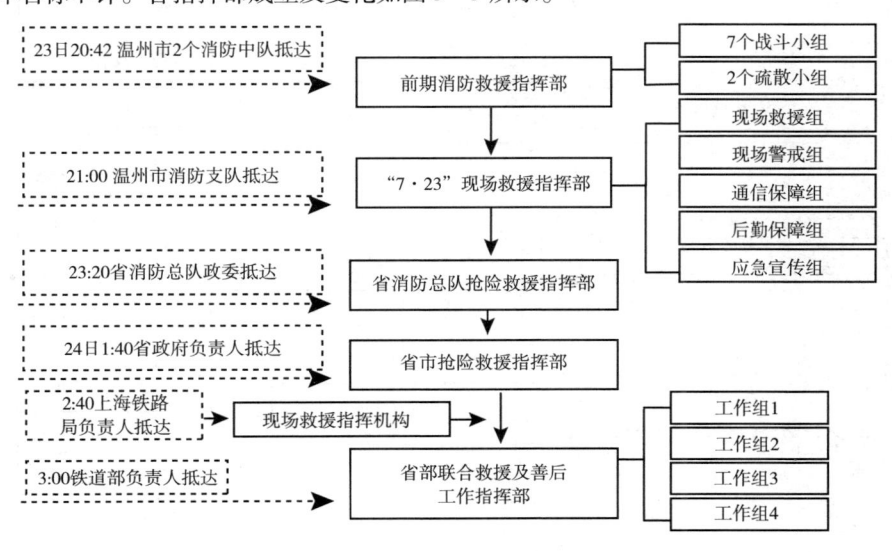

图3-3 "7·23"甬温动车事故应急指挥部成立及变化

(4)"11·22"青岛油管泄漏爆炸事故应急指挥体系的运行

该事故从凌晨发现漏油,到爆炸约8个小时,其间的响应活动主要是企业和政府两类主体展开,企业在响应中没有及时对原油泄漏量进行评估,因而也一直没有启动企业应急响应,直到爆炸前约1小时才接上级主管部门即中石化管道分公司命令成立现场指挥部,而指挥部的主要任务是抢修工作。

而政府方面,青岛市经信委副主任兼应急办副主任直到爆炸前20分钟左右才到达泄漏现场。爆炸发生后直到青岛市委、市政府领导抵达现场才成立应急指挥部,组织抢险救援。待山东省委领导赶到后,现场指挥部则变成以省政府主要领导为总指挥的现场指挥部,下设8个工作组。但无论是企业现场指挥部,青岛市委、市政府指挥部还是山东省委领导到达现场后成立的指挥部,其具体构成、响应职责和工作开展情况都很难找到有关报道。据笔者所在研究团队对该事故进行的调研报告,各级指挥部成立及变化如图3-4所示。

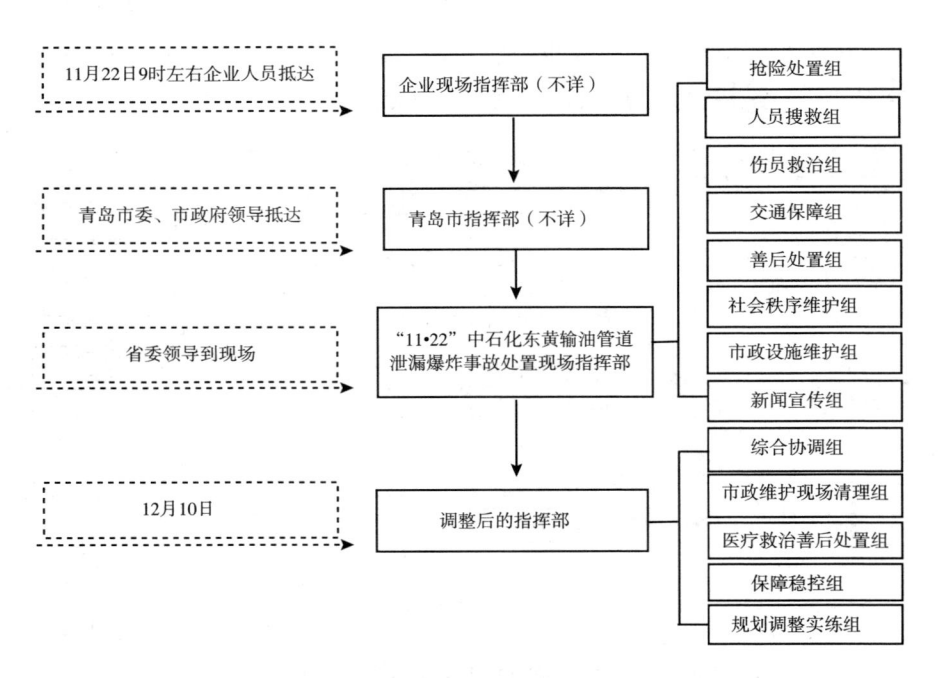

图3-4 "11·22"青岛油管泄漏爆炸事故应急指挥部成立及变化

二 事故灾难应急指挥体系成立及运行的特点

上述案例用事实再次证明，我国应对重大突发事件时应急指挥和应急响应能力仍有待重点加强。根据四起事故中应急响应过程和响应组织体系的分析，现阶段应急响应过程和应急指挥体系的建立有四个特点。

第一，应急指挥无规范，统一指挥实现困难。案例表明各起事故灾难中都成立了政府内部不同层级的应急指挥部，也成立了企业和专业救援队伍的应急指挥部，但是各级各类指挥部构成存在差异，指挥部上下级关系不畅，常常出现政出多门、多头指挥等现象。尽管"统一指挥"是国际国内成功应对突发事件的基本原则，但是具体实现起来有很多问题。比如《突发事件应对法》规定了紧急情况下危机决策权属于属地，超过属地范围的由上级政府领导决策。但是当事件需要上级政府启动响应时，现场指挥权归谁？另外，应急指挥体系中往往由技术和行政两大类人员和部门构成，当技术人员和行政人员意见不一致，或者技术决策与行政决策矛盾的时候怎么办？再者巨灾中往往有外援力量，有志愿者组织，如何使这些外来力量服从属地管理，真正实现统一指挥在我国依然是亟待解决的问题。

第二，反应不灵敏。通过青岛油管泄漏爆炸事故可以发现，这类事故往往涉及响应部门非常多，除了企业自身应急响应外，相关层级的政府部门、消防、环保、市政、医疗等不同部门都应当及时对事故予以相应级别的响应。但一些部门存在启动应急响应不及时、响应级别差异较大、不统一、其间多次变动等现象，这在其他事故灾难中也常见（如玉树地震中）。事故发生后，不同部门启动响应预案意味着其正式参与到应急响应过程中，能够为不同的响应任务提供人力、物力和技术支持。如消防部门启动应急预案可以保证事故地点的火灾险情得到控制；卫生部门启动应急预案，则可以保证爆炸受伤人员得到及时有效的救治；交通部门启动应急预案可以有效调控进入爆炸区域范围内的交通情况。而一旦相关部门不能及时启动相应等级应急预案，就很难形成有效协同的局面。

第三，应急响应各单位协调不力。以青岛油管泄漏爆炸事故为例：一方面，企业发现漏油后仅向其上级部门报告信息，却没有及时报告有关政府部门；另一方面，在事故还处于漏油阶段，该地开发区应急办及有关部门就已知情，但没有引起重视，仅仅认为是企业事故和企业内部问题，没有及时对其漏油后的处置活动进行了解、监督或干预，直到漏油引起爆炸造成人员伤亡才意识到事故严重性。这些表现说明政府和企业均没有实现充分沟通和协作，基本上是各自为政、各自响应和指挥。政府和企业在参与应急响应的过程中存在沟通不足、合作不力的情况。

第四，应对不足，运转低效。运转有效与否取决于有限时间内响应目标的完成情况。从时间和结果来看，开县井喷事故从事故发生到事故得到控制经历了约85个小时，事故造成死亡人数多达243人，这在历史上也是罕见的。从应对过程看，响应处置不力体现在多个方面，如警情信息（井喷和有毒气体泄漏等）没有迅速有效地传达到当地村民、县政府对于如何应对该事故缺乏预案、企业方面应急响应和预案启动迟缓、企业预案不详细甚至失效、搜救村民过程中缺少专业防毒装备等等。

三　事故灾难应急指挥的经验

从2003年井喷事故到2013年青岛油管泄漏爆炸事故，我国在特大事故灾难的应急指挥和响应中也逐步取得了一些宝贵经验。

首先，特大事故灾难发生后各级党委和政府都能在较快时间内成立应急指挥机构，特别是现场指挥部，领导也认真负责，靠前指挥。通常由事发地相应政府行政领导或分管领导担任总指挥，根据任务需要下设若干工作组，政府相关部门作为成员单位参与相应职能的各个工作组，以成员单位参与到应急指挥组织结构中开展工作。各种协调工作大多按照日常行政管理与组织方式进行。

其次，属地管理为主的原则得到一定的巩固和落实。从各个案例中可知，往往事故现场存在多个层级或多部门指挥部，如浙江省和温州市都成立了抢险救援指挥部，但是上级政府相关部门组成的应急指挥机构都需要服从和配合动车追尾所在地温州市地方应急指挥机构的工作。专项应急指挥部和综合应急指挥部之间的关系也是如此，消防队伍在历次事故中都是主力军，消防体系也成立了其应急指挥部，但是它也是作为指挥部下属工作组之一参与到抢险救援中。

最后，多方力量参与应急救援时不仅要采用联合指挥模式，而且要坚持统一指挥原则。在特别重大的事故灾难或者巨灾的应对中，常常会出动军队力量，这时联合指挥的模式就成为有效整合多方力量展开联合救援的重要举措。尽管存在多方救援力量，如军队、武警、消防和公安，但是联合指挥和统一指挥的办法有助于其理顺关系、明确目标、统一行动。

四 事故灾难应急指挥体系发展的不足

四次事故灾难的应急救援实践既展现了我国突发事件应急指挥体系发展的一个侧面，也暴露了其发展和建设中存在的许多不足。

（1）应急指挥部组织结构还有待完善。不同层级政府和企业事故应急救援指挥部的组织架构存在较大差异，工作数量不一，即使是职责相近的工作组名称也有所差异，这必然会造成不同层级指挥部之间的信息沟通不畅和任务横向协调不力。从这几起事故中发现：首先，指挥部下设工作组的名称是按照其工作任务来命名的，而一旦事故类别不同，有可能工作组名称也发生变化；其次，随着事故规模的扩大，有可能出现超出最佳管理幅度的工作组数量。尽管对组织控制幅度和绩效水平的关系存在不同的观点和证据，但是要对二者关系下结论还为时尚早，①可是总归增加管理难度。这一点与国外的 ICS 中职能小组的设置有所差异。总之，应急指挥的术语、标识、通信、信息交互、组织设置和运行机制在不同部门间、地方间、行业间、上下级间以及军地间都存在差异。另外，在多次事故的应急指挥部中都缺乏计划组，缺少对灾情的综合分析和评估，总体行动方案的计划很不足，也较少见到后勤组的设置，这使得救援工作开展所需要的物资、设备等保障都存在不确定性。

（2）应急指挥部的设立、扩展和缩减无规范。指挥部工作组的任务分工较为随意、不够严谨，工作程序也缺乏规范和统一的流程，指挥部的组织团队优势发挥不够，指挥部及其下设工作组的工作绩效较大程度上依赖于指挥者和工作组负责人。而且，指挥部对于指挥权的转移也没有做相关规定，临时授权也无依据。

（3）不同层级应急指挥机构之间的工作关系尚未理顺，属地管理为主的原则还有待进一步强化。各个事故中，多级政府应急指挥部的协调过程不仅一定程

---

① 林泉：《组织结构、角色外行为与绩效间的关系研究》，经济管理出版社，2012，第 32~33 页。

度上存在着上级"越俎代庖"、下级"无所适从"的指挥协调局面，而且专业救援力量的领导关系上还有待进一步理顺，专业应急救援力量还需要进一步发展。

（4）尚未充分利用信息平台等决策支持系统的作用。2006年以来，我国从中央到地方，各省市都在开展应急信息平台的建设工作，但这些信息平台并非依照统一标准和规范而建的，因而很难实现互联互通。由于利益问题，政府各部门也大多各自为政，并且把信息视为非公开的资源，因此应急指挥信息系统或无法形成或没有有效信息，这就造成了应急响应时决策仍然依靠决策者的个人经验和判断，决策支持系统的辅助作用还远远没有发挥出来。

第四节　事故灾难应急响应失灵环节分析

一　应急响应的任务范畴

要识别事故灾难类突发事件应急响应的失灵环节，需要首先明确应急响应的任务目标有哪些，因此笔者对现有研究进行了归纳和比较。

张勇进、汪玉凯指出战时状态下应急处置阶段的主要工作环节包括预案启动、物资调运、组织结构建立、抢险救援、人员安置、灾害监控、应急运输以及生命线工程恢复八个内容。[①] 其工作目标就是要快速决策、全力救援、救助医治、高效安置、最大程度减少伤亡损失等。安金朝认为响应过程包括监测预警（监测、预测、预警）、应急处置（防护、报告、救援、疏散）以及后期处理（善后处置、调查总结）三个过程。这些响应活动按照一定方式结合在一起就构成了整个应急响应过程，完成每个基本单元的功能目标，整个应急响应系统就实现了自身功能。周友苏在其研究中认为政府在公共危机应急处置救援阶段的主要行为包括启动应急预案、成立领导与指挥系统、抢险救援、社会秩序控制、信息收集与发布、社会动员。[②]

[①] 张勇进、汪玉凯：《政府应急管理需求识别》，《国家行政学院学报》2010年第5期。
[②] 周友苏：《重大公共危机应对研究》，人民出版社，2013，第102~103页。

在我国《国家安全生产事故灾难应急预案》中，应急响应阶段的活动包括分级响应、指挥和协调、紧急处置、医疗卫生救助、应急人员安全防护、群众安全防护、社会动员与参与、现场检测与评估、信息发布9个方面。孙文波在构建我国事故灾难应对的政府绩效评估指标体系时将应急处置与救援过程分为动员与组织、指挥与决策、协调与沟通、应急保障、应急救援、应急控制6个部分。① 李湖生借鉴美国《国家应急准备指南》（*National Preparedness Guidence*）和《国家应急准备报告》（*National Preparedness Report*）提出了突发事件应对通用任务框架，其应急响应环节包括抢救与保护生命、满足人类基本需要、保护财产和环境、消除现场危险因素以及事件管理协调等，见图3-5。

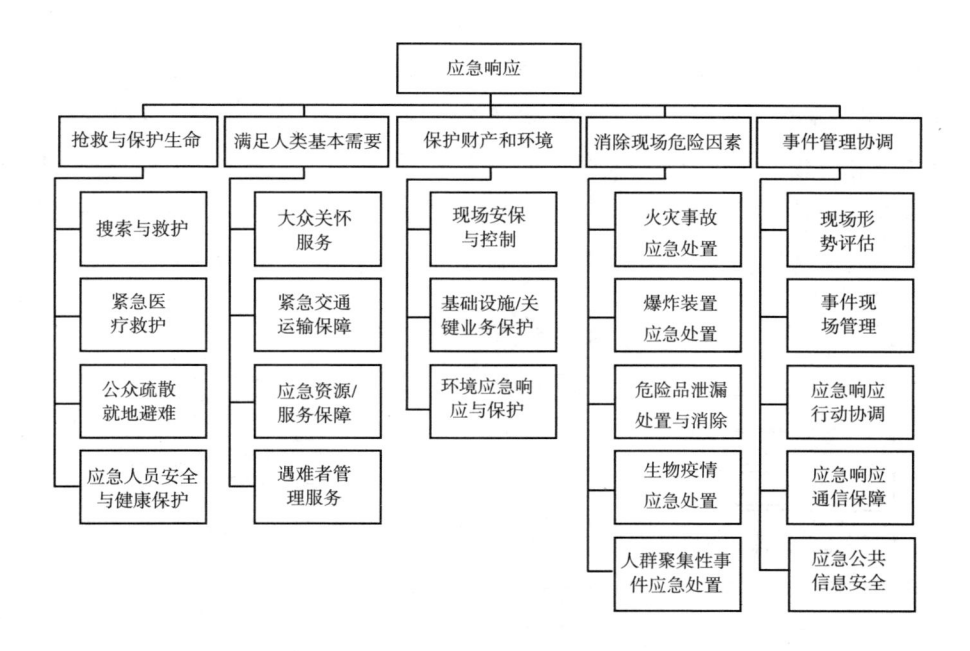

图3-5 突发事件应急通用任务框架（响应阶段）

资料来源：李湖生《非常规突发事件应急准备体系的构成及其评估理论与方法研究》，《中国应急管理》2013年第8期。

---

① 孙文波：《我国事故灾难应对的政府绩效评估研究》，硕士学位论文，浙江大学，2012。

上述不同研究对于应急响应阶段的任务总结存在差异,特别是安金朝把监测预警和善后处理也纳入,显然与国外一般看法不同。概括而言,这些应急响应任务的范畴界定都是一种围绕响应目标开展的任务分析,鉴于此,本书采用基于流程的响应任务分析方法。

二 基于响应任务的响应失灵环节

通过分析可知,各事故案例中应急响应主体构成和响应阶段主要任务存在共性。响应主体方面,事故责任单位现场管理和技术人员往往是事故第一响应人,消防部队充当现场救援的主力,事发地各级政府及相关部门负责人往往随事故发展相继赶到,并成立相应指挥部,评估灾情并开展处置和救援活动。这个方面最常见的失灵是不同指挥部各自为战或合作不力。应急响应任务方面,不同案例虽因具体事故类别存在些许差异,但大致围绕救人、救物和防止次生(二次)灾害的总目标展开,始于启动应急响应,具体应急响应任务包括现场监测与灾情评估、决策与应急指挥、人员搜救、医疗救护、人员疏散转移、工程和基础设施抢险、交通运输保障、通信保障、物资保障、物资发放、现场治安维护、灾区防疫、预防次生灾害、灾情发布与宣传报道等,如图3-6所示。

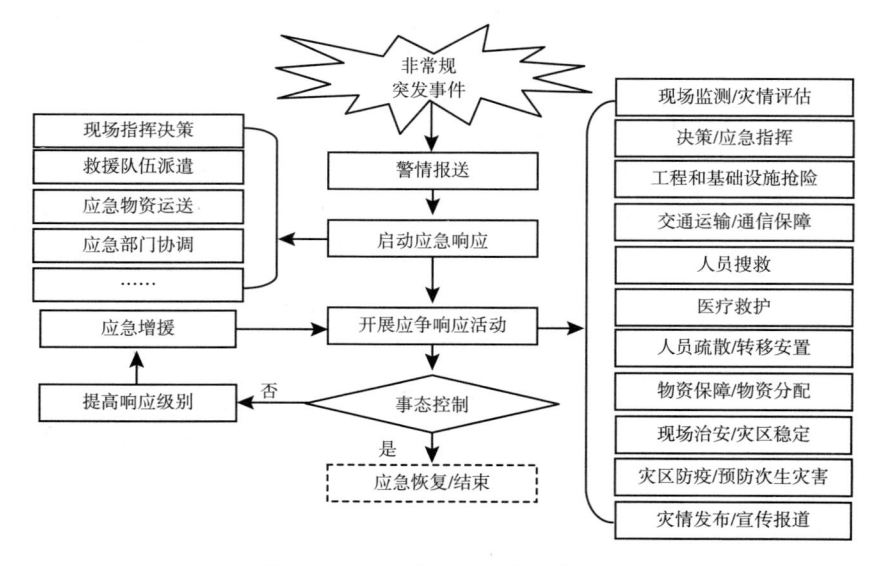

图3-6 应急响应流程及响应任务

第三章 事故灾难应急响应失灵案例分析

根据图 3-6，笔者依照响应流程把各个事故具体响应任务及其出现失灵与否汇总在表 3-10 中，表中符号"○"表示某事故应急响应过程中存在某对应响应任务，符号"X"表示某事故应急响应时在某对应响应任务中出现失灵。失灵与否的判断主要基于前面案例分析的结果、实际公众反响、媒体报道及各种事后评价等。表 3-10 还记录了各案例中响应失灵环节频次，并指出了突发事件应急指挥组织结构需要履行响应任务对应的职能小组。

表 3-10 基于应急响应流程和任务的响应失灵环节

流程	事故案例／响应任务	开县井喷事故	双苯厂爆炸事故及水污染事件	甬温动车事故	青岛油管爆炸事故	频次	ICS 对应负责组
警情报送	上报信息	○	X	○	○	X	2	事发企业
	实时监测警情发展	○		○	○			事发企业／相关政府部门
启动应急响应	启动预案／先期处置	○	X	○	○		1	事发企业／政府及相关部门
	成立现场指挥部	○	X	○ X	○ X	○ X	4	事发企业／政府及相关部门
	评估灾情／需求	○		○				事发企业及 ICS（计划组）
	派遣救援增援队伍	○						ICS（指挥者／增援队伍）
	救援物资运送	○						ICS（指挥官／财务／后勤组）
	救援部门协调	○	X	○	○	○ X	4	ICS（指挥官及联络官）
开展应急响应活动	现场监测／灾情评估	○	X	○	○	○	4	ICS（安全官／智囊团）
	应急决策与指挥	○	X			○	2	ICS（指挥官／计划组）
	基础设施抢险			○				ICS（后勤组）市政／电力
	交通运输保障				○ X		1	ICS（后勤组）如交管部门
	通信保障							ICS（后勤组）如通信小组
	人员搜救	○	X		○		3	ICS（作业组）
	医疗救护	○	X		○		2	ICS（后勤组）如医疗部门
	人员疏散／转移安置	○	X				2	ICS（作业组）如武警消防
	救援物资保障／分配	○	X				1	ICS（后勤组／作业组）
	现场治安／社会稳定			○ X	○	○ X	2	ICS（后勤组／作业组）
	灾区防疫	○						ICS（作业组）
	预防次生（二次）灾害	○		○ X		○ X	2	ICS（作业组）
	灾情发布／宣传报道	○	○ X	○ X	○ X		2	ICS 新闻官

根据表3-10我们可以发现四起事故应急响应过程中的主要失灵环节频次从高到低依次是现场指挥部的成立及调整（4次）、部门协调合作（4次）、灾情监测与研判（4次）、人员搜救（3次）、决策指挥（2次）、人员疏散/转移安置（2次）、信息报送（2次）、信息发布/公共沟通（2次）、预防次生/二次灾害（2次）等。

第五节　事故灾难应急响应失灵原因分析

一　应急响应失灵的直接原因

识别事故灾难响应时常见的失灵环节只是第一步，其目的在于了解失灵环节的诱因然后加以预防和修正。为此本节从访谈和案例分析两个方面共同寻找事故灾难应急响应失灵的直接原因。

（1）访谈方面

笔者针对32名主要从事或接触过应急管理的政府工作人员进行了结构化访谈（见附录3）。访谈围绕三个问题进行：问题1是"最常见的应急响应失灵环节？"目的在于验证案例分析的结果；问题2是"组织结构、运行机制、组织文化及领导因素对应急响应过程是否产生影响，影响大小如何？"该问题结合调查问卷中涉及的四个因素进行考察；问题3是"其他影响应急响应可靠性的因素？"用来避免因素归纳的疏漏。

根据受访者对"最常见的应急响应失灵环节？"的回答，笔者将其中包含的关键词和信息进行归纳和梳理，见表3-11。

表3-11　"最常见的应急响应失灵环节？"问题结果

问题答案	关键词	问题答案	关键词
预警信息不能有效地传递到每个公民	信息/公共沟通	信息不畅通	信息
成员单位不能在第一时间同步启动应急响应	响应不及时	协同不密切	协调
任务执行环节不到位	执行	事件误报瞒报	警情/信息

续表

问题答案	关键词	问题答案	关键词
危机决策不太明晰	决策	运行机制不畅	运行/机制
信息不及时、不准确影响决策	信息/决策	应急处置时效性不强	处置
内部信息传递低效	信息	事件分类分级研判不准确	研判
内部分工混乱灾时职责不清	权责分工	灾情不清,信息错误	信息
指挥人员的人选确定问题	决策者/指挥者	基础组织队伍伤亡	响应者
组织架构运行低效	组织/运行	职责不清,相互推诿	职责
等待领导指示时运转效率降低	运行	难以全面掌握现场实际情况	信息/研判
找不到突发事件的主管单位和应急处置队伍	组织结构/响应者	没有有效预案	预案
领导主观意识太强	领导人	顾虑事后责任追究而不作为	问责/执行
预案体系建设不到位	预案	忽视事件可能造成的严重后果	重视程度不够
信息沟通共享不及时	信息	缺乏应急响应能力及准备	应急准备
信息报送不及时,影响决策质量	信息/决策	决策不及时,应对不力	决策
舆论引导缺失,影响社会稳定	公共沟通	信息沟通不畅	信息/沟通
对现场形势信息的获取不及时不客观,对不清楚的现场做出错误决策	信息/决策	各部门之间责任不明确	责任
应急机制不健全,应急处置不力	机制	没有建立有效的协调机制	机制
事件信息缺失	信息	重要人物不在现场	领导
应急保障要素不及时	保障	信息传输问题	信息
当保守的应急响应机制不能很好地应对非常规突发事件时,各级领导缺乏变革响应和处置措施的临时授权和决策空间	领导/即兴决策	不同指挥部并存使得救援工作有时出现冲突	组织

续表

问题答案	关键词	问题答案	关键词
信息沟通不畅	信息	物资分配不合理	物资
应急指挥部工作关系不顺畅	组织	信息不畅通	信息
反应不够迅速	处置	信息发布不及时	信息
应急救援设备不到位	物资	领导不重视	领导
通信中断、交通中断	基础设施	机制不健全	机制

从表3-11中可知，受访者提到应急响应失灵环节频次或数量较多的关键词分别是"信息"（16）、"执行/运行"（5）、"领导/决策"（4/7）、"机制"（4）、"组织"（4）、"权责关系"（4）、"物资/保障"（3）、"沟通"（3）等等。与表3-10结果比较发现响应失灵的关键环节大多类似。不难看出，这些高频失灵环节或问题基本上是与应急指挥体系及其运行机制相关的内容。

此外，面对问题"组织结构、运行机制、组织文化及领导因素对应急响应过程是否产生影响，影响大小如何？"时，绝大多数受访者对此表示认同，各因素认同人数由多到少依次是组织结构（32）、运行机制（29）、领导和指挥人员（28）和组织文化（24），但受访者对四个因素中究竟哪些因素影响更大则有不同意见。

（2）案例分析方面

根据对案例响应过程中失灵表现的分析和总结，笔者将事故灾难应急响应失灵的直接原因总结为以下四点。

①各级各类应急指挥组织结构不规范。突发事件应急指挥体系建立在"统一领导、综合协调、分类管理、分级负责、属地管理为主"的应急管理体制基础之上，但是实践中应急管理体制的建立和发展还存在一些问题。部门分割、条块分割、职责不清、管理脱节或分散、协调不力、重复建设的客观现实往往造成危机状态下响应活动衔接不够、协调困难、反应迟缓等问题。比如青岛油管泄漏爆炸事故中对化学物质污染处理，企业、环保部门、安监部门以及地方政府都有自己的应急措施，但各部门明显缺乏协调。从内

容上看，应急指挥体系不规范体现在指挥关系、管理职能以及权责对等三个方面。

②应急指挥组织运转机制不完善。尽管经过一些年发展，我国初步建立了一系列的应急机制，范围涉及风险评估、信息报告、信息发布、军地协同等方方面面，但是不得不说机制建设中仍存在很多薄弱环节。这种不完善有多种表现，或规范不细致统一，或有规范却未严格恪守。以信息报告机制为例，有关灾害信息报告的标准、程序、时限、责任还不明确，缺乏统一的标准和要求；也有人为不遵守要求而故意瞒报、缓报和漏报。这在文中两起事故案例中都有所体现，2005年吉林事故中是故意瞒报或者推迟报送，而2013年青岛事故中青岛站潍坊输油处、中石化管道分公司也未按要求及时全面报告泄漏量、泄漏油品等信息，存在漏报问题。

③危机文化和安全意识不强。作为生产企业，无论是中石化还是中石油都应当把安全生产视为最重要的企业文化。但是在青岛事故中，原油泄漏并爆燃的管道在事故发生之前就存在安全隐患却迟迟未得到整改，企业对安全隐患的漠视导致了这一事故的发生。事发后，青岛黄岛区应急办及其他部门的慌乱和应对不力也一定程度上反映了其危机意识不强，危机经验学习方面还很欠缺。

④应急指挥体系中基层领导和指挥人员能力低。由于我国实行的是分级响应和属地管理为主的原则，因此事故发生地的基层政府领导和企业负责人的现场处置能力或者先期处置能力非常重要，比如是否能迅速组织有关部门和人员开展救援，是否能动员其他力量参与或协助救援，是否能够在关键问题上及时做出正确决断。但是实际中往往不像人们期待的那样，重庆井喷案例中开县政府领导以及钻井公司负责人迟迟不能做出点火措施就是一个典型印证。

综合访谈结果及案例分析结论，结合国外有关ICS和应急响应绩效的研究成果，本书认为从应急指挥体系的组织角度而言，非常规突发事件应急响应失灵的直接原因是：①应急指挥组织结构不规范；②应急响应运行机制不完善；③组织危机文化和安全意识不强；④应急指挥体系中基层领导和指挥人员能力低。

上述应急响应失灵的原因用事故树分析（Fault Tree Analysis）表示如下，见图 3-7。

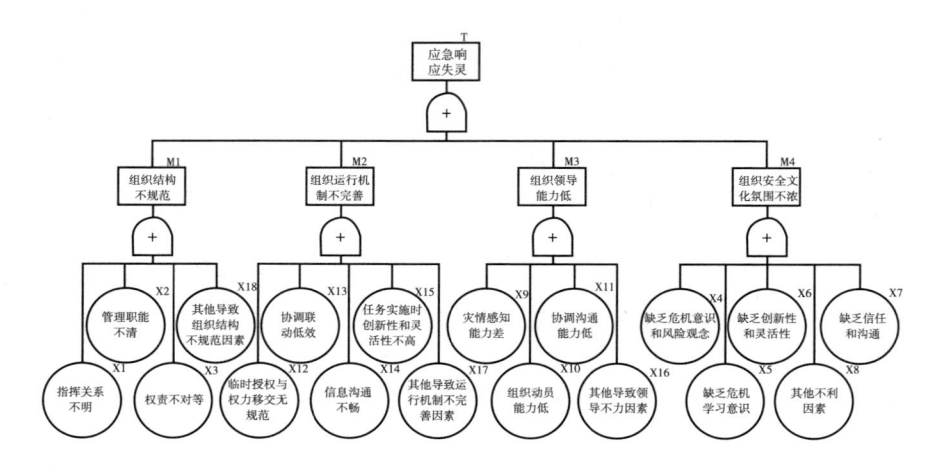

图 3-7　事故灾难应急响应失灵事故树分析

二　应急响应失灵的根本因素

前面的研究无论是文献回顾、案例分析还是访谈所指出的导致非常规突发事件应急响应失灵的若干因素都与应急管理（应急响应）的体制和机制密不可分。

机制不同于体制，机制是一种内在功能，是组织体系有效运行和开展活动的制度规范，机制贯穿于体制当中并为其服务。体制和机制之间的关系表现在两个方面：首先，体制内含机制，应急响应组织结构是应急管理机制的载体，应急管理体制决定了机制建设的具体内容，机制建设是体制的内容之一；其次，机制的建设对于体制而言具有反作用，当体制尚不完善时，需要机制的建设来完善和弥补体制的不足。

应急指挥系统的可靠性与应急指挥的体制与机制紧密相关。就我国而言，现行应急指挥系统主要依托于政府行政体系，其体制特点是由突发事件的类型和性质来决定指挥体系的构成和责权，其机制特性是采用模式化的组织结构和指挥流程。总之，当前我国应急响应有关体制和机制不健全是各种应急响应失灵的根源。

(1) 应急管理体制不完善，规范欠缺

应急管理体制是国家机关、企事业单位、社会团体、公众等各利益相关方在处置突发事件时在机构设置、领导隶属关系和管理权限划分等方面的体系、制度、方法以及形式等的总称。目前组成我国应急管理组织体系的主要方面不仅有国家行政机构，还包括军队、企事业单位、社会性组织和公众等利益相关者。《突发事件应对法》中规定我国要建立统一领导、综合协调、分类管理、分级负责、属地管理为主的应急管理体制。这既是自2003年以来我国在突发事件应急管理方面的科学经验总结，也作为法规在实践中予以遵守执行。

应该说这样一种综合协调的应急管理体制正在形成，但是距离反应迅速、保障有力的目标还很远。有研究总结该体制的弊端时指出，管理主体和管理方式单一以及政府部门条块分割是突出问题，这导致了巨灾的应对协调困难和权责不明。对于应急指挥体系，我国尚未有较为规范化的规定。政府方面，有关专项预案只提到相关突发事件分类管理部门要成立应急指挥机构，或者是明确该分类管理部门下设各部门的职责，至于该机构及其下设部门的组织结构、指挥方式、指挥手段、指挥关系等等均未涉及；对于属地管理为主的突发事件，缺少有关属地政府的应急管理机构和分类管理部门的应急管理机构之间关系的规定。大型企业也同样缺少这方面的详细规定。

(2) 应急管理机制不成熟，灵敏不够

应急管理机制涵盖了事前、事中和事后的突发事件应对全过程中各种系统化、制度化、程序化、规范化和理论化的方法与措施。《国家突发公共事件总体应急预案》对应急管理机制进行了界定，包括预测和预警、应急处置（包括信息报告、先期处置、应急响应和应急结束四个方面）、恢复与重建、应急保障四个大方面的机制。《突发事件应对法》则进一步地对这四个方面的工作机制做了详细规定。总的来说原则性规定较多，每个大的机制方面还应该存在很多小的机制。具体到应急处置而言，包括应急处置协调联动机制、应急指挥机制、信息发布和舆论引导机制等，但是这些机制究竟如何明晰和如何运转还有待进一步规定和完善。

在实践中，应急处置初期公民自救互助机制不健全，应急处置协调联动机制不健全，极容易造成应急救援物资供需关系紧张、物资分配不合理的问题。在应急指挥机制方面，实践中上下级指挥关系不畅，多头指挥和越级指挥等现象比比皆是。总之，统一指挥、反应灵敏、协调有序、运转高效的应急管理机制的建立和运行困境重重。机制不完善，一方面可能使领导者和响应者无章可循，另一方面也暴露其灵活性不高，或者过多即兴和主观随意。

无论是从体制还是机制来看，又或是从条文或实践而言，目前我国应急响应所依赖的体制和机制存在先天不足和后天失养的问题。这种先天不足主要是因为我国突发事件应急预案体系的发展是在应急管理体制、机制和法制发展不成熟的背景下建立起来的，后天失养也是后期发展实践中严重的形式主义造成的。

第六节　事故灾难应急响应失灵模式分析

一　失灵的普遍性与复杂性

早在20世纪70年代，美国著名学者Charles Perrow就提出"复杂组织失效具有不可预见性和控制性"。[①] 1984年，他在 *Faliures of Organizations* 一书中提出了复杂组织失效不可避免的观点，他还认识到复杂系统与简单系统的失效具有不同的成因机制。而我国席酉民等研究者较早地提出了组织系统的负效应具有普遍性的观点，并且认为要用和谐来应对组织内普遍存在的负效应和失灵。[②] 突发事件的应急管理本身就具有复杂性，特别是非常规突发事件的应急响应，往往涉及多个部门和组织，跨越多个行政级别，应急指挥

---

① Perrow C., *Complex Organizations: A Critical Essay*, Scott Forseman & Co., Glenville Illinois, 1972, pp. 17-24.
② 席酉民、韩巍、尚玉钒：《面向复杂性：和谐管理理论的概念、原则及框架》，《管理科学学报》2003年第4期。

体系庞大且缺乏明确的工作关系，因此可以视为一个复杂系统，这个跨界和多级的应急指挥体系运转出现问题是十分普遍的。

这种看法也得到国内灾害和风险管理研究学者的认同，不仅如此他们还给出了自己的理由，这些原因也恰恰表明了这种失灵是复杂的。南京大学陶鹏、童星就认为灾害管理中"应急失灵"是广泛存在的，有四点原因：一是对于风险的概念认识不充分，认为管理风险是不可能的；二是风险的社会建构可能形成风险扭曲，进而造成政策失灵；三是自然灾害风险管理中的基层管理部门能力缺乏，与政府间关系存在协调困境；四是减灾政策难以执行的地方政治意愿及经济因素。[①] 不难得出结论，重大突发事件应急指挥组织结构运转失灵具有普遍性和复杂性。

二 应急响应失灵模式的提出

前述案例分析不仅对各种应急响应失灵环节和原因进行了勾画和分析，还进一步揭示了应急响应组织结构欠规范和应急响应组织运行机制欠灵活是各种失灵现象的根源，简单而言就是组织结构和体系运行的规范性和灵活性问题。

我们把组织结构体系视为体制，把体系运行的方法视为机制，用规范性程度来衡量体制，用灵活性程度来衡量机制，因此按照二者不同程度形成四种模式：模式Ⅰ是一种无法正常运行的应急响应模式，其响应组织是松散的，运行机制是不灵敏的；模式Ⅱ是一种科层的、程序化的应急响应模式，其响应组织是结构化的，运行机制是死板的；模式Ⅲ是一种反应性的应急响应模式，其响应组织是松散的，运行机制是过于灵活的或者说即兴的；模式Ⅳ则是一种适应性的应急响应模式，其响应组织是规范的并且运行机制具有较高的灵活性，实现了完美结合与平衡（见图3-8）。

上述四种基本模式中，模式Ⅳ毋庸置疑是一种理想的模式，而其他三种模式则可称为应急响应失灵模式。从前面的案例分析来看，我国事故灾难应

[①] 陶鹏、童星：《我国自然灾害管理中的"应急失灵"及其矫正——从2010年西南五省（市、区）旱灾谈起》，《江苏社会科学》2011年第2期。

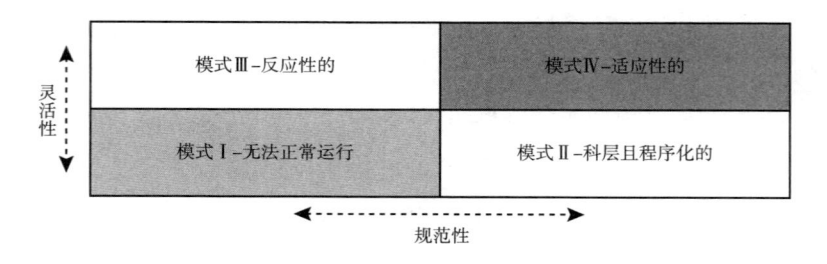

```
           ┌─────────────────┬─────────────────┐
           │  模式Ⅲ-反应性的  │  模式Ⅳ-适应性的  │
    灵活性  ├─────────────────┼─────────────────┤
           │ 模式Ⅰ-无法正常运行│模式Ⅱ-科层且程序化的│
           └─────────────────┴─────────────────┘
                          规范性
```

图 3-8　应急响应基本模式

急响应模式与理想模式相比还有很大的差距，我们在应急响应的体制和机制方面都有所发展，但是尚不完善，已经脱离了模式Ⅰ，处于模式Ⅱ和模式Ⅲ向模式Ⅳ过渡发展的阶段。不同城市和部门在应对不同类别突发事件时的响应模式还要具体分析。

本章小节

本章通过四个典型案例响应过程的梳理指出了常见的响应失灵环节，结合应急指挥体系的成立、变化等，揭示了目前我国重大突发事件应急响应时统一指挥难以实现、反应不灵活、协调不力、运转低效等客观现实以及指挥体系发展中存在的问题。同时根据多案例分析和访谈发现：响应失灵与否的关键因素是组织结构、运行机制、组织文化和组织领导，从而为后文构建应急响应可靠性机理的概念模型提供分析基础。最后还提出了三种非常规突发事件应急响应失灵模式，并指出我国当前处于向第四种适应性（兼具规范性和灵活性）的理想模式发展的过程中。

第四章 应急响应可靠性机理概念模型及研究假设

理论是研究开展的基石。如何提高非常规突发事件应急响应可靠性既是一个实践命题，也是一个跨学科的科学问题，既有实践经验总结又有多学科的理论研究为其概念模型和理论假说的展开提供指导和依据。本章在分析失灵、可靠和高效三个概念关系基础上，阐述了从可靠性角度研究应急响应的缘由，结合已有研究成果构建应急响应可靠性机理概念模型及研究假设，明确了研究的难点与重点，为研究提供方向性的规划。

第一节 应急响应可靠性的内涵

一 失灵、可靠、高效的关系

"失灵"的英文是"Failure"，也是故障、失败的意思。在文献中含义类似的词还有"Malfunction""Dysfunctional""Breakdown""Fault""Lapse""Out of Run""Out of Control"，中文常用低效、无效、中断、失效、负效、失控等表示。

"可靠"的英文是"Reliable or Reliability"，它是与失灵意思相反的概念，文献中类似含义的词语还有"Better Practice""Dependability"，即更好的做法，可以依赖、可以信任等，强调的是过程和过程中的能力，持续地执行任务的能力。

"高效"的英文是"High Performance""Best Practice"，也就是高绩效、

最佳做法等。"Performance"也就是管理学上的绩效、业绩和效果，指的是投入产出比，高绩效意味着投入产出比很高，或者是达到的效果和使用的资源之间的关系。"Performance""Effectiveness""Efficiency"都强调的是结果和效果。

除含义不同外，这三个词用来描述的状态也不同，失灵和可靠既可以用来描述过程中的状态，也可以用来描述总的结果。而高效（绩效、效率）则侧重于描述总的结果。可靠强调过程中的能力，而高效强调的是结果、达到结果的程度。过程中有能力并不一定可以实现目标，因此可靠并不等于高效或者有效，但是结果高效或有效则可认为过程是可靠的。此外，二者实现方式不同。追究高效常采用减少投入、降低成本、节约时间等方法实现，而追求可靠性是强调过程中的能力，关注细节，通过检查过程中的失误来提高可靠性。本书希望探讨的是过程中的状态，也不计划考虑投入和产出比，因此本书主要是从可靠性的角度研究应急响应过程。

从内涵来看，失灵和可靠是两种不同的状态，失灵可能导致故障出现和不可靠；但从应急管理或者应急响应的过程来看，它们不是截然对立的，或完全分离的，失灵和可靠可能产生在任何应急响应小组或者任何应急响应环节中。任何子小组和子任务过程的失灵都可能引起下一环节的失灵，造成不可挽回的错误，也有可能不会，在不同的系统中这些都是可能的，这既取决于子组织或子任务之间的关联强度，也取决于其他组织（个人）和其他任务完成的情况好坏。

如果把失灵和可靠视为"Spectrum"（连续谱），失灵和可靠是可以转化的，但是是有条件的，需要先识别影响系统失灵的基本因素然后予以纠正和提高。要实现这一目标需要先回答第一方面的几个问题：系统失灵的内在动因是什么，或者说是什么因素造成系统失灵？这些因素之间存在什么关系？系统失灵的基本模式有哪些？某个因素的失灵对其他因素的潜在影响是什么？这些问题的答案已通过第三章典型案例的分析得到初步回答，即应急组织结构（不规范）、响应组织运转机制（不完善）、组织文化（不健全）、组织领导力（低下）等等。

后文内容将就这四个维度下更细致的因素进行解释和定义，构建非常规突发事件应急响应可靠性机理的概念模型，再通过实证分析获得各维度和因素对于系统可靠影响的路径系数和因子负荷，进而回答第二个方面的一些问题，如：系统可靠是如何由系统失灵转化而来的？转化所需要素是如何作用于这个过程的？是否各作用要素越充分，系统可靠性越高？等等。全文一个概念化的思路见图 4-1。

图 4-1 系统失灵与系统可靠的关系

注：箭头"输入"表示可能造成系统失灵的因素或因素的组合，方框"系统失灵"表示系统中断、失效、低效、失控等各种失灵表现，方框"系统可靠"表示系统达到目标的能力状态或者形成机理，连接二者的双箭头"可转化（过程）"表示如何从系统失灵到系统可靠的作用过程，箭头"输出"则表示系统可靠结果的外在表现形式。

根据上述分析，本书各章节间关联如下：①第三章通过案例分析找出各种响应任务失败的表现以及通过失灵表现汇总应急响应失灵模式，对应图 4-1 中箭头"输入"和左侧方框"系统失灵"；②第四章解释应急响应可靠性的含义及形成机理，对应图 4-1 中箭头"输出"和右侧方框"系统可靠"；③第五章通过实证分析对系统失灵和可靠之间可转化关系进行验证并提出经验证的可靠性机理模型；④第六章则从政策建议角度提出提高应急响应可靠性的方法，对应图 4-1 中双箭头"可转化（过程）"。

二 应急响应可靠性的提出缘由

如前所述，借鉴可靠性的定义，文中将"应急响应可靠性"定义为应急响应组织在一定限制条件下、在一定的时间内通过持续开展一系列组织和救援活动并实现响应目标的能力或可能性。本书从可靠性角度而不是（最优）绩效或者其他角度去评价或者研究"应急响应"有三点原因。

首先，希望区别于目前国外有关研究中常提到的"Best Practice"（最佳做法）的说法，国外有关研究在提到应急响应时多是强调或讨论最佳状态（理想状态）。考虑到我国应急管理的实践尚处于发展初期，应急响应实践尚处于探索阶段，应急管理方面的人力物资投入以及基础环境也有限，要求各方面实现"最佳"有些不切实际。工程科学中常把可靠性理解为"安全性、适用性、耐久性和稳定性"等，这些并不是在追求最优或理性最佳等。因此本书应急响应可靠性的一个内在意蕴是"底线思维"，即"结果或能力是可以接受的，或者尽管部分不尽如人意，但整体而言是令人满意的，是安全稳定的"。可靠性被视为应急响应所追求的较低层次目标，实现可靠性并不一定就是最有效。

其次，国外一些研究者认为过多强调绩效或效率（Efficiency）也是不好的，可靠性问题比绩效更紧迫。密歇根大学 Weick 教授等人认为类似印度博帕尔毒气泄漏、"挑战者"号失事以及三里岛事故等案例中都涉及可靠性的问题，而并不是传统的组织绩效或者效率的问题。他们认为组织中的可靠性常常是比绩效更紧迫的问题，因为组织中存在一些独特的问题（如Learning, Sensemaking 等），如果没有得到解决就会极大地影响组织表现。[①]也就是说只有先把一些更基本、更前提性问题和因素解决了，追求高绩效才有意义。而且如果要研究绩效，就需要考虑投入产出比，必然需要计算响应时的成本投入，但是我国应急响应的各项成本难以进行统计或者获得数据。

最后，追求可靠性和绩效的驱动因素存在差异。Roberts 和 Bea 在研究中曾区别了可靠性和绩效、效率的驱动力，认为效率从本质上看是"要求以尽可能低的成本在有效的时间内实现目标"（Efficiency calls for reaching goals in as cost effective and time efficient manner as possible），通常组织通过"裁员、外包、尽可能减少成本"等手段来实现目标。可靠性则不同，它"要求持续关注过程，比如组织内部或组织之间的行为和沟

---

① Weick K., Sutcliffe K., *Managing the Unexpected*, San Francisco: Jossey-Bass, 2002.

通，关注细节、联合培训、重视员工、组织内外的依赖性以及对时间消耗的警惕性"。① 也有说法是效率或绩效是通过理性决策实现的，而可靠性是通过有训练的直觉（Trained Intuition）和深入分析来实现的。本书主要从组织和过程的角度考量实现响应可靠性的可能及路径，显然可靠性可作为评价目标。

三 应急响应可靠性的含义及有关研究

国外有关 ICS 系统响应的研究并不多见。兰德公司 Jackson 等人认为"响应可靠性"是响应系统在特定水平上履行响应能力的可能性。② 也有研究提出"响应能力"是系统计划、权威、政策、程序、人事、培训、材料、器材和设备等在灾后满足需求的能力。③ 这种能力和稳定性从结果上看，会有不同表现，而不同表现的原因可能是系统"输入"（如计划、政策、程序、培训、设备、人力等）或者系统特征（如开放或封闭系统、松散或者科层系统、脆弱系统或鲁棒系统）存在差异。

兰德公司研究者对不同系统应急响应可靠性进行了研究，提出了一个系统响应可靠性曲线，如图 4-2 所示。该图表明不同系统中响应可靠性水平不同，但是研究者只是提出了这样的不同系统，却对于不同系统的特点和要素没有解释，也没有指出为什么这些系统的响应能力和绩效水平存在差异。从实际情况来看，理想的可靠性系统往往无法实现，鲁棒系统（Robust System）中系统响应的可靠性才是我们应该追求的。

相关研究还包括前得州农机大学减灾恢复中心主任 Lindell 等人的研究，

---

① Roberts K. H., Bea R., "When Systems Fail: From the Titanic to the Estonia," *Organizational Dynamics* 29 (2001): 179-191.
② Jackson B. A., Sullivan F. K., Willis H. H., "Are We Prepared? Using Reliability Analysis to Evaluate Emergency Response Systems," *Journal of Contingencies and Crisis Management* 3 (2011): 147-157.
③ McConnell A., Drennan L., "Mission Impossible? Planning and Prepaering for Crisis," *Journal of Contingencies and Crisis Management* 2 (2006): 59-70; EMAP, Emergency Management Accreditataion Program, EMAP Standard, September 2007.

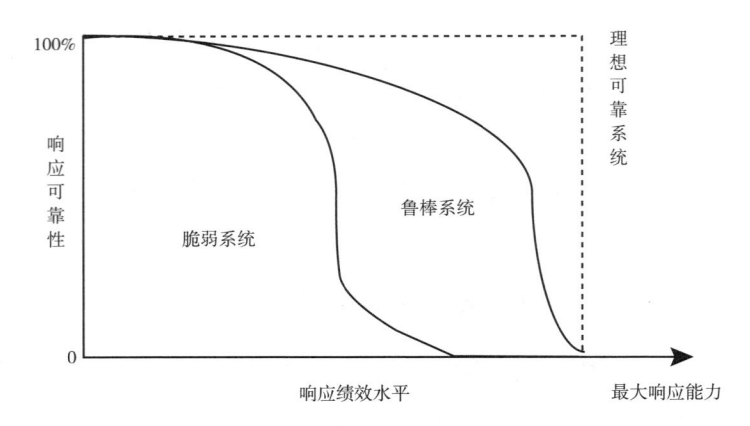

图 4-2　不同系统应急响应可靠性曲线

他们对得州应急事故作业中心①（Emergency Operations Centers，EOC）在丽塔飓风中运用 ICS 的情况进行了实证研究（在此研究中，EOC 类似于我国应急指挥体系研究中提到的"后方指挥部"，而 ICS 则相当于一个现场指挥部）。通过调研访谈，其研究结果表明：不同 EOC 内 ICS 的各小组（如计划、运行、后勤保障、财务等）在履行其任务目标时都有所不同，同时也指出 ICS 在应急管理部门（如消防和警察部门）和非应急管理部门（如相关的公共服务部门、法律/执法部门、公共工程部门等）中实施的差异。②如果把 EOC 都看作系统，不同的 EOC、不同的应急管理部门或者非应急管理部门都是不同的系统，有的系统脆弱性高，有的系统脆弱性低，有的开放，有的封闭，有的成熟，有的尚不成熟。

上述兰德公司的研究和得州农机大学的研究有所不同。前者采用的是大样本多案例分析，运用文本分析方法，利用二手数据进行分析；后者采用单个案例的实证调研分析。前者侧重于建立可靠性分析评价的步骤和思路，并

---

① EOC 一词也被翻译为应急运行中心（王宏伟），是设立在安全区内为突发事件现场响应者提供支持的部门。这种支持必须要包括信息、人员、装备或给养。EOC 非常重要，并担任多项设计任务。

② Lutz D. L., Lindell M. K., "Incident Command System as a Response Model within Emergency Operation Centers During Hurricane Rita," *Journal of Contingencies and Crisis Management* 3 (2008): 122 - 134.

在研究中侧重系统失灵过程和表现；后者侧重于分析不同系统响应表现与ICS运用间的关系和差异的原因分析。如果二者可以兼顾则更好，正如图4-2所体现出来的。

国内有关应急系统响应可靠性的研究并不多见。有研究者把应急指挥体系不仅仅看作一种组织结构，同时也是一个涉及响应者、响应机制以及响应平台、系统等技术装备的复杂系统。南昌大学傅跃强对火灾中的应急响应问题进行了研究，他认为突发事件应急系统由硬件子系统（应急设备等）、软件子系统（政策法规和运行机制）以及人子系统（应急响应人员）三个复杂子系统构成，认为应急响应的可靠性是通过子系统的可靠性来实现的。研究从系统结构和过程两个方面对应急系统响应可靠性进行了分析，还建立了应急系统响应可靠性的分析预测模型。[①] 文章重点是建立预测模型和系统可靠度的测算，对于可靠性的表现没有过多描述。

本书是从组织角度针对应急响应过程进行研究，分析目标是围绕应急指挥体系展开的动态响应活动实施过程，因此所谓"应急响应可靠性"可以理解为应急响应组织或者系统在一定限制条件下、在一定时间内通过开展一系列救援活动进而实现应急响应任务和目标的能力大小或可能性。也就是说可靠性可以理解为能力高低或者概率大小。较之于目前多数工程科学中有关网络或者系统（如电网、大坝、道路交通系统等）等的可靠性研究采用数学模型计算概率大小甚至得出具体值的做法，本书选择用"能力大小"来考量可靠性。这一方面是因为本书研究问题的学科属性、研究对象是组织及其响应过程而非纯技术的物理系统，另一方面也是因为事故案例中有关系统失灵的数据难以获取等现实因素。

按照图4-1，系统失灵和系统可靠是可以相互转化的，而这取决于如何"输入"、"输入"什么以及如何将失灵进行"转化"。文章将在后面章节具体讨论这一点。从响应结果和字面上理解，应急响应可靠就意味着应急响应的目标都已经实现，这也意味着应急响应过程所包括的响应者，响应组

[①] 傅跃强：《应急系统响应可靠性理论及在火灾应急中的应用研究》，博士学位论文，南昌大学，2008。

织体系，响应任务的开展，响应过程中的辅助决策支持、物质保障、政策法规等软环境都是可靠性的。

第二节　应急响应可靠性机理的理论背景

目前国内外有关应急指挥系统可靠性的研究还很少，仅有兰德公司的几位研究者对此进行了一些尝试，但是从其他角度去探讨响应结果的研究已经有一些。

早在2001年华盛顿大学Bigley教授和加州大学Roberts教授针对消防部门运用ICS（事故指挥系统）应对紧急事故的情况进行了实证调研，他们提出了一个复杂多变环境中组织可靠性模型，认为ICS的构成机制、有限即兴的组织支持以及认知管理方法三个因素能够使这种新兴组织形式既能实现行政组织的高效控制，也能避免和克服官僚组织的惰性倾向，见图2-1。① 威斯康星大学曼迪逊分校Moynihan教授则在研究组织网络（Networks）时以ICS为例，分析了森林火灾、城市爆炸、"9·11"事件、卡特尼娜飓风等案例中的网络结构、指挥控制、合作关系与信任等，并提出了ICS可以更加有效和成功的七个因素，包括响应者面对有限的管理任务和目标、危机发生在有限的地理范围内、响应者没有太多时间限制、响应的网络组织规模可控、响应者熟悉ICS、应急中心响应能力高且拥有充足的资源、响应者之间存在积极合作的关系等等。② 尽管截至2013年4月全美已有超过500万人通过网络学习了FEMA下属应急管理学院的ICS-100课程，并且它已经被广泛应用于应急管理领域，但是有关其实施效果的不同看法依然存在。许多因素都会影响该系统的实施，特拉华大学研究者从ICS培训和学习的角度，认为缺

---

① Bigley G. A., Roberts K. H., "The Incident Command System: High Reliability Organizing for Complex and Volatile Task Environments," *Academy of Management Journal* 6 (2001): 1281 – 1299.

② Moynihan D. P., From Forest Fires to Hurricane Katrina: Case Studies of Incident Command Systems, Report to the IBM Center for the Business of Government, 2007, http://www.businessofgovernment.org/pdfs/MoynihanKatrina.pdf.

乏文化背景是在 ICS 学习过程以及后续系统实施中的重要影响因素。[①]

实践领域也对此展开了调查研究。加州森林消防管理者 O'Neill 识别了能保障 ICS 在实际中有效运转的五个因素——第一响应人（现场负责人）、应急指挥长、事故现场的整体态势、有效的沟通以及应急管理人员的专业发展，并以此构建了一个实际中理想的 ICS 评价模型用来评估圣安东尼奥消防部门（San Antonio Fire Department）的 ICS 运转情况。[②]

研究者 Jensen 和 Waugh 对美国几十年来 ICS 的发展、争论和变化进行了梳理，并指出目前有证据表明：大量变量（因素）与 ICS 的实施及其结果紧密相关，尤其是 ICS 能多大程度上有效运转与一系列灾前和灾时因素有关。这些因素包括个体参与者、个体组织、系统内部领导者、响应组织网络、当地情况、灾害特征以及 ICS 的实施情况等等。[③] 有关研究成果见表4-1。

表4-1 国外研究中 ICS 实施效果的影响因素

研究者	影响因素	年份
Bigley & Roberts	结构机制、有限即兴的组织支持以及认知管理方法	2001 年
Moynihan	有限任务目标、危机有限地理范围、时间宽裕、响应组织规模可控、响应者熟悉 ICS、EOC 响应能力高且资源充足、响应者间积极合作	2007 年
Brian O'Neill	第一响应人、应急指挥长、事故现场的整体态势、有效沟通及应急管理人员的专业发展	2008 年
Eva Wilson	文化背景、培训和学习	2013 年
Jensen & Waugh	个体参与者、个体组织、系统内部领导者、响应组织网络、当地情况、灾害特征、ICS 实施效果	2014 年

[①] Wilson E. K., Lessons Learned the Hard Way: Incident Command System Learning and Training, Master's Thesis, University of Delawere, 2013.

[②] Brian O'Neill, A Model Assessment Tool for the Incident Command System: A Case Study of the San Antonio Fire Department, Master's Thesis, Texas State University, 2008.

[③] Jensen J., Waugh W. L., "The United States' Experience with the Incident Command System: What We Think We Know and What We Need to Know More About," *Journal of Contingencies and Crisis Management* 1 (2014): 5-17.

国内较早有关系统可靠性的研究较多出现在复杂系统科学和工程科学领域。从复杂系统科学来看，大多研究者将响应系统结构分成串联系统、并联系统和混联系统等，然后针对不同结构的系统进行可靠性的测量和运算等。[①] 在工程科学领域，目前复杂网络可靠性研究的应用范围很广，如城市道路网络运营的可靠性[②]、轨道交通运输网络的可靠性[③]、大坝安全监控系统可靠性[④]、地震灾害应急物流可靠性[⑤]、供水管网系统抗震可靠性[⑥]等。

国内直接与应急管理和应急响应相关的系统可靠性研究则很少，有关分析主要是借鉴质量管理中5M1E（人、机、料、法、环、测）分类思想进行系统构成研究。傅跃强从过程的角度把影响应急响应过程可靠性的因素归纳为过程转化人员、过程转化设备、过程转化对象、过程转化方法、过程转化环境和过程转化监测六大类，而从系统构成的角度把应急系统响应可靠性影响因素分解为硬件方面、软件方面和人的方面。[⑦] 类似的还有安金朝的研究，但其研究侧重于建立应急响应过程Petri网模型。[⑧]

比较国内外有关研究可以发现，国外对于ICS系统的有关研究较多，且侧重于分析影响该系统实施运转效果的因素，一定程度上是系统可靠

---

① 武小悦：《复杂关联系统的可靠性建模与分析》，博士学位论文，国防科学技术大学，2000；孔伟：《复杂系统可靠性工程相关理论及技术研究》，硕士学位论文，重庆大学，2002。
② 邹志云：《城市道路网络运营可靠性分析及优化研究》，博士学位论文，北京交通大学，2009。
③ 徐田坤：《城市轨道交通网络运营安全风险评估理论与方法研究》，博士学位论文，北京交通大学，2012。
④ 岳建平：《大坝安全监控系统可靠性研究》，博士学位论文，河海大学，2002。
⑤ 蔡鉴明：《地震灾害应急物流时变性及可靠性相关问题研究》，博士学位论文，中南大学，2012。
⑥ 何双华：《供水管网系统抗震可靠性分析及加固优化研究》，博士学位论文，大连理工大学，2009。
⑦ 傅跃强：《应急系统响应可靠性理论及在火灾应急中的应用研究》，博士学位论文，南昌大学，2008。
⑧ 安金朝：《应急响应过程可靠性建模及调度方法研究》，硕士学位论文，南昌大学，2007。

性的评价研究；而国内有关应急指挥系统的研究较少，多见于工程科学中，大多研究侧重于运用不同方法进行不同系统的数学建模和可靠度测算。

第三节　应急响应可靠性机理的概念模型

机理是指为实现某一特定功能，一定的系统结构中各要素的内在工作方式以及诸要素在一定环境条件下相互联系、相互作用的运行规则和原理。[①] 因此应急响应可靠性机理就是研究应急响应系统各要素对于响应目标的影响和作用关系，或者说就是研究应急响应系统的要素构成如何作用而产生或提高应急响应能力，进而实现应急响应目标。

根据 Comfort[②]、Waugh[③]、Kapucu 等人[④]的研究成果，即成功的应急响应可以通过协调、合作以及沟通等关键因素或能力实现，结合第三章案例分析中应急响应失灵环节及其原因的分析，本书从组织角度提出对应急响应能力（或应急响应结果）产生影响的四个因素，即组织结构、组织运行机制、组织文化和组织领导，在此基础上建立一个非常规突发事件应急响应可靠性机理的概念模型，如图 4 – 3 所示。

---

① 刘万奇、杨蕾：《论证据种类的划分标准——以试听资料的概念界定为讨论范例》，《中国人民公安大学学报》，2010 年第 2 期。

② Comfort L. K., "Coordination in Rapidly Evolving Disaster Response Systems the Role of Information," *American Behavioral Scientist* 3 (2004): 295 – 313; Comfort, L. K., "Crisis Management in Hindsight: Cognition, Communication, Coordination and Control," *Public Administration Review* S1 (2007): 189 – 197.

③ Waugh W. L., Mechanisms for Collaboration in Emergency Management: ICS, NIMS, and the Problem with Command and Control, 2006 Collaborative Public Management Conference, Syracuse University Greenberg House, Washington D. C., September, 2006, pp. 28 – 30; Waugh W. L., "EMAC, Katrina, and the Governors of Louisiana and Mississippi," *Public Administration Review* S1 (2007): 107 – 113.

④ Kapucu N. et al., "Interstate Partnerships in Emergency Management: Emergency Management Assistance Compact in Response to Catastrophic Disasters," *Public Administration Review* 2 (2009): 297 – 313.

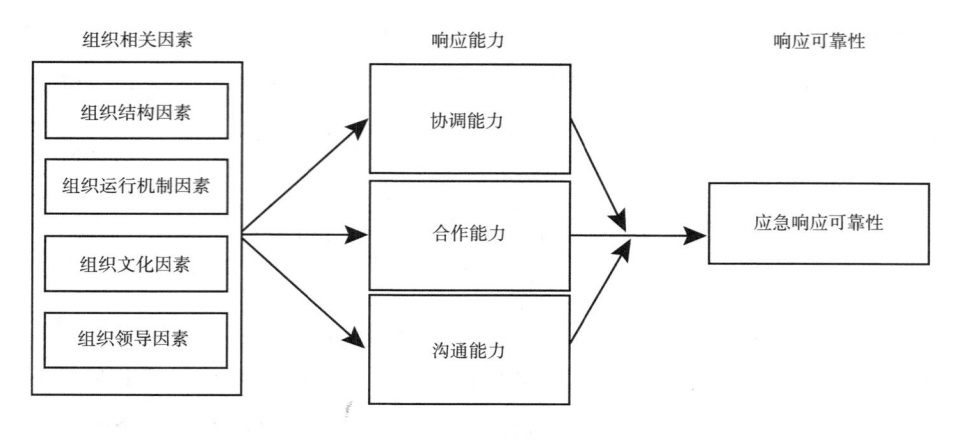

图 4-3 非常规突发事件应急响应可靠性机理的概念模型

该模型主要由两个部分构成。第一是应急响应组织相关因素对非常规突发事件应急响应能力的影响。主要研究组织结构、组织运行机制、组织文化、组织领导等与应急响应体系密切相关的因素对组织协调能力、合作能力以及沟通能力三项组织响应能力的影响。第二个部分则是非常规突发事件应急响应能力与应急响应可靠性之间的关系。主要研究组织协调能力、合作能力和沟通能力是否有助于提高非常规突发事件应急响应可靠性。该模型中被解释变量（因变量）有 1 个，即应急响应可靠性；解释变量（自变量）有 4 个，即组织结构、组织运行机制、组织文化、组织领导因素；中间变量（中介变量）有 3 个，分别是协调能力、合作能力和沟通能力。尽管应急响应可靠性的影响因素除了这些外，还应该包括一些调控或控制因素，如事件的复杂程度、环境的影响、资源的完备性等，但是在此不做假设和分析。

第四节 应急响应可靠性机理的因素分析与研究假设

不可否认，应急响应目标是否能够有效实现或者应急响应效果好坏很大程度上还取决于预案的有效性与否、人员培训程度、应急物资储备情况等应急准备阶段的因素，但本书研究对象是非常规突发事件的应急响应可靠性问题，因此更多将围绕与组织相关且集中于响应阶段的因素而非其他阶段相关因素来进行考量。综合第二章文献研究和第三章案例分析结果，本节将尝试从组织结构、运行机制、组织文化和组织领导因素四个方面开展系统应急响应可靠性机理的构建。

一 应急响应能力与应急响应可靠性

应急能力是一个综合概念，可以从多个视角进行定义，从危机周期论而言，针对应急响应阶段开展活动的能力就是应急响应能力。应急响应能力具体包括什么也存在不同看法，比较常见的是按照响应阶段的任务进行能力划分，例如李湖生提出的应急响应能力清单，就是由图3-5中的任务对应能力构成；[①] 童星和陶鹏指出应急响应能力包括前期处置能力、快速评估能力、分级响应能力、应急指挥能力、协调联动能力以及公共沟通能力等。[②] 根据概念模型（见图4-3），笔者主要分析应急组织体系的协调能力、合作能力及沟通能力。国内外现有灾害管理的研究成果也先后论证了这些核心能力之于成功应对危机的关键作用。

（1）协调能力与应急响应可靠性

协调根本上是要确保不同组织和个人都能够按照某个已有的计划开展活动。协调意味着"调动和要求配合"，也就是这些组织和个人中有一方是主要的，但其他组织和个人仍具备自己原有的权责，只是在某个特定任务之下就信息、资源或者活动等开展支持，协调还必须是自愿或者自发参与的。协调能力是指依据工作任务对资源进行分配进而实现目标的能力。无论是组织还是个人，协调能力的重要性都不言而喻。应急响应组织作为应急救援的主要组织载体，需要根据已经确定好的救援目标和任务，或说服其他相同职能部门共同完成，或从对方获取资源或行动上的支持，因此响应组织的协调能力成为影响应急响应可靠性的首要因素。

[①] 李湖生：《非常规突发事件应急准备体系的构成及其评估理论与方法研究》，《中国应急管理》2013年第8期。

[②] 童星、陶鹏：《论我国应急管理机制的创新——基于源头治理、动态管理、应急处置相结合的理念》，《江海学刊》2013年第2期。

非常规突发事件应急响应可靠性机理研究

夏威夷大学 Ross Prizzia 研究发现，协调在灾害管理中的重要作用直到 2001 年"9·11"事件发生后才被大家所认识。他指出协调不仅对预防恐怖主义袭击十分重要，同时也能保障地方成功开展恐怖主义事件的响应，特别是在恐怖事件发生后，对警察、消防员、医疗专家和小组、公共卫生从业者以及其他相关的应急专业人员进行有效协调尤为重要。① The 9/11 Commission Report 中指出："考虑到纽约市和弗吉尼亚北部的不同情况，我们可以做出合理的推断：这两地应急响应时出现的指挥与控制、沟通等问题在其他任何类似规模的事件中会继续发生。未来要做的就是第一响应者及时协调……"② 社会交换理论也认为协调是获得有效灾害响应的重要因素。③

在危机中，协调能够消除行动和活动中的空白和重复，协调有助于角色安排和职责分工、建立信息共享框架、合作与共同规划等等。尽管如此，灾害应对时协调却不容易实现，这是因为资源是有限的，为了竞争应急物资，组织在是否要协调救援任务和分享资源的问题上犹豫不决。应急组织的差异性和复杂性也增加了组织协调的难度，因为某个组织很可能无法理解其他组织的角色和职责。④

协调还必须是无缝的，卡特娜飓风时大规模的动员响应要求在 DOD（U. S. Department of Defense，美国国防部）、NGO 以及州和地方政府之间进行有效的协调，然而这种情况却没有出现。⑤ 无数危机和灾害研究都表明，在不确定性条件下、在紧急情况或者压力之下、在组织权威和工作关系不明

---

① Prizzia R., "The Role of Coordination in Disaster Managanment," Chapter 5 in *Disaster Management Handbook*, 2007, pp. 75 – 97.
② *The 9/11 Commission Report*, 2004, pp. 315, 397.
③ Comfort L. K., "Crisis Management in Hindsight: Cognition, Communication, Coordination and Control," *Public Administration Review* S1 (2007): 189 – 197; Kettl D. F., "Contingent Coordination: Practical and Theoretical Puzzles for Homeland Security," *American Review of Public Administration* 3 (2003): 253 – 277.
④ Stephenson M., "Making Humanitarian Relief Networks More Effective: Operational Coordination, Trust and Sense making," *Disasters* 29 (2005): 337 – 350.
⑤ Harrald J. R., Hurricane Kartrina: Recommendations for Reform, Testimony for the Senate Homeland Security Government Affairs Committee, 2006, March 8.

时，快速协调都是不容易的。①

基于以上分析，本书提出以下假设。

假设 H1：应急响应组织协调能力与应急响应可靠性紧密相关，协调能力越高，组织响应的可靠性越高。

（2）合作能力与应急响应可靠性

简单地说合作就是两个或两个以上的个人或组织为了实现共同的任务目标通过协调开展活动并实现目标的行为。因此合作除了在人与人之间产生，还可以在组织和组织之间产生。通过有效合作，个人或组织都可以取长补短，相互促进，融合多股力量形成合力，能够产生 $1+1>2$ 的效果。

近来频繁发生的重大突发事件常常超出单个行政区划或者管理职能，具有跨界的特征，这时各区域内应急响应组织开展合作有助于改善应急管理碎片化的状况。从时间阶段来看，在突发事件应急响应中，组织合作贯穿于处置和救援的全过程以及各项具体任务中。应急响应组织之间能否展开合作受目标、合作方式、组织差异、沟通程度以及组织对合作的态度、组织规范、信任等多种因素的影响。

应急指挥体系由多职能部门构成，本身就需要分工协同，而未来的危机充满不确定性，合作成为有效应对危机的内在要求。这一认识已经得到众多研究者的认可。② Kapucu 通过对佛罗里达州 2004 年四次飓风灾害的研究，评估了社区在飓风威胁破坏中的响应表现，特别是观察了社区在灾害响应时的合作是如何有效影响未来灾害的公共准备的，从而指出社区协作要求沟通

---

① Ansell C., Boin A., Keller A., "Managing Transboundary Crises: Identifying Building Blocks of an Effective Response System," *Journal of Contingencies and Crisis Management* 4 (2010): 205 – 217.

② Waugh W. L., Mechanisms for Collaboration in Emergency Management: ICS, NIMS, and the Problem with Command and Control, 2006 Collaborative Public Management Conference, Syracuse University Greenberg House, Washington D. C., September, 2006, pp. 28 – 30; Comfort L. K., Dunn M., "Coordination in Complex Systems: Increasing Efficiency in Disaster, Mitigation and Response," *International Journal of Emergency Management* 1 – 2 (2004): 1 – 2; Kapucu N., "Interorganizational Coordination in Dynamic Context: Networks in Emergency Response Management," *Connections* 2 (2005): 33 – 48.

和事先规划。① Palm 和 Ramsell 研究了灾害准备阶段瑞典地方政府之间的合作问题，并且指出对于基层政府或地方政府而言，决定其是否要增强合作的并不是财政原因也不是实践原因，而是对失去地方自治权的担心和顾虑占了上风。②

Waugh 认为美国的应急管理体系还是以指挥控制为主，合作网络治理是有效应急响应的重要办法，合作是不可或缺的，适应性的管理就要鼓励信息共享和合作，要扩大政府与非政府应急组织之间的合作关系。③ Drabek 指出，横向跨地区和纵向跨政府组织结构等给应急管理中跨部门机构的沟通带来了诸多问题，因此要把综合性应急管理作为长期目标，运用团队合作的战略以及政府间协调的战略，加强改进跨机构部门的应急响应网络体系的管理。④⑤ 无论是网络合作治理还是综合性应急管理，其理论基础都与"整体性治理"思想相似：就是要通过横向和纵向协调的思想和行动来实现预期利益的政府治理模式。

Parker 等人从官僚制组织的视角指出，政府组织结构碎片化的特点导致了政府部门间信息共享和沟通过程中条块分割的现象，严重影响了政府部门应对突发事件的效果。⑥ Comfort 从组织设计的角度强调了信息在政府应急合作中的作用，⑦ 还指出灾时接触和获取核心信息可以提高响应行动的效率并

---

① Kapucu N., "Collaborative Emergency Management: Better Community Organising, Better Public Preparedness and Response," *Disasters* 2 (2008): 239 – 262.
② Palm J., Ramsell E., "Developing Local Emergency Management by Co-Ordination between Municipalities in Policy Networks: Experiences from Sweden," *Journal of Contingencies and Crisis Management* 4 (2007): 173 – 182.
③ Waugh W. L., "Collaboration and Leadership for Effective Emergency Management," *Public Administration Review* 12 (2006): 71 – 82.
④ Drabek T. E., "Managing the Emergency Response," *Public Administration Review* 1 (1985): 85 – 92.
⑤ 宁晓凤：《我国地方政府自然灾害应急管理中的组织合作问题研究》，硕士学位论文，重庆大学，2012。
⑥ Parker C. F. et al., "The Hurricane Katrina Disaster Revisited," *Journal of Contingencies and Crisis Management* 4 (2009): 206 – 220.
⑦ Comfort L. K., "Integrating Organizational Actions in Emergency Management: Strategies for Change," *Public Administration Review* 1 (2001): 38 – 42.

第四章　应急响应可靠性机理概念模型及研究假设

增强合作。① Scholtens 回顾了荷兰历史与现实中灾害管理的控制合作问题，试图回答一个问题：灾害管理中跨部门合作是否真的如我们所主张的那样重要？还指出在危机时集中控制的合作只有通过准备阶段控制合作的间接方式才能实现。②

以实现问题解决为目标的合作常常因合作时间、复杂性、深度以及合作质量而产生不同。③ 究竟如何开展应急合作，研究者从合作主体关系和合作途径等方面展开了大量研究。在合作主体关系方面，Mcloughlin 提出一个整体性应急管理框架，通过应急准备、信息共享、应急响应和恢复重建等办法来形成联邦政府、州政府和地方政府间的应急管理合作伙伴关系。④ Rosenthal 等人认为提高跨区域协作的应急管理能力是及时且有效应对国内或国家间跨区域突发事件的重要前提。⑤ 在如何开展应急合作方面，Caruson 等人提出在地方建立区域应急管理合作组织，以此来促进地方政府在信息共享、备灾、应对和恢复与重建等各个环节上的合作。⑥ Boin 认为提高社会的适应能力是增强企业、公民以及应对组织等社会力量积极参与应急合作的有效方式。⑦

从合作对象来看，应急响应过程中的组织合作既有政府内部组织合作，包括政府上下级、政府横向职能部门之间以及政府之间的合作三种形

---

① Comfort L. K., "Coordination in Rapidly Evolving Disaster Response Systems: The Role of Information," *American Behavioral Scientist* 3 (2008): 295-313.
② Scholtens A., "Controlled Collaboration in Disaster and Crisis Management in the Netherlands, History and Practice of an Overestimated and Underestimated Concept," *Journal of Contingencies and Crisis Management* 4 (2008): 195-207.
③ Alberts D. S., Hayes R. E., *Understanding Command and Control*, CCRP, Washington D. C., 2006.
④ Mcloughlin D. A., "Framework for Integrated Emergency Management System," *Public Administration Review* 1 (1985): 165-172.
⑤ Rosenthal U., *Managing Crisis: Threats, Dilemmas, Opportunities*, Springfield, IL: Charles C. Thomas, 2001.
⑥ Caruson K., MacManus S. A., "Disaster Vulnerabilities: How Strong a Push Toward Regionalism and Intergovernmental Cooperation," *The American Review of Public Administration* 3 (2000): 286-306.
⑦ Boin A., "Meeting the Challenges of Trasboundary Crises: Building Blocks for Institutional Design," *Journal of Contingencies and Crisis Management* 4 (2009): 203-205.

式，也有这些政府组织与社会组织的合作。一般情况下，合作关系中不存在领导与被领导的关系，通常是由一方先提出合作需求，如果另一方认为彼此目标相近或者彼此可以实现互补，合作才可能成形，这种情况下合作双方是一种合作伙伴关系。国内有关应急合作的研究较多地集中于政府与非政府组织之间以及地方政府组织之间，也就是区域应急合作的问题。薛澜等人认为要促进政府不同职能部门之间、政府与社会资源之间的协调运转，就要重视发挥 NGO、媒体和公众的作用。① 吕志奎借鉴美国经验提出在我国要建立跨地区应急资源整合与共享的制度平台。② 腾伍晓等人主张构建区域应急联动模式和信息互通、资源共享、相互救助的运行机制，以此实现区域性应急合作。③ 此外其他学者对合作式应急治理也进行了研究，④ 此处不再一一介绍。

基于以上分析，本书提出以下假设。

假设 H2：应急响应组织合作能力与应急响应可靠性紧密相关，合作能力越高，组织响应的可靠性越高。

（3）沟通能力与应急响应可靠性

传播学理论的研究者很早就展开了有关沟通的研究。沟通无处不在，贯穿于危机管理全过程中。在应急响应阶段，领导做出决策之前需要获悉各方面的信息，有关决策的信息也需要传达到准确的人，响应负责人需要及时向公众传递灾情和事件最新进展，与危机利益方进行信息交流。无论是作为个体的响应者还是作为单元的工作小组或参与部门都需要信息交流和传播，无论是横向上的还是纵向上的，无论是对内的还是对外的，都是沟通。舆情、指令、观念、意见、知识等都是沟通的内容。

---

① 薛澜、张强、钟开斌：《危机管理：转型期中国面临的挑战》，清华大学出版社，2003，第116页。
② 吕志奎：《使跨界应急管理协作运转起来——美国 EMAC 的经验及其借鉴》，《公共管理评论》2010 年第 00 期。
③ 滕伍晓、王清等：《危机应对的区域应急联动模式研究》，《社会科学》2010 年第 7 期。
④ 史培军等：《区域综合公共安全管理模式及中国公共安全管理对策》，《自然灾害学报》2006 年第 6 期；岳经纶等：《合作式应急治理机制的构建：香港模式的启示》，《公共行政评论》2009 年第 6 期；李晓翔、刘春林：《自然灾难管理中的跨组织合作——基于社会弱点的视角》，《公共管理学报》2010 年第 1 期。

第四章　应急响应可靠性机理概念模型及研究假设

对于组织而言，沟通是围绕救援目标，通过各种信号、媒介和途径有目标地进行信息和看法交流的信息传递行为，可以实现响应组织内外的有机整合。沟通可以帮助实现信息共享和行动统一，沟通可以营造组织内外良性关系。正如罗伯特·希斯主张的，有效管理交流跟危机应对同等重要。① 组织沟通在很大程度上受组织文化的影响。在我国，应急指挥部下工作小组的设置都是按照行政管理的模式进行的，各工作小组围绕各自任务开展信息收集、制订计划及实施开展等一系列活动。实践中，大多数参与响应的政府部门往往不愿意进行信息的交流。

沟通还有一种形式就是与公众的沟通，这种沟通中，公众往往是信息的接受者。在危机前，这种沟通有时也被称为危机沟通或风险沟通。Garnett 和 Kouzmin 认为卡特尼娜不仅是自然灾难和行政失灵，而且是一次沟通上的灾难，各种沟通空白、信息缺失、有意无意的错误解释阻碍了人们对飓风灾情的认知。通过研究，他们完善了危机沟通的认识，即作为人与人之间影响力的危机沟通、与媒体关系的沟通、作为技术展示的沟通以及组织间网络结构的沟通，并从部门、技术、透明度等方面构建了一个全面理解危机沟通的概念框架。②

风险沟通在危机管理中重要性的研究很早就有，大多是关于信息流的问题。③ Argenti 对 "9·11" 恐怖主义袭击中的危机沟通问题展开了研究。④ 为了更好界定公共部门的危机沟通，Olsson 介绍了一种基于沟通目的和导向的分类方法，将其从两个维度进行分类（Reputation-Oriented and Resilience-Oriented/Strategic and Operational），并利用 2010～2011 年昆士兰州洪水灾害的案例进行实证研究，提出了一种把理解这些沟通维

---

① 〔美〕罗伯特·希斯：《危机管理》，王成、宋炳辉、金瑛译，中信出版社，2001，第187页。
② Garnett J. L., Kouzmin A., "Communicating throughout Katrina: Competing and Complementary Conceptual Lenses on Crisis Communication," *Public Administration Review* 67 (2007): 171 – 188.
③ Hale J. E., Dulek R. E., "Crisis Response Communication Challenges: Building Theory from Qualitative Data," *Journal of Business Communication* 2 (2005): 112 – 134.
④ Argenti P., "Crisis Communication: Lessons from 9/11," *Harvard Business Review* 12 (2002): 103.

度与公共部门的优先抉择、过程和做法相联系的办法。①Quarantelli 认为信息超载和渠道不畅会导致沟通协调失灵或者相关信息延迟抵达目标成员。② Seeger 在专家访谈基础上用扎根理论的方法总结提炼了危机沟通中的十条最佳办法,即事先规划、与公众建立合作伙伴关系、倾听公众意见并理解他们、保持诚实和开放、保持协调与合作、满足媒体需求和保持沟通畅通、采用共情的沟通方式、接收不确定性和模糊性、提供有自我效能的信息。③Janoske 和 Brooke 通过采访和文献研究总结了 2012 年 2 月亚特兰大某次研讨会上 21 位专家提出的应对风险和危机沟通的最佳办法。④

本质上,沟通(危机沟通或公众沟通)是一种风险或危机信息的传递以及知识传播,目的是使有关各方面都能更好、更准确地理解风险和危机。现实情况下更多时候是政府掌握着这些信息,因此要在政府部门、专业机构、媒体和公众之间形成有效的风险沟通渠道。风险沟通是多范围的,包括组织内部沟通、部门沟通、媒体沟通、公众沟通等等。无论是在哪个范围内,沟通必须快速及时准确,并且是全过程的,也就是说渠道是多元且畅通的。唯有如此,才能有助于组织内外迅速做好应急准备和开展活动。Horsley 和 Barker 在他们的公共部门危机沟通模型中解释,如果信息可以更快、更准确、更直接地传播,应急响应会获得更大的成功。⑤

---

① Olsson Eva-Karin, "Crisis Communication in Public Organisations: Dimensions of Crisis Communication Revisited," *Journal of Contingencies and Crisis Management* 2 (2014): 113 – 125.

② Quarantelli E. L., "Disaster Crisis Management: A Summary of Research Findings," *Journal of Management Studies* 2 (1988): 373 – 386.

③ Seeger M. W., "Best Practices in Crisis Communication: An Expert Panel Process," *Journal of Applied Communication Research* 3 (2006): 232 – 244.

④ Janoske M. L., Brooke F. L., "Congress Report: Experts' Recommendations on Enacting Best Practices in Risk and Crisis Communication," *Journal of Contingencies and Crisis Management* 4 (2013): 231 – 235.

⑤ Horsley J. S., Barker R. T., "Toward a Synthesis Model for Crisis Communication in the Public Sector: An Initial Investigation," *Journal of Business and Technical Communication* 4 (2002): 406 – 440.

基于以上分析，本书提出以下假设。

假设 H3：应急响应组织沟通能力与应急响应可靠性紧密相关，沟通能力越高，组织响应的可靠性越高。

二 组织结构与应急响应能力

简而言之，组织结构是组织构成要素及其要素之间的关系。广义上看组织结构还包括组织和组织之间的关系。组织结构并非单一性的，在同一组织内部下级部门中有可能构成也不同，更不用说多个组织网络的构成复杂性有多高。这里所谓结构应该包括管理幅度、管理层次和管理人员比例三要素。① 规范性、弹性、扁平化是组织结构的目标。Alberts 提出了决定指挥控制组织模式的四点因素，包括组织目标的形成、角色和职责的确定、规则建立、活动监测和控制。②

应急响应组织结构或者组织架构最常见的就是美国的突发事件指挥系统（ICS）和突发事件管理系统（IMS）。在 ICS 的支持者看来，该系统的组织结构是一个弹性结构，它的价值在于将应急规划与行动紧密联系起来。但也有人认为它强调指挥与控制，具有科层和官僚制特征。也有学者热衷于网络（Networks）研究。③ 因此，总的来说应急响应组织结构有集权模式、分权模式及网络模式三种。作为结构主义传统的组织理论学者 Perrow 曾指出，处于低层的应急管理决策者不了解各部门行动之间的关系以及这些行动的影响，因此只有集权才是紧耦合系统中唯一能有效预防失败的方式。相反，同样的结构逻辑也让他认为分权是复杂系统中防止失灵的有效办法。④ 台湾大学教授 Chun Chieh 通过比较中国大陆和台湾地区灾害响应结果以及集权

---

① Pagh D. S., *Organization Theory*: *Selected Readings*, Harmondsworth: Penguin, 1971.
② Alberts D. S., "Agility, Focus, and Convergence: The Future of Command and Control," *The International C2 Journal* 1 (2007): 1 - 30, http://www.dodccrp.org/html4/journal_main.html.
③ Moynihan D. P., Member Diversity, Shared Authority and Trust in Crisis Management: The Network Aspects of Incident Command Systems, Paper Prepared for the Public Management Research Conference, University of Arizona, Tucson, October 25 - 27, 2007.
④ Perrow C., *Normal Accidents*: *Living with High Risk Technologies*, New York: Basic Books Inc., 1984.

和分权两种不同模式的缺点后得出结论：分权式应急响应体系的效率要高于集权式应急响应体系。这是由于在分权式模式之下，响应者有独立的判断，能够比较灵活地去应对危机情境。但是要成功地运行分权式应急响应还存在很多局限性，如目前的组织结构过分重视指挥与控制、类军事化的运行等等。① 与之类似，南京大学张海波比较了纽约和北京两大城市不同的指挥模式，认为各自存在优点，适合不同国情。② 不管采用哪种模式，应急响应体系由哪些小组构成、职责是什么、如何开展任务分工，这是必须要明确的。在一项研究中，有近1/4（23%）的被访者回答有关响应运行问题时认为角色和职责不清以及对组织体系不熟悉是最常见的问题，③ 角色和职责不清的结果必然是行动的失败。研究者认为组织结构可以决定或者限制角色的任务分工，也可以依据协调、沟通、信息传播的要求来设置。这既是说组织结构要规范化，也是强调组织结构中角色安排或任务分工要具有灵活性。

组织的设立有多重依据，Luther Gulick 提出了四点组织设置的方法：一是根据组织目标或者功能设置，二是按照流程，三是根据客户或者服务对象，四是根据地点。在大多数情况下应急响应组织最初是根据任务目标进行组织结构的设置，因此识别任务目标是第一步。随着灾害的发展和客观环境的变化，之前设置的拥有固定功能的组织结构则需要及时调整。童星、陶鹏认为灾害组织的结构能够迅速转变以适应灾害中的动态需要是组织适应必备的条件要素之一。④

结构设置是否合理需要遵循两点原则：首先，用于应对日常紧急情况的

---

① Chun Chieh M., "Responding in Crisis: A Comparative Analysis of Disaster Responses between Mainland China and Taiwan," *Journal of Homeland Security and Emergancy Management* 1 (2012): 1–17.
② 张海波：《当前应急管理体系改革的关键议题——兼中美两国应急管理经验比较》，《甘肃行政学院学报》2009年第1期。
③ Savoia E., Agboola F., Biddinger P. D., "Use of After Action Reports (AARs) to Promote Organizational and Systems Learning in Emergency Preparedness," *International Journal of Environmental Research and Public Health* 8 (2012): 2949–2963.
④ 童星、陶鹏：《灾害危机的组织适应：规范、自发及其平衡》，《四川大学学报》（哲学社会科学版）2012年第5期。

结构是灾害防护设施或者应对大型灾害的基础;其次,地方响应结构必须灵活。当组织为满足灾害需求而纳入外部资源时,组织结构需要能够相应地扩展。① 实现组织目标,特别是有难度的任务目标往往要求组织成员和合作者之间合理分工并建立有效的合作关系。因此组织结构设置要满足平战结合,体现灵活性和适应性。

通常情况下,组织权责分配需要通盘考虑,依附组织而存在,因此结构设置还要体现层次性,最为重要的是权责明确、权责对等且相对稳定。当灾情升级组织规模变大(Scale-Up)时,组织结构关系变得更为复杂,清晰的授权(Authorization)和权力转移(Hand-Over)流程也显得尤为关键。灾情演化升级时常伴随更高级别的政府官员或主管人员抵达现场、更多的部门和相关人员投入应急响应中,此时,领导权如何转移,这些部门如何并入已有应急指挥体系,指挥和领导者如何进行授权,权力如何进行移交和接管,程序如何,这些也必须细化和规范化。

Van De Ven 认为组织结构(如专业化、标准化、决策权分配)和组织内流程(工作流程和信息流程)决定了组织绩效。②

综上所述,本书认为与组织结构相关的因素,如组织架构和层级关系、权责配置与分工、授权与权力转移、指挥链、统一的行动方案等等都与应急响应能力有着密切关系。统一行动方案要求应对计划中应该翔实地确定应变目标、行动目的和所需支持。在较大规模突发事件中要用到多部门资源且涉及多个行政区域时,统一的行动方案尤为重要。它能够减少随意带来的失灵,保证有效的协同响应,它回答了组织要做什么、谁负责什么职能和目标、组织内部如何沟通等问题。

根据上述研究回顾和分析,本书提出以下假设。

假设 H4a:应急响应组织结构与协调能力紧密相关,组织结构越规范,系统协调能力越高。

---

① 〔美〕米切尔·K. 林德尔、卡拉·普拉特、罗纳德·W. 佩里:《应急管理概论》,王宏伟译,中国人民大学出版社,2011,第 204 页。
② Van De Ven, Andrew H., "A Framework for Organization Assessment," *Academy of Management Review* 1 (1976): 64.

假设 H4b：应急响应组织结构与合作能力紧密相关，组织结构越规范，系统合作能力越高。

假设 H4c：应急响应组织结构与沟通能力紧密相关，组织结构越规范，系统沟通能力越高。

三 组织运行机制与应急响应能力

无论是哪种应急响应组织结构模式（集权、分权或网络模式指挥），指挥体系本身的运行都无法抛开有效的运行机制。机制是组织结构或系统运行的工作方式，机制往往能弥补系统或体制不成熟造成的应急响应能力有限的情况。应急响应组织的运行方式一定程度上确保了处置工作的顺利开展。

运行机制是保证组织结构有效开展各项处置活动的机制总和。从全周期应急过程来看，运行机制的外延与范围很广。就应急响应过程而言，本书重点围绕先期处置机制、协作机制、沟通机制等。先期处置在应急响应时往往可能在短时间内产生积极作用。欧美一些国家中第一响应人制度（The First Responder），[①] 最早出现在急救医疗服务中，后来为了适应应急管理的需要发展到其他领域。第一响应人是指首先到达灾难现场、拥有救援证书的个人，[②] 能在突发事件爆发后第一时间提供应急救援和救治服务，我国尽管已经开展了有关培训，但尚未建立这一制度。

组织理论的研究者一直在关注常态或非常态下组织调整和组织适应的设计问题。组织成员在职、责、权三方面的结构体系被称为组织结构，而对这种内部结构体系的调整就是组织调整。在一些文献中，组织调整的过程也被称为组织适应（Organizational Adaptation）。它要求组织向低集权、松散、灵活且具有高度适应性的方向发展，组织结构能够在突发事件的不同阶段适应需求。分工和协作是应急响应组织结构的基本职能，故通过组织内部职、责、权的调整把应急响应的实时动态目标转化成一定的规范和要求，融入响

[①] 宋劲松、刘红霞：《应急管理第一响应者制度的产生与发展》，《中国应急管理》2011 年第 8 期。

[②] 刘刚：《第一响应人制度的必要与可能》，《中国应急救援》2013 年第 4 期。

第四章 应急响应可靠性机理概念模型及研究假设

应组织的活动中,进而确保组织目标的实现。Dynes 和 Aguirre 较早地开展了危机情况下组织适应的协调机制以及结构变化问题的研究。① Lin 从信息处理视角通过构建概念模型来检验 69 起案例中组织是否需要进行调整和改变的问题。他指出绩效受多因素影响,没有既适合常态下又适合非常态下条件的组织设计,组织可以通过培训和决策程序使之面临灾害时获益,但组织也可能错误解释其进行调整的影响。② Wise 回顾了联邦政府致力于国土安全后一系列的组织变化以及卡特尼娜飓风后政策制定者关于组织重构的建议,指出未来的国土安全策略需要实施适应性管理,这种适应性管理主要是为了促进跨界灾害响应时在决策等各个方面的合作。③

  Boin 等人指出现代危机的跨界(Transboudary)特征,要求不同地区、不同层级、不同职能部门的应急响应者都参与应对与治理,也就是开展区域应急合作。然而一个分权的网络结构能够有效实现响应目标离不开下级部门负责人的有限即兴(Constrained Improvisation)、灵活性、创造性。这得到很多研究者的一致认同:在分权指挥模式下适当即兴和创造性是保证组织或系统可靠性的关键因素。④⑤ 即兴(Improvisation)一定要求创造性,或者说创造性是即兴的一个方面,其被理解为一个技巧、素质以及产生新想法的能力。⑥ ICS 的组织结构有固定的模式,但是当事件本身发展和响应组织规模

---

① Dynes R. R., Aguirre B. E., "Organizational Adaptation to Crises: Mechanisms of Coordination and Structural Change," *Disasters* 1 (1979): 71 - 74.
② Zhiang Lin, Organizational Design and Adaptation in Response to Crisis: Theory and Practice, Master's Thesis, University of Texas at Dallas, 2002.
③ Wise C. R., "Organizing for Homeland Security after Katrina: Is Adaptive Management What's Missing?" *Public Administration Review* 3 (2006): 302 - 318.
④ Webb G. R., Michael Beverly, Megan McMichael, James Noon, Tabitha Patterson, Role Improvising under Conditions of Uncertainty: A Classification of Types, Preliminary Paper #289, Disaster Research Center, University of Delaware: Newark, DE, 1999.
⑤ Woodman R. W., Sawyer J. E., Griffin R. W., "Toward a Theory of Organizational Creativity," *The Academy of Management Review* 2 (1993): 293 - 321.
⑥ Kendra J. M., Wachtendorf T., "Creativity in Emergency Response to the World Trade Center Disaster," in Jacqueline L. Monday, ed., *Beyond September 11th: An Account of Post-Disaster Research*, Program on Environment and Behavior Special Publication #39, Institute of Behavioral Science: Natural Hazards Research and Applications Information Center: University of Colorado, 2003.

都逐渐变大时，基于原有模式的应急决策和应急响应流程、预案等都不再适用，即兴、灵活性和创造性的重要性就越发凸显。研究者承认高科技和新技术在不断地提高着人们应对极端事件的能力，但他们同样认为灵活性和即兴发挥的能力在极端事件的响应中依旧非常重要。即兴是每一个灾难的重要特征，Tierney 指出如果某个事件不需要即兴，它就很可能不算是灾难。[1] 即兴意味着原有的应急预案失效，但即兴与计划并不矛盾。未来的危机越来越难以预测，应急响应需要创造性。已有研究开始讨论即兴和创造性的关系[2]、即兴对于危机响应中合作的影响、即兴对于 ICS 实施的影响[3]。Mendonca 通过 2001 年"9·11"事件的案例研究提出了一系列基于计算机系统要求以支持危机响应中的即兴决策等问题，为组织在什么时候如何即兴发挥提供了认知层面的支持。[4]

综上，本书认为与运行机制维度相关的因素，如组织调整和适应、信息沟通以及协同等都与应急响应能力有着密切关系。

基于以上分析，本书提出以下假设。

假设 H5a：应急响应组织的运行机制与协调能力紧密相关，运行机制越灵活，系统协调能力越高。

假设 H5b：应急响应组织的运行机制与合作能力紧密相关，运行机制越灵活，系统合作能力越高。

假设 H5c：应急响应组织的运行机制与沟通能力紧密相关，运行机制越灵活，系统沟通能力越高。

---

[1] Tierney K. J., Lessons Learned from Research on Group and Organizational Responses to Disasters, Paper Presented at Countering Terrorism: Lessons Learned from Natural and Technological Disasters, Academy of Sciences, 2002, February28-March 1.

[2] Kendra J. M., Wachtendorf T., "Improvisation, Creativity, and the Art of Emergency Management," *Disaster Research Center* (2006).

[3] Franco Z. E., Zumel N., Holman J., Evaluating the Impact of Improvisation on the Incident Command System: A Modified Single Case Study Using the DDD Simulator, Proceedings of the 6th International ISCRAM Conference, Gothenburg, Sweden, May, 2009.

[4] Mendonca D., "Decision Support for Improvisation in Response to Extreme Events: Learning from the Response to the 2001 World Trade Center Attack," *Decision Support Systems* 3 (2007): 952 – 967.

四 组织文化与应急响应能力

组织文化向来都是组织研究的热点，也产生了大量研究文献。组织文化是一种能够通过帮助组织成员形成对意义和现实的认识和感知来控制组织行为的社会力量，能够保持组织活力，据此可判断哪些人属于该组织，哪些人不属于该组织。[1] 早期的文化研究者对高风险性组织中的文化问题关注不多，[2] 密歇根大学组织行为学 Weick 教授对此进行了研究，他认为文化是组织可靠的重要资源。[3]

组织文化是在长期发展过程中形成的，其秉持的信念、价值观和规则都是不同的，因此不同组织的组织文化也不同，而不同的组织文化又使得组织对冲突和危机的应对方式也有所不同。Tsai 和 Chi 研究了文化对于在灾害响应时实施应急指挥系统的影响问题。他们通过分析和比较美国、日本和中国台湾的组织文化、结构和 ICS 的执行情况来解释不同的文化取向影响了人们处理灾害的方式，因此直接照搬和借鉴其他国家和地区做法并不是解决自身特定问题的最佳办法。[4]

不同性质的组织，政府组织和非政府组织，政府职能部门和安全生产企业，其组织文化、价值观和规范都存在差异，但是巨灾情境的响应往往需要政府、企业、志愿者组织甚至全社会的广泛参与。因此多主体、多部门、跨区域的灾害响应活动必定由拥有不同文化和价值观的组织共同来实现。[5][6][7][8] 在美国，

---

[1] Ott J. S., *The Organizational Culture Perspective*, Pacific Grove, CA: Brooks/Cole, p. 69.
[2] Bierly P. E., Spender J. C., "Culture and High Reliability Organizations: The Case of the Nuclear Submarine," *Journal of Management* 21 (1995): 639–656.
[3] Weick K. E., "Organizational Culture as a Source of High Reliability," *California Management Review* 2 (1987): 112–127.
[4] Tsai Jiin-Song, Chi Cheryl S. F., "Cultural Influence on the Implementation of Incident Command System for Emergency Management of Natural Disasters," *Journal of Homeland Security and Emergency Management* 1 (2012): 1–5.
[5] Buck D., Trainor J., Aguirre B. A., "Critical Evaluation of the Incident Command System and NIMS," *Journal of Homeland Security and Emergency Management* 3 (2006): 1–27.
[6] Desai S. B., "Solving the Interagency Puzzle," *Policy Review* 129 (2005): 57–71.
[7] Taber N., Plumb D., Jolemore S., "'Grey' Areas and 'Organized Chaos' in Emergency Response," *Journal of Workplace Learning* 4 (2008): 272–285.
[8] Waugh W. L., Jr. Terrorism, "Homeland Security and the National Emergency Management Network," *Public Organization Review* 4 (2003): 373–385.

灾害的响应活动中，灾害管理者或者领导者需要考虑如何将政府部门和非政府部门（如FEMA或地方住房协会等）更好地融合在一起，而这种文化融合过程中要形成指挥与控制的组织体系必然会产生一些问题，因为这个组织体系往往需要把一些性质不同甚至相反的机构和部门组织到一起。[1][2] 文化融合在相似组织内（如消防、警察、军队等）常常比较容易，但是要把一些非应急管理部门或者志愿者组织等异质组织也融入应急指挥体系中存在很多困难，不同的响应者往往是根据其接受的培训和训练来定义和应对突发事件的，其响应活动也是遵循各自组织规范的，[3] 但是这些异质组织的规范是不同的。任何想要把异质组织和个人归并到正式的指挥和控制体系中的努力都必须考虑其特殊性。

组织文化从内涵和结构上而言都是丰富多样的，可以是行为方面的，也可以是价值观念和意识上的；可以是物质上的，也可以是制度层面的。安全文化、灾害文化、应急文化/风险意识分别针对事故、灾害、突发事件或危机而言，意思相近，是指挥人员、响应人员以及公众对于事故、灾害、风险现象的认识和把握，是对其所持有的理解和态度。安全文化氛围浓的组织中风险意识高，往往意味着从思想和行动上十分重视并采取相应预防措施。高可靠性组织的特征之一就是组织具有危机意识和安全文化，可靠是因为组织充满危机意识，能够较好地预见危机并做好预防准备[4]。由于研究的组织是处于不确定性和高风险中的，组织文化的开放性和创新性往往决定了组织多大程度上有效应对危机。一个具有开放精神的组织是不断学习的组织，因此组织是否有危机学习的文化非常重要。而组织文化的创新性取决于组织间是否充满信任氛围。

---

[1] Getha-Taylor H., "Collaborative Governance: Lessons from Katrina," *Public Manager* 3 (2007): 7 – 11.

[2] Mills J. H., Weatherbee T. G., "Hurricanes Hardly Happen: Sensemaking as a Framework for Understanding Organizational Disasters," *Culture and Organization* 3 (2006): 265 – 279.

[3] Drnevich P. *et al.*, "Affiliation or Situation: What Drives Strategic Decision-Making in Crisis Response?" *Journal of Managerial Issues* 2 (2009): 216 – 231.

[4] Roberts K. H., "Managing High Reliability Organizations," *California Management Review* 4 (1990): 101 – 114.

第四章 应急响应可靠性机理概念模型及研究假设

危机学习就是从危机中学习经验和吸取教训，意味着把学习作为危机管理的重要环节，关注危机后的信息反馈和反思。危机学习可以在危机前、危机中还可以在危机后。危机学习的理想结果就是提高风险预防的能力。应急响应组织的领导如果可以不断地从危机中总结经验就能逐步改进领导组织和协调控制的能力；组织中的成员如果有危机学习意识，也可以不断提高自身的应变能力。危机学习不仅可以从自身经历中学习，还可以从其他组织或者他人身上学习，因此这个过程也促进了组织交流。开放的组织文化意味着组织有主动开展危机学习的习惯。危机学习是具有开放精神的组织文化不断提高自身应急能力的重要方式之一，危机学习是应急响应成功的重要因素。[①]危机学习的过程类似于一个戴明环，可以大大提高组织和组织内部人员的应急知识和经验，因此组织与危机、组织学习与危机应对的关系成为近年研究热点。[②③]

开放的组织文化有利于形成组织及成员间的信任关系，继而提高组织的协同和适应性。Drnevich 等人把在灾害响应领域专业人员之间因拥有共同的应急经验而形成的一种信任叫作"Swift Trust"。这种信任表现为一种依赖，是组织内部的一种积极有利氛围。

响应组织有关的信任包括个体响应者与受灾者之间的信任、下级响应者对上级的信任、指挥者对下级的信任、受灾者对政府的信任、相互协作的不同部门之间的彼此信任等等。理论和实证研究表明信任影响组织的危机响应过程。Mishra 指出信任在组织危机响应中发挥着核心作用。在对 33 位工业危机管理者进行采访后，她认为信任包括能力、开放、关心和可靠四层内在含义，并对小组、组织内和跨组织三个层面的信任进行假设研究，认为它们

[①] Deverell E., Hansén D., "Learning from Crises and Major Accidents: From Post-Crisis Fantasy Documents to Actual Learning in the Heat of Crisis," *Journal of Contingencies and Crisis Management* 3 (2009): 143-145.

[②] Drupsteen et al., "Critical Steps in Learning from Incidents: Using Learning Potential in the Process from Reporting an Incident to Accident Prevention," *International Journal of Occupational Safety and Ergonomics* 1 (2013): 63-77.

[③] Lukic D., Margaryan A., Littlejohn A., "How Organizations Learn from Safety Incidents: A Multifaceted Problem," *Journal of Workplace Learning* 7 (2010): 428-450.

在分权决策、准确沟通以及组织内外合作方面有积极作用。① 在对 ICS 组织结构形式的本质特征进行讨论时，威斯康星大学曼迪逊分校教授 Moynihan 指出信任对 ICS 这种严格控制的科层体系模式具有补充作用。②

还有研究者提出以信任为基础进行风险沟通，这说明信任的组织文化与沟通能力是紧密相关的。保罗·斯洛维奇提出的有关信任的"不对称法则"就从反面说明沟通与信任的关系。③ 2011 年日本核事故危机中信息传播与沟通的情况就证明了这一点。在核危机初现阶段，日本政府与民众之间并没有建立流畅的沟通渠道，不仅日本首相对核危机的表态前后不一，而且政府不同部门间的口径也不一致，这就直接导致了民众对政府信心的丧失，其后果就是带来了许多影响灾害处置和危机应对效率的问题。

基于上述文献回顾及分析，本书提出以下假设。

假设 H6a：应急响应组织文化与协调能力紧密相关，组织文化越具有开放创新性，协调能力越高。

假设 H6b：应急响应组织文化与合作能力紧密相关，组织文化越具有开放创新性，合作能力越高。

假设 H6c：应急响应组织文化与沟通能力紧密相关，组织文化越具有开放创新性，沟通能力越高。

五 组织领导与应急响应能力

领导者与组织绩效之间的关系研究在西方行政管理研究中已经比较成

---

① Mishra A. K., "Organizational Responses to Crisis: The Centrality of Trust," in Roderick M. Kramer and Tom Tyler, eds., *Trust in Organizations: Frontiers of Theory and Research*, Newbury Park, CA: Sage, 1996, pp. 261 – 287.

② Moynihan D. P., Member Diversity, Shared Authority and Trust in Crisis Management: The Network Aspects of Incident Command Systems, Paper Prepared for the Public Management Research Conference, University of Arizona, Tucson, October 25 – 27, 2007, http://www.pmranet.org/conferences/AZU2007/ArizonaPapers/Moynihan_ 2007. pdf.

③ 〔美〕保罗·斯洛维奇著《感知的风险、信任与民主》，赵延东、林土垚、冯欣等译，北京出版社，2007，第 359 ~ 365 页。

第四章 应急响应可靠性机理概念模型及研究假设

熟,国外也有一些关于危机领导者的实证研究。[①] 有文章评价了"9·11"和卡特尼娜飓风中的战略领导者(如纽约市市长鲁迪·朱利安尼、美国总统乔治·沃克·布什、路易斯安那州州长凯瑟琳·布兰科、FEMA 的 Michael Brown 局长)灾时的表现。[②] Kapucu 等人还对美国 1950~2009 年数位总统在应急管理和灾害应对中的表现进行了评估。[③]

领导力的研究内容涵盖各个方面:领导力构成、领导力来源、领导力类型、领导者个人特质、领导者的危机意识、领导者的绩效等。以 2013 年 *Journal of Leadership Studies* 一期有关危机领导问题的特刊为例,[④] 文章内容涉及:①有 STEM (即 Science, Technology, Engineering and Math) 专业背景和没有 STEM 专业背景的女性领导者在危机领导中的相似和差异问题;②危机培训材料如何帮助理解领导力;③不同层级领导者对危机的理解差异和需求;④高等教育对提高领导者危机情境理解的作用;⑤危机领导的六项任务;⑥危机中领导者使用社交媒体和网络的情况;等等。这也从侧面印证危机领导力的研究内容广泛。

灾害是具有破坏性的,需要有能力的领导者。[⑤] 这是毋庸置疑的,也被很多实践所证实。就 2005 年美国卡特尼娜飓风而言,Comfort 等人认为领导力低下是飓风灾害演变成人祸的重要原因。[⑥] Lester 和 Krejci 指出,应急管理者完全找不到清晰且最佳的领导模式来满足响应过程中对有力领导的需要,领导力在卡特尼娜飓风响应过程中完全消失不见,[⑦] 无论是在严格的官

[①] Flin R., Yule S., "Leadership for Safety: Industrial Experience," *Quality and Safety in Health Care* S1 (2004): 80-84.

[②] Boin A., Kuipers S., Overdijk W., "Leadership in Times of Crisis: A Framework for Assessment," *International Review of Public Administration* 1 (2013): 79-91.

[③] Kapucu N. *et al.*, "U. S. Presidents and Their Roles in Emergency Management and Disaster Policy 1950-2009," *Risk, Hazards & Crisis in Public Policy* 3 (2011): 1-36.

[④] Moreland J., Ludorf M., Middlebrooks A., "Editors' Notes," *Journal of Leadership Studies* 3 (2011): 5-83.

[⑤] Muffet-Willett S. L., Kruse S. D., "Crisis Leadership: Past Research and Future Directions," *Journal of Business Continuity and Emergency Planning* 3 (2009): 248-258.

[⑥] Comfort L. K., Okada A., "Emergent Leadership in Extreme Events: A Knowledge Commons for Sustainable Communities," *International Review of Public Administration* 1 (2013): 61-77.

[⑦] Lester W., Krejci D., "Business 'not' as Usual: The National Incident Management System, Federalism, and Leadership," *Public Administration Review: Administrative Failure in the Wake of Katrina* 67 (2007): 84-93.

僚形式还是合作的形式中。①②③）因此，卡特尼娜飓风应对最重要的经验教训就是巨灾响应需要强有力的领导者。④

尽管领导力被研究者们一致认为重要，但是不同研究者对危机领导必须具备的核心能力看法有所差异。究竟哪些领导力因素对于重大突发事件的应急响应者和应急响应过程最为关键还需要对已有文献进行回顾、总结和提炼。Muffet-Willett 和 Kruse 识别了危机领导的三个关键特征：了解响应操作和运行、熟悉高压和时间约束下决策以及有沟通愿望。⑤ 有沟通愿望的领导者自然可以促进组织上下和组织内外之间的信息交流和分享。而 James 等人指出危机领导中六个核心能力的实施有助于提高组织变革，而这六种能力分别是在组织中形成信任氛围的能力、培养和创造合作观念的能力、发现组织脆弱性的能力、快速决策能力、勇于行动的能力及危机学习能力。⑥

与之不同的是，Boin 等人则十分重视领导者的危机感知和理解能力。在其著作中他提出了压力之下危机管理者的五项关键任务，即危机意义感知、危机决策制定、意义构建、危机终结和危机学习，而其中首要的是领导者的感知力，也就是能否对事故和灾情进行准确认知的能力，而这又取决于领导者的专业水平和经验。⑦ 西点军校 Hannah 教授等人提出了极端情境下领导行为的研究框架，由后果影响大小/程度、威胁的形

---

① Getha-Taylor H., "Collaborative Governance: Lessons from Katrina," *Public Manager* 3 (2007): 7–11.
② Thompson F., "'Netcentric' Organization," *Public Administration Review* 4 (2006): 619–622.
③ Waugh W. L., Streib G., "Collaboration and Leadership for Effective Emergency Management," *Public Administration Review* 66 (2006): 131–140.
④ Martin R., "Battle-Proven Military Principle for Disaster Leadership," *Fire Engineering* 8 (2007): 69–90.
⑤ Muffet-Willett S. L., Kruse S. D., "Crisis Leadership: Past Research and Future Directions," *Journal of Business Continuity and Emergency Planning* 3 (2009): 248–258.
⑥ James E. H., Wooten L. P., "Leadership as (Un)usual: How to Display Competence in Times of Crisis," *Organizational Dynamics* 2 (2005): 141–152.
⑦ Boin A. et al., *The Politics of Crisis Management: Public Leadership under Pressure*, New York: Cambridge University Press, 2005.

式、后果的可能性、时空位置以及社会心理上的亲近程度五个方面构成。通过探讨这些方面对于领导过程的影响来解释极端情境下诸如关键行动或可靠性组织等问题。他们试图通过这个框架来丰富和形成极端情境下的领导理论。①

Arjen Boin 是荷兰著名的应急管理专家,在危机领导力方面做了大量研究,②③ 他较早分析了现代危机的发展变化或者跨界危机(Transboundary Crises)对领导者提出的新挑战。④ 处于应急指挥体系不同层次的领导者承担的职责不同,灾害的有效应对对不同层级(战略层和操作层)的领导者要求不同,但对危机情境的感知、认识和理解,也就是感知力(Sensemaking),对不同层次领导者来说都是非常重要的。在他看来,无论是卡特尼娜飓风前期还是墨西哥湾溢油事件初期,领导者对于事故的认知都是错误的,严重低估了事态发展并导致应对不足。他还区分了决策层和运行层面的领导者在危机认知和意义构建上的差异,并为缩小二者间的理解差异(Appreciative Gap)提出了宝贵建议。⑤

领导者的感知能力强有助于快速形成对灾害的正确认识,进而有助于确定组织目标或者信息传递与沟通等,其重要性在我国多次事故中也得到印证。青岛中石化输油管道泄漏后,现场指挥长对事故情况没有认真评估,只是简单视其为一般原油泄漏事故,因而做出了一般的响应和处置决策,而这就很大程度上导致了后面爆炸事故的发生。重庆井喷事故中现场指挥长对于是否井口点火的问题迟迟难以做出决断,造成有毒气体持续泄漏约 18 个小时,导致当地居民和牲畜家禽的大量死亡。

---

① Hannah S. T. et al. , "A Framework for Examining Leadership in Extreme Contexts ," *The Leadership Quarterly* 6 (2009): 897 – 919.
② Boin A. , Paul't Hart, "Organising for Effective Emergency Management: Lessons from Research," *Australian Journal of Public Administration* 4 (2012): 357 – 371.
③ Boin A. et al. , " Leadership Style, Crisis Response and Blame Management: The Case of Hurricane Katrina," *Public Administration* 3 (2010): 706 – 723.
④ Boin A. , Paul't H. , " Public Leadership in Times of Crisis: Mission Impossible? " *Public Administration Review* 5 (2003): 544 – 553.
⑤ Boin A. , Renaud C. , "Orchestrating Joint Sensemaking across Government Levels: Challenges and Requiement for Crisis Leadership," *Journal of Leadership Studies* 3 (2013): 41 – 46.

综上，笔者认为领导者能否在响应过程中对组织和响应人员发挥积极作用取决于以下因素：第一，领导者对险情的快速认识和估计，也就是 Boin 提出的感知能力；第二，领导者能否在多重压力下快速决策；第三，领导者能否最大程度地激励响应人员以及组织动员更多救援力量；第四，当救援过程中出现小冲突或者需要外部资源时领导者是否能发挥很好的协调能力来解决这些问题。第五，好的领导者还能够清晰准确地向响应人员传达目标或者提高组织的士气等等。

基于以上分析，本书提出以下假设。

假设 H7a：应急响应组织领导与协调能力紧密相关，组织领导的能力越强，组织应急协调能力越高。

假设 H7b：应急响应组织领导与合作能力紧密相关，组织领导的能力越强，组织应急合作能力越高。

假设 H7c：应急响应组织领导与沟通能力紧密相关，组织领导的能力越强，组织应急沟通能力越高。

本章小结

本章在区分了失灵、可靠、高效三个概念之间的关系基础上指出了从可靠性角度研究应急响应的缘由，并对应急响应可靠性进行了变量定义。结合第三章案例分析的结果并回顾国内外学者有关应急响应效果影响因素研究，进而提出本书研究的概念模型，如图 4-3 所示，也就是非常规突发事件应急响应组织是通过提高组织应急协调能力、合作能力和沟通能力来促进应急响应可靠性程度的，并在此基础上提出了相应的理论假设，如表 4-2 所示。

表 4-2 非常规突发事件应急响应可靠性机理的研究假设汇总

假设	内容
H1	应急响应组织协调能力与应急响应可靠性紧密相关,协调能力越高,组织响应的可靠性越高
H2	应急响应组织合作能力与应急响应可靠性紧密相关,合作能力越高,组织响应的可靠性越高
H3	应急响应组织沟通能力与应急响应可靠性紧密相关,沟通能力越高,组织响应的可靠性越高
H4a	应急响应组织结构与协调能力紧密相关,组织结构越规范,系统协调能力越高

续表

假设	内容
H4b	应急响应组织结构与合作能力紧密相关,组织结构越规范,系统合作能力越高
H4c	应急响应组织结构与沟通能力紧密相关,组织结构越规范,系统沟通能力越高
H5a	应急响应组织的运行机制与协调能力紧密相关,组织运行机制越灵活,协调能力越高
H5b	应急响应组织的运行机制与合作能力紧密相关,组织运行机制越灵活,合作能力越高
H5c	应急响应组织的运行机制与沟通能力紧密相关,组织运行机制越灵活,沟通能力越高
H6a	应急响应组织文化与协调能力紧密相关,组织文化越具有开放创新性,协调能力越高
H6b	应急响应组织文化与合作能力紧密相关,组织文化越具有开放创新性,合作能力越高
H6c	应急响应组织文化与沟通能力紧密相关,组织文化越具有开放创新性,沟通能力越高
H7a	应急响应组织领导与协调能力紧密相关,组织的领导能力越强,组织应急协调能力越高
H7b	应急响应组织领导与合作能力紧密相关,组织的领导能力越强,组织应急合作能力越高
H7c	应急响应组织领导与沟通能力紧密相关,组织的领导能力越强,组织应急沟通能力越高

第五章　应急响应可靠性机理实证研究

要了解非常规突发事件应急响应可靠性机理，除了借助案例分析和理论推理之外，实证研究方法也是必不可少的。除了实验方法外，实证方法的另一个重要构成是问卷调查和统计处理方法，即从提出研究问题开始，从已有的理论出发进行延伸或补充，进而提出新的假设，通过观察、访谈、问卷调查等方法获取数据，通过数据统计处理对假设进行检验进而获得结论。本书拟采取结构方程模型的研究方法，采用问卷调查和访谈方式得到数据。因此本章将围绕问卷设计、数据收集、数据整理、模型构建、模型修正和检验一一展开。

第一节　问卷设计

一　问卷内容

问卷设计最重要的是要明确量表的目的，这是因为不同的目的会使得问卷项目的整体安排、内容和量表的构成有所差异。该研究旨在了解非常规突发事件应急响应可靠性机理，因此问卷设计将紧密围绕可靠性机理的分析框架展开，主要内容包括以下几个方面（见附录2）：

(1) 有关应急响应可靠性影响因素的判断；
(2) 有关应急响应能力的判断；
(3) 有关应急响应可靠性的判断；
(4) 问卷填写人基本信息。

二 问卷设计步骤

在阅读大量国内外文献及前人研究成果、分析多起典型案例响应情况、与部分政府应急工作人员和应急管理研究者进行访谈沟通的基础上,笔者整理出了本书所采用的问卷。

首先,借助数据库检索获取并遴选与主题相近的研究文献,包括应急指挥系统、应急响应评价、高效响应影响因素、高可靠性组织、政府开展应急管理等,逐步发现文献中应急响应结果的影响因素,将相关文献中已经论证的可靠性影响因素和现有研究的成果进行归纳,初步形成调查思路。

其次,对政府应急管理工作人员进行访谈。访谈的基本内容是其部门应急管理工作的现状,特别是重大突发事件应急响应和处置中发现的重要难题和应对措施以及效果。访谈采取在线聊天和电话访谈的形式。

再次,根据上述过程完成初步问卷,征求学术团队的意见。将问卷以电子邮件的形式发给若干位国内外从事应急管理研究的专家和教授,以及笔者所在学术团队的师生们,目的是了解这些研究人员对于问卷设置和质量的宝贵意见,并根据其意见或建议对问卷中存在的若干问题进行修改和完善。

最后,对修改好的调查问卷进行预测试,目的是验证调查问卷中测向设置和问题表述的准确性。预测试的对象包括笔者所在研究团队人员等。预测试的目的在于就问卷中语言的简洁明晰程度、问题的准确性、问题与实际相符程度、题目数量、问题是否具有暗示性等方面进行检验并加以修改。

三 问卷设计的可靠性

问卷设计的可靠性也就是问卷设计的合理性和科学性,关于如何保证问卷的可靠性,学者们有许多不同阐述。

问卷设计包含问卷的理论构思与目的、问卷格式、问卷项目的语句等几个方面。王重鸣提出了问卷设计要注意的事项:一是问卷的内容和子量表构成需依问卷目的而定;二是复杂语句或带有倾向性和引导性的问题需要避免；三是测项表达需要准确清晰、易理解；四是测项问题中的语言和用词要直接和具体，有多重含义或者过于抽象的词语需要避免等等。马庆国也提出了正确设计问卷要遵循几个原则：一是根据研究目标设定问卷问题，二是根据调查对象特点设计问题，三是不设计无法获取诚实答案的问题，四是尽量通过变换问题来了解可能得不到真实回答而又必须了解的数据等。①

对上述提及的要避免或要注意的问题，笔者在问卷设计过程中都加以斟酌和考虑。关于问卷中词语的选择和语句的表达，在参考有关研究原有表达基础上，笔者反复征询了调查对象的意见并加以修改和完善，使问卷的问题在表达上更容易理解，兼顾了问题表述的明确性、客观性要求。

第二节　数据收集

一　样本选择

研究样本需要满足一定条件。在该研究中笔者在选择样本时遵循如下要求：其一，被调查者需要对突发事件应急管理以及应急响应有一定程度的认知或者相关实践经验；其二，被调查者还需要对应急管理体系和应急指挥系统的运行有基本了解，最好是被调查者过去直接参与过突发事件的应急处置和响应活动。因此本研究在进行问卷发放和数据收集时也考虑了被调查者的职业及其他社会属性情况。

为了使样本具有代表性，该研究主要是以政府应急工作人员作为研究对象。国内的调查对象以各级各地政府内部应急办工作人员、有应急管理职责的其他部门工作人员、有应急管理经验的政府部门负责人为主，此外还包括一些该专业领域内的教授或博士研究生。国外的调查对象主要是佛罗里达州十余个地区的政府公共安全管理部门（包括综合的应急管理联络官、专业的消防局和警察部门）。

---

① 马庆国：《管理统计》，科学出版社，2002，第105~115页。

二 样本容量的确定

由于本书计划采用的分析工具是结构方程模型软件 AMOS，因此还需要先确定样本容量的问题。在 SEM 分析中，到底多少个样本最为适当？对于这一问题，学者们有不同的看法。

有些学者采用相关统计的首要规则，也就是每个观测变量至少要有十个样本，或者二十个样本。一般来说 SEM 分析样本数越大越好，这与一般的统计原理相同，但是在 SEM 适配度检验中，如果样本数过大，那么可能导致各适配度指标很差。学者 Schunacker 和 Lomax 的观点或许可以作为参考，他们通过研究发现，大部分的 SEM 研究，其样本数多为 200~500 个，但是在行为及社会科学的研究领域中，有时某些研究采取的样本数会少于 200 个或者大于 500 个。学者 Bentler 和 Chou 的建议也是可以采纳的，他们认为研究的变量如果符合正态或椭圆的分布情况，则每个观测变量有 5 个样本也是可以的，如果是其他的分布，则每个观测变量最好有 10 个以上的样本。在完整的结构方程模型分析中，若是有 15 个观测变量，最好有 75 个样本数，较好的研究样本数是 150 个以上。

King 通过研究发现，如果样本数低于 100 个，那么参数估计结构是不可靠的。Rigdon 认为在 SEM 分析中，样本数至少应该在 150 个以上，若是样本数在 150 个以下，模型估计是不稳定的。Mueller 认为，单纯的 SEM 分析，其样本标准应在 100 个以上，200 个以上更佳，如果用模型观测变量数来分析样本数，则样本数与观测数的比例为 10∶1~15∶1。应用较为广泛的标准是 Gorsuch 的观点，即样本量的大小，应保证测量问项与受访者的比例在 1∶5 以上，最好达到 1∶10。

综合不同学者的观点，有关样本容量我们可以获得如下结论：采用 SEM 方法对数据进行分析时需要考虑的因素有测量项目、观测变量等，在一般情况下不能少于 50 个，但样本数也并非越大越好，一般来说样本容量与观测变量的个数呈正相关，样本容量的增加会导致部分参数的适用性受到限制，所以一般需要对样本容量进行适当控制，其数目保持测量项目的 5 倍到 10 倍就是比较合适的。[1]

---

[1] 张斌：《公共信息对公众信任及行为的影响研究》，博士学位论文，西南交通大学，2010。

三 问卷发放及回收

问卷调查形式一般包括两种：传统的纸质问卷和网络电子问卷。网络方式相对传统纸质问卷而言，成本比较低，速度快，没有地理上的限制。除这些优势之外，一般而言，网络问卷还可以使被调查者在类似的环境下更好地填写问卷，更符合眼下较多人的网络办公或网络依赖的偏好。与此同时，网络问卷也存在一些不足和缺点，首要的就是问卷的回收率不能得到保障，并且问卷的长度也是关键的问题，如果问卷过长可能会影响问卷的效果。有调查显示，网络问卷得到有效结果与其问卷长度的变化趋势是随问卷长度的加长而降低。

由于本研究的调查对象是政府、事业单位、高校等部门工作人员，且问卷的问题在 40 题左右，这些对象大多受过高等教育，也擅长运用计算机网络，因此主要采用网上发放邮件问卷和在线调查问卷相结合的方式。问卷的发放包括邮件、邮寄、网上调查和现场发放四种方法。

国内的调查主要是邮件发送和现场调查。前期工作包括事先联系有关单位/人员，整理出高校应急管理研究者邮件目录，然后开始投递邮件，时间为 2014 年 1 月至 2014 年 3 月底；现场问卷调查是在某行政学院干部培训班进行的，时间是在 2014 年 4 月 15 日到 4 月 25 日。考虑到调查对象的特殊性和方法可行性，国内样本抽样采用便利抽样的方式。实际调查对象来自 A 市应急委、B 省某区应急办工作群、C 市某区应急工作群、D 省地震局、B 省某市地震局、E 省卫生应急管理群，此外还有部分高校从事应急管理研究的教授。

国外的问卷发放之前，先编制佛罗里达州应急管理工作人员名录，包含约 20 个地区的消防、警察和综合协调部门约 900 人的信息。首先根据 IRB 审核要求，先向约 20 个地区的应急管理部门负责人发送邮件，说明调查目的争取获得经其签字的调查同意书，然后针对反馈信息选取这些部门内的人员作为问卷发放对象。第一轮向最终获得的样本框架中的 74 个应急管理人员发去邮件以及一份说明函。在随后两周内每隔五天进行一次填写提醒，根据反馈的情况，针对尚未填写的人员发给其网上调查的链接以及 ID，以保证其填写信息的保密性。为避免少部分人在网络不便的情况下无法回答问题，还针对一部分人邮寄纸质问卷，随问卷附上贺卡、邮资已付的返回信封以及一封说明信，说明信用来强调调查的重要性以期提高其回答问卷的积极性，并承诺被调查者信息的保密性等问题。国外问卷发放和回收的时间是 2014 年 5 月至 2014 年 6 月，抽样方法是随机抽样。

总的来看，在线调查问卷共回收 36 份（国外），电子邮件渠道回收 229 份（国内），现场调查问卷回收 35 份（国内），共回收问卷 300 份。考虑到国外的回收数量较少，数据合并的有效性有待检验，有可能会出现一些问题影响分析结果，因此后文数据分析部分只采用国内回收问卷的数据，国外回收的问卷结果只作为对比和参考，特别是有关响应可靠性影响因素方面的回答。

经过对反馈问卷的仔细检查，发现国内一些问卷填写存在问题，除去这部分不合格的问卷，本次收回的最终有效问卷数为 221 份，有效率为 83.71%。并且样本数量与问题数量的比例接近 5:1，根据前文所述，本书研究样本容量基本达到要求（见表 5-1）。

表 5-1 有效问卷回收情况统计

统计项目 \ 回收方式	有效问卷回收方式统计			回收总数	有效率(%)
	网络调查	邮件调查	现场发放	共计	
国内	0	189	32	221	264	83.71
国外	35	0	0	35	36	97.22

第三节 变量度量及指标选择

一 因变量

在本研究中，应急响应可靠性是因变量，或者称为被解释变量。应急响应可靠性是指应急指挥组织结构在有限的时间和资源限制下完成既定目标任务的能力。可靠性高低直接关系着事故灾难造成的经济损失和人员伤亡多少。对于应急响应可靠性的评价，有多重指标或者方法，比如可以从响应能力范畴或者结构（如前期处置能力、快速评估能力、分级响应能力、应急指挥能力、协调联动能力以及公共沟通能力）[①]来评价应急响应可靠性，在某次应急响应过程不同环节上的能力高低存在差异是极其正常和普遍的；也可以从应急响应活动和过程的安全性、稳定性、持久性、可恢复性等方面进行考察。

这里笔者用上述概念中既定目标任务的完成情况进行应急响应可靠性的度量。一般情况下，应急响应的直接目标就是救人、救物和防止次生或二次灾害。除了这三点，还选择用公众对响应的评价作为补充。因此笔者采用以下4个题目来测量应急响应可靠性，并采用7级李克特量表对其进行判断，从1~7分表示从完全不同意到完全同意。这4个测项依次是：①应急响应活动及时挽救了生命；②应急响应活动及时降低了经济损失；③应急响应活动及时预防了次生或者二次灾害；④应急响应能力和过程获得了公众的积极评价。

二　自变量

（1）组织结构的规范程度

组织结构是组织构成要素及其要素之间的关系。大量有关组织结构的研究都表明正式的、规范化的组织要素及其工作关系是必需的。一般情况下，决定灾时指挥控制的组织结构构成要素及其工作关系需要考虑以下几个因素：首先是组织目标的形成；其次是根据目标需要来确定组织要素的角色和职责；最后是组织要素运行规则，比如组织要素增加或者责权转移时的规范、组织是否具有弹性可扩展的原则。这些都实现规范化后便可以开展救援活动，并予以监督控制。

因此笔者采用以下5个题目来测量组织结构的规范化程度，并采用7

[①] 童星、陶鹏：《论我国应急管理机制的创新——基于源头治理、动态管理、应急处置相结合的理念》，《江海学刊》2013年第2期。

级李克特量表对其进行判断,从 1~7 分表示从完全不同意到完全同意。这 5 个测项依次是:①应急响应组织结构的设立是迅速及时的;②应急响应组织结构是依照任务目标规范地进行设置的;③应急响应组织的任务分工和角色安排是合理且灵活的;④应急响应组织内部各层级工作关系是明确且顺畅的(指挥链清晰);⑤应急响应组织结构具有可扩展性和扁平化特征。

(2) 组织机制的灵活程度

组织运行机制是政府行政管理组织体系在应对突发事件时能够有效运转的机理性制度,是组织如何开展工作的方法。在应急响应组织体系运行过程中各种相关工作机制不可或缺,如决策指挥机制、执行机制、责任机制、检查监督机制和应急联动协调机制等等,这些机制的建立和完善能够有效降低危机和灾害给社会带来的不良后果。现阶段,我国已经初步建立了信息沟通机制、分级负责与响应机制、社会动员机制、应急资源配置与征用机制等与响应阶段密切相关的机制,但是实际操作中仍遇到各种问题,效果自然也不尽如人意。

从特征来看,有研究者指出综合化、系统性、专业性、协同化、规范化是应急管理中机制建设的发展方向,相比较之下发现,这与目前我国提出要建立"统一指挥、反应灵敏、功能齐全、协调有力、运转高效"的应急管理机制的目标是一致的。因此笔者采用以下 6 个题目来测量组织运行机制的完善和灵活性程度,并采用 7 级李克特量表对其进行判断,从 1~7 分表示从完全不同意到完全同意。这 6 个测项依次是:①应急响应组织体系各环节运转时可以实现统一指挥;②应急响应组织能够根据灾情变化和客观需要迅速制定统一的行动方案;③应急响应组织中临时授权和权力转移是规范且可操作的;④应急响应组织中多部门(或工作小组)间通过协调能够顺利开展合作;⑤应急响应组织各部门和成员间信息交流频繁且渠道多元;⑥组织或成员能够创造性地开展救援任务。

(3) 组织文化的创新程度

组织文化是一种能够通过帮助组织成员形成对意义和现实的认识和感知来控制组织行为的社会力量,能够保持组织活力。由于巨灾和极端事件具有突然发生、应对困难的特征，因此有效应对这类事件往往需要大量响应组织和人员，也需要集思广益和创新思维，不同的响应组织和成员应该可以接纳彼此和快速融合，为了解决共同面临的问题还需要充分发挥主观能动性，尝试运用新的解决办法，因此应急响应组织的文化应当是一种具有开放精神和创新性的文化。此外，应急响应组织和成员还应该保持忧患意识，重视隐患并随时关注灾情发展，有浓厚的安全文化和危机意识的组织才能及时避免或有效应对危机。

笔者采用以下5个题目来测量组织文化的创新性，并采用7级李克特量表对其进行判断，从1~7分表示从完全不同意到完全同意。这5个测项依次是：①应急响应组织具有浓厚的忧患意识，安全文化、危机意识强；②应急响应组织具有开放的氛围，愿意与他人或其他组织展开合作；③应急响应组织内部充满信任氛围；④应急响应组织不断地开展危机学习和经验总结；⑤应急响应组织成员具有提高自身危机处置能力的强烈愿望。

（4）组织领导的能力高低

在应急响应的过程中，组织各层级的领导者所具有的职责不完全相同，因此相应的素质要求也不太一样。在组织领导的能力结构和风格类型方面有大量研究，但是究竟什么样的领导类型或模式，具备哪些素质才能成就一个成功的应急领导者呢？有研究者认为"找到这个适合的方式就是应急管理的'Holy Grail'（圣杯、必杀技的意思）"。[①] 对此问题，学术领域尚未有统一的认识，但是有一些一般性因素是大家所认可的，如背景知识和经验、灵活性、合作意愿、激励能力、自信等等。

由于本书的研究对象是应急响应时承担指挥和决策等重要任务的领导者及指挥人员，他们是处于动态过程中的，有关领导者的经验和知识准备、个人特质等不做考虑，因此笔者采用以下6个题目来测量组织领导的能力大小，并采用7级李克特量表对其进行判断，从1~7分表示从

---

① Drabek T. E., Mcentire D. A., "Emergent Phenomena and the Sociology of Disaster: Lessons, Trends and Opportunities from the Research Literature," *Disaster Prevention and Management* 2 (2003): 97-112.

完全不同意到完全同意。这 6 个测项依次是：①应急响应组织的领导者可以正确地进行灾情和态势评估；②应急响应组织的领导者有能力动员和激励响应人员；③应急响应组织的领导者能适应高压和时间限制下的紧急关键决策；④应急响应组织的领导者对协作的态度是积极的；⑤应急响应组织的领导者有不断总结和学习经验的习惯；⑥应急响应组织的领导者能够倾听意见或寻求更好的办法。

三 中介变量

（1）协调能力

目前学界有关协调能力的研究主要集中在政府领导者的协调能力和政府组织的协调能力两个方面，也就是从个人和组织的层面分别讨论。也有研究针对协调的内容展开个人人际关系和工作两个方面的协调能力分析。也有研究认为协调能力包括对混乱的感知能力、调节统筹能力、平衡利益能力、冲突化解能力和表达能力等。总的来说，这些不同理解主要涉及协调对象、协调内容、协调方式和目的等。①

本书中把响应组织、领导和响应者都涵盖在内，因为协调不仅仅是领导者的工作，协调在组织上下及组织内外无处不在。因此笔者采用以下 5 个题目来测量组织的协调能力，并采用 7 级李克特量表对其进行判断，从 1～7 分表示从完全不同意到完全同意。这 5 个测项分别是：①应急响应组织各组成单位都能彼此协调来实现共同目标，或某工作组能够组织不同小组或群组共同参与某项任务；②组织的每个成员都愿意为了实现目标而调整自己的行为，使之与其他成员的行为一致；③应急响应组织能够激励组织成员为实现目标而努力；④应急响应组织能够从外部及时获得救援所需要的各种资源；⑤应急响应组织的领导者或指挥者能够化解多部门或者多人合作时产生的矛盾和冲突。

（2）合作能力

应急合作是两个或者两个以上的响应者或者响应小组为了达到共同的目

---

① 徐婷婷：《应对突发公共事件中政府协调能力研究》，博士学位论文，苏州大学，2013。

标而相互配合与协调来开展活动，以实现互惠结果的行动。应急合作有利于节省资源，因为对于响应各方而言都实现了最小的付出换来最大程度的目标完成。但是应急响应组织之间能否展开合作受目标、合作方式、组织差异、沟通程度以及组织对合作的态度、组织规范、信任等多种因素的影响。合作不只表现在行为层面，还表现在认知、情感、技能等方面，也就是说合作是知、情、意、行的综合。①

因此笔者采用以下6个题目来测量响应组织的合作能力，并采用7级李克特量表对其进行判断，从1~7分表示从完全不同意到完全同意。这6个测项分别是：①不同的部门或小组能够因相同任务目标在一起工作，分享信息和行动细节；②响应组织的领导者或指挥者能够为共同的问题或任务碰面且确保任务被执行；③应急响应组织的成员能够不断确认各自的角色和职责是否被履行并彼此交流；④应急响应组织及其成员能够主动去发现合作者或者发现合作者的优势；⑤应急响应组织的领导者和成员对于合作的态度都是开放的；⑥应急响应组织间的合作形式和合作内容都是多样化的。

（3）沟通能力

研究者认为沟通是任何危机响应组织最重要的工具之一。应急响应过程中的有效沟通能保障公众知情权，能够有效提高应急处置能力，实现应急资源的有效整合，也有助于调动社会力量参与危机应对。危机沟通的意识和信息管理是影响沟通能力的两个主要因素，沟通能力可以从沟通的速度和质量以及沟通是否准确三个方面进行评估。② 危机沟通存在于响应组织的上下层级之间、政府组织与非政府组织和公众之间、参与响应的政府部门之间及其他组织之间等等。

基于以上有关沟通的理解，笔者采用以下7个题目来测量应急响应组织的沟通能力，并采用7级李克特量表对其进行判断，从1~7分表示从完全不同意到完全同意。这7个测项包括：①应急响应组织中灾情信息的报告流

---

① 郑卫东：《幼儿合作行为发展特点及合作能力培养的研究述评》，硕士学位论文，湖南师范大学，2012。
② 张亚军：《政府应急管理的沟通能力建设研究》，硕士学位论文，新疆大学，2012。

程是合规及时的；②组织有能力快速掌握与应对与任务相关的重要信息；③行动计划能够被迅速传达到分散的响应单元及其成员；④组织能及时向公众发布灾情并告知应对措施；⑤组织有能力表达任务内容及资源等各方面的需求；⑥响应成员和响应小组之间的沟通是频繁且渠道多元的；⑦组织的沟通系统必须是可用的或者可以修复的。

第四节 样本描述及变量检验

本节应用SPSS17.0统计数据结果，然后应用AMOS17.0对原始数据进行初步处理，进而对模型中涉及的变量进行分类以及信度和效度的检验。

一 样本人口统计

该部分主要对样本人口统计方面的特征进行研究，这些特征在模型中作为控制变量而存在。人口统计结果见表5-2，由于"您曾参与处置的事件类型"是多选题，因此经过多重响应设计处理后，该题的结果统计见表5-2续：事件类型频率。

表5-2 样本的人口统计结果

问题	选项	频次	百分比(%)
性别	男	153	69.2
	女	68	30.8
年龄	30岁以下	81	36.7
	30~39岁	103	46.6
	40~49岁	27	12.2
	50岁及以上	10	4.5
学历（受教育程度）	博士研究生	67	30.3
	硕士研究生	120	54.3
	本科	31	14.0
	本科以下	3	1.4

续表

问题	选项	频次	百分比(%)
专业背景	理	79	35.7
	工	29	13.1
	农	12	5.4
	医	36	16.3
	人文	24	10.9
	社科	18	8.1
	经管	8	3.6
	其他	15	6.8
相关工作年限	0~1年	76	34.4
	2~4年	67	30.3
	5~9年	58	26.2
	10~14年	18	8.1
	15年及以上	2	0.9

表 5-2 续　事件类型频率

		响应		个案百分比(%)
		N	百分比(%)	
事件类型*	自然灾害	97	24.6	44.3
	事故灾难	70	17.8	32.0
	公共卫生事件	71	18.0	32.4
	社会安全事件	110	27.9	50.2
	无	46	11.7	21.0
总计		394	100.0	179.9

注：值为1时制表的二分组。

（1）性别

从表5-2数据可知，有69.2%的受访者是男性，30.8%的受访者是女性。男性所占比例大大高于女性，这与目前我国公务员队伍中的男女比例状况较为接近。

(2) 年龄

从表5-2数据可知，有36.7%的受访者年龄不到30岁，46.6%的受访者年龄为30~39岁，12.2%的受访者年龄为40~49岁，年龄在50岁及以上的受访者仅占4.5%。受访者中较为年轻的群体约占1/3，其中除了部分新成为公务员的受访者外，部分也是该领域的（博士）研究生。

(3) 受教育程度

从表5-2数据可知，有30.3%的受访者拥有博士研究生学历，54.3%的受访者拥有硕士研究生学历，14.0%的受访者拥有本科学历，仅1.4%的受访者学历在本科以下。

(4) 专业背景

从表5-2数据可知，有35.7%的受访者专业背景是理科，13.1%的受访者拥有工科专业背景，16.3%的受访者拥有医学专业背景，人文、社科、经管以及农学专业背景的受访者人数较少，比例依次是10.9%、8.1%、3.6%和5.4%。

(5) 工作经验时长

从表5-2数据可知，有34.4%的受访者没有相关工作经验或者刚刚接触有关方面的工作，有30.3%的受访者有2~4年的相关工作经验，有26.2%的受访者有5~9年的相关工作经验，而拥有相关工作经验10年及以上的受访者比例较少，共计9%。

(6) 参与过的突发事件类型

因为该题是多选题，且不限定选项，因此各项百分比之和大于100%，从表5-2续中百分比可以看出，受访者中参与处置的事件类型较多的是自然灾害和社会安全两类突发事件，约1/4的受访者都曾参与过。

综上，从该样本的人口统计学特征而言，该样本的结构基本合理，被访者在性别、年龄、学历以及专业背景等方面的分布相对科学，避免样本的单一性。

二 样本变量统计

要弄清被访者对非常规突发事件应急响应可靠性及其影响因素的认知情况需借助 SPSS17.0 对各个研究变量模块的测项进行统计处理，给出各个测项的极大值、极小值、均值和标准差。均值表示受访者对各测项的同意程度，标准差则检查所有受访者是否看法相似或者接近，一般而言，标准差值越小，表示受访者对某测项的看法相似，一致性较高。此外，在使用结构方程模型（SEM）对初始模型进行检验之前，还应对样本数据进行描述性统计分析和正态分布检验，以保证模型中的 λ^2 值不被高估，具体分析结果如表 5-3 所示。

表 5-3 样本描述性统计

潜变量	显变量符号	Minimum	Maximum	Mean	SD
组织结构	$X1$	1	7	4.745	1.020
	$X2$	1	7	4.587	1.001
	$X3$	1	7	5.057	1.030
	$X4$	1	7	4.805	0.926
	$X5$	1	7	5.262	0.964
组织运行机制	$X6$	1	7	5.312	1.103
	$X7$	1	7	4.662	1.042
	$X8$	1	7	4.761	0.973
	$X9$	1	7	5.478	0.915
	$X10$	1	7	4.912	0.990
	$X11$	1	7	4.846	1.030
组织文化	$X12$	1	7	5.061	0.955
	$X13$	1	7	4.736	1.042
	$X14$	1	7	4.970	1.024
	$X15$	1	7	5.113	1.051
	$X16$	1	7	4.846	0.978

续表

潜变量	显变量符号	Minimum	Maximum	Mean	SD
组织领导	$X17$	1	7	5.521	1.103
	$X18$	1	7	4.849	1.039
	$X19$	1	7	5.360	0.875
	$X20$	1	7	4.774	0.960
	$X21$	1	7	5.612	0.951
	$X22$	1	7	4.813	0.977
协调能力	$X23$	1	7	5.472	0.992
	$X24$	1	7	4.613	1.049
	$X25$	1	7	4.956	0.980
	$X26$	1	7	4.841	0.976
	$X27$	1	7	5.675	1.008
合作能力	$X28$	1	7	4.760	1.105
	$X29$	1	7	4.473	0.984
	$X30$	1	7	5.786	1.010
	$X31$	1	7	4.234	1.021
	$X32$	1	7	5.367	1.030
	$X33$	1	7	5.170	0.978
沟通能力	$X34$	1	7	5.430	0.912
	$X35$	1	7	4.884	0.965
	$X36$	1	7	5.316	0.976
	$X37$	1	7	5.024	1.001
	$X38$	1	7	4.576	0.976
	$X39$	1	7	5.147	1.013
	$X40$	1	7	4.312	1.002
应急响应可靠性	$X41$	1	7	5.346	0.994
	$X42$	1	7	4.761	0.913
	$X43$	1	7	4.978	0.976
	$X44$	1	7	5.702	0.830

从以上结果看，各个观测变量 Maximum 都是 7，Minimum 都是 1，表明题项对测试具有一定区分度。另外，上述各观测变量的 Standard Deviation (SD) 都在 1 左右，部分题项上 SD 大于 1，表明被访者在这些问题上的看法存在较大差异。该量表测项总数为 44，样本量为 221 个，样本数量基本

符合 Bentler 和 Chou 提出的标准。① 综合以上结果，该样本满足结构方程模型对于数据样本多元正态分布的要求。

三 模型变量分类

结构方程模型研究所涉及的研究变量有显变量和潜变量两大类。本研究的潜变量包括组织结构、组织运行机制、组织文化、组织领导、协调能力、合作能力、沟通能力及应急响应可靠性 8 个，其中，显变量个数为 44 个，各变量的定义和分类见表 5-4。

表 5-4 研究模型中的变量定义

潜变量	显变量序号	显变量内容
组织结构	X1	组织（应急指挥部/体系）的成立迅速且及时
	X2	组织根据任务目标且有规范地设置工作组
	X3	组织的任务分工和角色安排是规范且合理的
	X4	组织的层级关系明确且指挥链顺畅
	X5	组织结构具有可扩展性和扁平化特征
组织运行机制	X6	组织运转时可以实现统一指挥
	X7	组织能根据灾情变化和需要迅速制定统一的行动方案
	X8	组织临时授权和权力转移是规范且可操作的
	X9	多部门或小组间能通过协调顺利开展合作
	X10	部门和成员间信息交流频繁且渠道多元
	X11	组织或成员能够创造性地开展救援任务
组织文化	X12	组织安全文化浓、危机意识强
	X13	组织具有开放的氛围，愿意与他人或其他组织展开合作
	X14	组织内部充满信任氛围
	X15	组织不断地开展危机学习和经验总结
	X16	组织成员具有提高自身危机处置能力的强烈愿望
组织领导	X17	领导者有能力准确估计和判断灾情变化
	X18	领导者可以充分动员和激励响应人员
	X19	领导者能适应高压和时间限制下的紧急关键决策
	X20	领导者对沟通与协作的态度是积极的
	X21	领导者在灾时能不断总结经验
	X22	指挥人员能主动倾听意见或寻求更好的办法

---

① Bentler & Chou 认为收集到的有效问卷数量应为测量问题数量的 5 倍以上。

续表

潜变量	显变量序号	显变量内容
协调能力	X23	组织各部门能够协调彼此来实现某一目标
	X24	组织成员愿为实现目标而调整自己的行为
	X25	组织能够激励组织成员为实现目标而努力
	X26	组织能够从外部及时获得救援所需要的各种资源
	X27	领导/指挥者能化解多部门/多人合作时产生的矛盾冲突
合作能力	X28	不同部门/小组因任务一起工作并分享信息和资源
	X29	组织指挥者能为共同的问题碰面且确保任务被执行
	X30	组织成员能不断确认各自职责是否被履行并彼此交流
	X31	组织及成员能够主动去发现合作者及其优势
	X32	组织的领导者和成员对于合作的态度都是开放的
	X33	响应组织间的合作形式和合作内容都是多样化的
沟通能力	X34	响应组织中有规范且及时的灾情信息的报告流程
	X35	组织有能力快速掌握和应对与任务相关的重要信息
	X36	行动计划能够被迅速传达到分散的响应单元及其成员
	X37	组织能及时向公众发布灾情并告知应对措施
	X38	组织有能力表达任务内容和资源等各方面的需求
	X39	响应成员和响应小组之间的沟通是频繁的
	X40	组织的沟通系统必须是可用的或者可以修复的
应急响应可靠性	X41	应急响应活动挽救了生命
	X42	应急响应活动降低了经济损失
	X43	应急响应活动预防了次生或者二次灾害
	X44	应急响应能力和过程获得了公众的积极评价

四　变量信度检验

信度也就是可靠性（Reliability），表示测量结果反映出的系统变异的程度。信度分析是测量综合评价体系是否具有一定稳定性和可靠性的一种分析方法，用来检验可观察变量的方差对潜变量的解释程度，一般信度越高代表同一量表内不同问题所测量到的结果受误差的影响越小。

本书利用 SPSS 软件进行信度分析，采用学术界普遍认可的克朗巴哈系数（Cronbach's α）作为评判标准，Cronbach's α 也是反映指标量表的信度分析所常用的内部一致性系数。Cronbach's α 与量表测项数量有关，还受到量表结构层次的影响，因此在社会科学研究中，不存在一个统一且精确的 Cronbach's α 值来判断测量的信度水平，一般来说，Cronbach's α 值通常为 0~1，如果量表总体的 Cronbach's α 值不小于 0.8、量表各维度的 Cronbach's α 值大于 0.7，则意味该量表信度是可以接受的。如表 5-5 所示，从整体检验结果来看，各潜变量的 Cronbach's α 值基本在 0.8 以上，符合校正的项总体相关系数（Corrected Item-Total Correlation）大于 0.35、Cronbach's α 值大于 0.7 的判断标准，[①] 因此该测量量表具有较好的信度，变量间的内部结构一致性比较好。

表 5-5 应急响应可靠性影响因素量表的信度检验 Cronbach's α（$N=221$）

研究变量	变量因子	Corrected Item-Total Correlation	Cronbach's α
组织结构	组织（应急指挥部/体系）的成立迅速且及时	0.772	0.845
	组织根据任务目标且有规范地设置工作组	0.804	
	组织的任务分工和角色安排是规范且合理的	0.815	
	组织的层级关系明确且指挥链顺畅	0.807	
	组织结构具有可扩展性和扁平化特征	0.743	
运行机制	组织运转时可以实现统一指挥	0.789	0.831
	组织能根据灾情变化和需要迅速制定统一行动方案	0.810	
	组织临时授权和权力转移是规范且可操作的	0.723	
	多部门或小组间能通过协调顺利开展合作	0.796	
	部门和成员间信息交流频繁且渠道多元	0.780	
	组织或成员能够创造性地开展救援任务	0.817	
组织文化	组织安全文化浓、危机意识强	0.820	0.833
	组织具有开放的氛围,愿意与他人或其他组织展开合作	0.736	
	组织内部充满信任氛围	0.749	
	组织不断地开展危机学习和经验总结	0.782	
	组织成员具有提高自身危机处置能力的强烈愿望	0.811	

---

① 李怀祖认为 Cronbach's α 值最小为 0.6；林志斌和刘明德认为当 Cronbach's α 值小于 0.35 时是低信度，在 0.35~0.7 是信度尚可，当 Cronbach's α 值大于 0.7 时表示高信度。

续表

研究变量	变量因子	Corrected Item-Total Correlation	Cronbach's α
组织领导	领导者有能力准确估计和判断灾情变化	0.763	0.795
	领导者可以充分动员和激励响应人员	0.773	
	领导者能适应高压和时间限制下的紧急关键决策	0.685	
	领导者对沟通与协作的态度是积极的	0.719	
	领导者在灾时能不断总结经验	0.679	
	指挥人员能主动倾听意见或寻求更好的办法	0.780	
协调能力	组织各部门能够协调彼此来实现某一目标	0.804	0.816
	组织成员愿为实现目标而调整自己的行为	0.779	
	组织能够激励组织成员为实现目标而努力	0.782	
	组织能够从外部及时获得救援所需要的各种资源	0.813	
	领导/指挥者能化解多部门/多人合作时产生的矛盾冲突	0.795	
合作能力	不同部门/小组因任务一起工作并分享信息和资源	0.730	0.802
	组织指挥者能为共同的问题碰面且确保任务被执行	0.779	
	组织成员能不断确认各自职责是否被履行并彼此交流	0.747	
	组织及成员能够主动去发现合作者或其优势	0.800	
	组织的领导者和成员对于合作的态度都是开放的	0.779	
	响应组织间的合作形式和合作内容都是多样化的	0.743	
沟通能力	响应组织中灾情信息的报告流程是合规及时的	0.805	0.814
	组织有能力快速掌握和应对与任务相关的重要信息	0.709	
	行动计划能够被迅速传达到分散的响应单元及成员	0.747	
	组织能及时向公众发布灾情并告知应对措施	0.810	
	组织有能力表达任务内容及资源等各方面的需求	0.789	
	响应成员和响应小组之间的沟通是频繁且多渠道的	0.697	
	组织的沟通系统必须是可用的或者可以修复的	0.783	
响应可靠性	应急响应活动挽救了生命	0.786	0.801
	应急响应活动降低了经济损失	0.774	
	应急响应活动预防了次生或者二次灾害	0.769	
	应急响应能力和过程获得了公众的积极评价	0.784	

五 变量效度检验

效度检验包括内容效度和结构效度两个方面。内容效度（Content Validity）是指测量表中题项对有关内容范围取样的适当性，而结构效度（Construct Validity）又叫作建构效度，是指一个测验实际测到所要测量的理论结构和特质的程度。

首先，本研究中应急响应组织相关的四个因素模块、应急响应能力的三个模块以及应急响应可靠性测量模块都是基于国内外相关研究成果和多案例分析而提出的，并在深度访谈和预测试后做了相应的调整，因此量表的内容效度得到保证。

其次，本研究进一步对量表的结构效度进行了检验。收敛效度是用不同方法去测量同一特质的各量数之间的一致性程度，目的是选择对要解释的潜变量解释程度最大的几个观测变量。模型的拟合指标及评价标准如表 5-6 所示。

表 5-6 验证性因子分析模型的拟合指标及评价标准

指标	绝对拟合指标近似误差指数					简约拟合指标		增值拟合指标		
	χ^2	$\chi^2/d.f.$	GFI	RMR	RMSEA	PNFI	PGFI	NFI	TLI	CFI
评价标准	≥0.05	<3.0	≥0.9	≤0.08	≤0.06	≥0.5	≥0.5	≥0.9	≥0.9	≥0.9

表 5-7 给出了本研究模型中各个测项验证性因子分析模型拟合的效果，从数据可以发现，各子量表 CFA 模型的卡方拟合指数在测量模型中显著性概率大于 0.05，$\chi^2/d.f.$ 的值符合小于 3 的要求，GFI、CFI、NFI、IFI 的值都大于 0.9 的参考值，RMSEA 值也小于 0.06 的参考值。总体来看各测项都接近参考值，该测量模型的拟合效果较好。

表 5-7 模型中各测项验证性因子分析的拟合效果

	χ^2	$\chi^2/d.f.$	GFI	CFI	TLI	NFI	IFI	RMSEA
组织结构	8.112	2.028	0.962	0.984	0.957	0.974	0.958	0.034
运行机制	13.655	2.731	0.977	0.958	0.990	0.920	0.935	0.026
组织文化	8.45	1.679	0.954	0.991	0.985	0.935	0.991	0.035

续表

	χ^2	$\chi^2/d.f.$	GFI	CFI	TLI	NFI	IFI	RMSEA
组织领导	7.064	1.292	0.950	0.981	0.991	0.947	0.995	0.043
协调能力	8.83	1.766	0.934	0.979	0.962	0.951	0.983	0.051
合作能力	13.285	2.657	0.976	0.976	0.975	0.926	0.984	0.046
沟通能力	12.48	2.496	0.965	0.964	0.976	0.943	0.993	0.023
响应可靠性	11.364	1.894	0.994	1.002	1.004	0.984	0.975	0.034
量表总体	956.453	2.253	0.948	0.967	0.974	0.950	1.001	0.054

表 5-8 是各测项的回归参数估计，在各量表中，潜变量对显变量回归系数的临界比都是大于 1.96，标准差大于 0，估计的 R^2 都大于 0.3，因此显变量对于潜变量都具有解释力，不需要删除变量。

表 5-8 模型中各测项验证性因子分析的回归参数估计

变量<—因子	标准化估计值	估计值	标准差	临界比(C.R.)	显著性	R^2
$X1$<—组织结构	0.735	1.000	—	—	—	0.534
$X2$<—组织结构	0.789	1.706	0.140	8.124	0.000	0.567
$X3$<—组织结构	0.837	1.187	0.133	8.786	0.000	0.609
$X4$<—组织结构	0.921	1.067	0.157	9.786	0.000	0.675
$X5$<—组织结构	0.870	1.183	0.132	10.675	0.000	0.589
$X6$<—组织运行机制	0.735	1.000	—	—	—	0.672
$X7$<—组织运行机制	0.789	1.003	0.104	8.006	0.000	0.685
$X8$<—组织运行机制	0.861	1.378	0.113	7.056	0.000	0.691
$X9$<—组织运行机制	0.652	1.295	0.112	8.016	0.000	0.594
$X10$<—组织运行机制	0.764	0.897	0.096	11.513	0.000	0.603
$X11$<—组织运行机制	0.658	0.956	0.089	9.246	0.000	0.670
$X12$<—组织文化	0.713	1.000	—	—	—	0.563
$X13$<—组织文化	0.776	1.067	0.089	8.134	0.000	0.671
$X14$<—组织文化	0.735	0.984	0.078	7.085	0.000	0.680
$X15$<—组织文化	0.698	0.934	0.073	10.320	0.000	0.590
$X16$<—组织文化	0.781	1.056	0.076	8.106	0.000	0.659
$X17$<—组织领导	0.649	1.000	—	—	—	0.543
$X18$<—组织领导	0.780	1.194	0.126	11.089	0.000	0.765
$X19$<—组织领导	0.612	1.052	0.143	7.869	0.000	0.734

续表

变量 <—因子	标准化估计值	估计值	标准差	临界比（C.R.）	显著性	R^2
X20 <—组织领导	0.704	0.983	0.134	7.612	0.000	0.675
X21 <—组织领导	0.624	1.124	0.118	8.304	0.000	0.587
X22 <—组织领导	0.763	1.002	0.147	9.058	0.000	0.589
X23 <—协调能力	0.735	1.000	—	—	—	0.712
X24 <—协调能力	0.772	0.876	0.129	8.609	0.000	0.674
X25 <—协调能力	0.607	0.789	0.103	7.597	0.000	0.669
X26 <—协调能力	0.782	0.869	0.086	8.148	0.000	0.597
X27 <—协调能力	0.685	0.787	0.104	8.330	0.000	0.645
X28 <—合作能力	0.780	1.000	—	—	—	0.638
X29 <—合作能力	0.703	1.076	0.089	6.803	0.000	0.803
X30 <—合作能力	0.754	1.115	0.096	7.724	0.000	0.724
X31 <—合作能力	0.713	1.456	0.106	10.130	0.000	0.733
X32 <—合作能力	0.745	0.875	0.092	6.710	0.000	0.708
X33 <—合作能力	0.712	1.072	0.089	9.803	0.000	0.673
X34 <—沟通能力	0.690	1.000	—	—	—	0.836
X35 <—沟通能力	0.753	0.945	0.095		0.000	0.845
X36 <—沟通能力	0.726	0.921	0.114	6.093	0.000	0.765
X37 <—沟通能力	0.634	1.004	0.087	6.814	0.000	0.870
X38 <—沟通能力	0.722	1.226	0.096	11.130	0.000	0.706
X39 <—沟通能力	0.690	1.378	0.097	6.710	0.000	0.834
X40 <—沟通能力	0.678	0.896	0.093	9.803	0.000	0.768
X41 <—响应可靠性	0.710	1.000	—	—	—	0.547
X42 <—响应可靠性	0.712	0.957	0.124	8.813	0.000	0.432
X43 <—响应可靠性	0.702	0.908	0.131	7.729	0.000	0.497
X44 <—响应可靠性	0.677	1.013	0.116	9.814	0.000	0.641

综合表 5-7 和表 5-8，可以知道各子量表中的变量可以反映出潜变量的含义，因而子量表的收敛效度是合乎要求的。

第五节　模型分析与结果

一　SEM 介绍

结构方程模型（Structural Equation Modeling，SEM）是社会科学研究中

的一种非常优秀与广泛适用的方法，是统计学中一种重要的研究与数据分析的方法，该方法在经济、管理、军事、农业等各个方面都有着广泛的应用。

结构方程模型是一种包含可直接观察的显变量与无法直接观察的潜变量的全面的模型方法，可以对变量建立因果关系并进行估计和检验。因为这种特性 SEM 可以取代传统统计学中的因子分析、多重回归、相关分析等方法，对指标之间的关系及其对总体的作用进行分析。

不同于传统回归分析的是，结构方程分析可以在同一时间内对多个因变量进行处理，并可用于对不同的理论模型进行因子分析。其和探索性因子分析的差别是：我们可在 SEM 里提取因子关系，并检验其与数据的符合程度，并通过 SEM 多组分析观测因子关系变化，以及均值差异性的显著程度。

SEM 可分为测量方程和结构方程，前者用来表述指标和潜变量的外部关系，后者则用于研究潜变量之间的内部关系。

测量方程表示的是指标和潜变量之间的关系，通常写成如下形式：

$$x = A_x \xi + \delta \quad (5-1)$$

$$y = A_y \eta + \varepsilon \quad (5-2)$$

其中，x 代表外生指标组成的向量，y 代表内生指标组成的向量；

A_x 代表外生指标和外生潜变量之间的关系，是外生指标在外生潜变量 ξ 上的因子负荷矩阵；

A_y 代表内生指标和内生潜变量之间的关系，是内生指标在内生潜变量 η 上的因子负荷矩阵；

δ 和 ε 分别代表指标 x 和 y 的误差项。

而结构方程表示的是潜变量之间的关系，通常写成如下形式：

$$\eta = B\eta + \Gamma\xi + \zeta \quad (5-3)$$

其中，η 代表内生潜变量，ξ 代表外生潜变量；

B 代表内生潜变量之间的关系；

Γ 代表外生潜变量对内生潜变量的影响；

ζ 代表结构方程残差。

一般而言，结构方程建模主要有四个步骤。

第一步：模型建构。包括建立测量方程，也就是本书中理论变量及其观测变量之间的关系；建立结构方程，也就是各理论变量之间的相互关系；对因子负荷、因子相关系数等参数进行限制。

第二步：模型拟合。也就是要采用一定方法求出模型的解，最重要的是估计模型的参数。

第三步：模型评价。需要检查模型的解是否恰当，各参数估计值是否在合理范围内，是否与理论假设一致。检查参数显著与否，还要根据各拟合指数对模型进行整体评价。

第四步：模型修正。根据模型评价的结果对测量方程和结构方程进行修改，使模型更符合理论假设也更准确。

二 初始模型的建立

基于第四章第四节概念模型，本节根据 AMOS17.0 构建了初始结构方程模型，如图 5-1 所示。在该初始模型中一共有 8 个潜变量以及 44 个显变量，其中组织结构、运行机制、组织文化和组织领导 4 个潜变量是外生变量，协调能力、合作能力和沟通能力以及应急响应可靠性 4 个潜变量是内生变量。

外生变量（Exogenous Variables）在模型中不受其他变量影响，没有前述原因并作为其他变量的因存在，只起到解释变量作用，值一般都由外部输入，与自变量含义相似。内生变量（Endogenous Variables）是指模型要解释的变量，受模型中其他变量的影响，值一般随其他值而改变，与因变量含义相似。内生变量决定外生变量，外生变量的变化回应其内生变量的变化。

此外，模型中还存在 e1~e44 共 44 个显变量的残余变量，u1~u4 共 4 个潜变量的残差变量，残差变量是为保证模型验证成立而必须引入的，其路径系数默认值是 1。

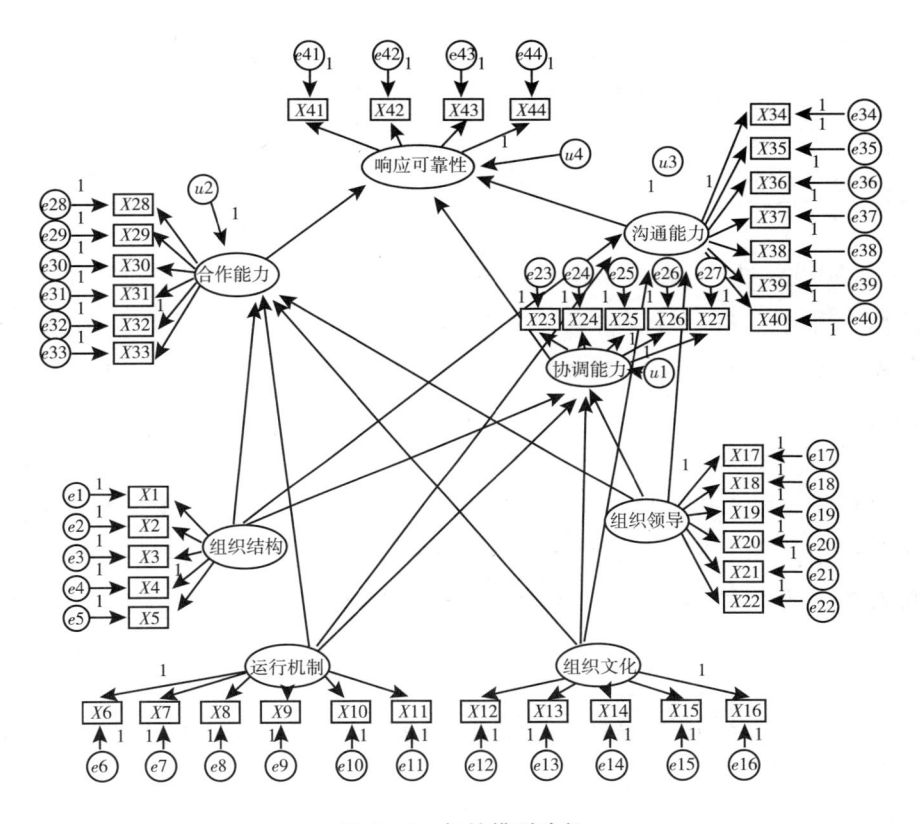

图 5-1 初始模型路径

三 初始模型检验与修正

模型评价的依据是模型的拟合度，也就是说模型输出的各个拟合指标值是否满足要求。整体模型拟合度用来评价模型与数据的拟合程度，主要包括：（1）绝对拟合度；（2）近似误差指数；（3）简约拟合度；（4）增值拟合度。

通过 AMOS17.0 的第一次运算得到该结构方程模型的若干拟合度指标，如表 5-9 所示，与评判标准相比较发现，在自由度为 294 时，χ^2 在 0.05 水平上显著，$\chi^2/d.f.$ 的值为 3.523，高于 3 的参考值，GFI、NFI、TFI、CFI 都小于 0.9，近似误差方根大于 0.06 的参考值。因此总的来说，初始模型拟合度检验结果几乎都达不到评判标准要求，这表明需要对初始模型进行修改。

表 5-9 初始模型拟合度检验结果与评判标准比较

	$\chi^2/d.f.$	GFI	RMR	RMSEA	PNFI	PGFI	NFI	TFI	CFI
评判标准	<3.0	≥0.9	≤0.08	≤0.06	≥0.5	≥0.5	≥0.9	≥0.9	≥0.9
测量模型	3.523	0.745	0.235	0.101	0.510	0.584	0.664	0.608	0.793

AMOS 软件不仅显示了模型的检验结果，还给出了修正指标，如果某变量修改指标较大，则意味着初始模型对这些变量间的关系没有进行设计，这就需要对这些变量的关系进行修改，修改的主要办法是增加残差间的协方差关系。

实际中几乎没有模型只经过一次的运算就可以符合各项检验标准，一来可能是由于初始模型本身存在需改进之处，二来也可能是测量量表的数据偏差。接下来需要对模型进行调整，尽量使各评级指标符合标准。修改模型中增加的残差间的协方差关系和变量间的路径关系如表 5-10 所示。

表 5-10 增加的残差间的协方差关系和变量间的路径关系

增加的协方差量								
e23<-->u1	e28<-->e21	e9<-->e15	e11<-->e27	e27<-->u3	e23<-->e28
e27<-->u1	e29<-->e32	e15<-->u2	e28<-->u1	e11<-->e7	e22<-->e27
e21<-->e3	e4<-->u2	e10<-->e25	e27<-->e16	e11<-->e19	e21<-->e7
e19<-->u2	e43<-->e35	e10<-->e29	e27<-->e11	e4<-->e13	e21<-->e32
e19<-->u1	e9<-->e33	e31<-->e33	e43<-->u2	e11<-->u2	e20<-->e12
e21<-->u2	e16<-->e30	e17<-->e32	e17<-->u2	e27<-->e28	e26<-->u1
e30<-->e21	e19<-->u3	e17<-->e5	e40<-->u1	e41<-->u3	e10<-->e29
e30<-->u2	e17<-->u1	e42<-->e15	e12<-->e17	e16<-->e14	e10<-->e16
e30<-->e23	e17<-->e28	e42<-->e7	e12<-->e15	e16<-->u2	e10<-->e3
e16<-->u3	e17<-->e4	e42<-->e5	e12<-->e6	e16<-->u4	e10<-->e23
e16<-->u1	e24<-->u3	e42<-->u2	e5<-->e22	e44<-->u1	e10<-->e2
e16<-->e32	e16<-->u1	e40<-->e31	e5<-->e10	e5<-->e16	e26<-->u1
e7<-->e12	e4<-->e13	e40<-->e11	e4<-->u3	e9<-->e24	e26<-->e23
e7<-->u1	e8<-->e17	e40<-->u1	e4<-->e25	e9<-->e16	e26<-->e9
e7<-->e26	e8<-->u1	e14<-->u3	e14<-->e15	e9<-->e18	e13<-->e23
e7<-->e8	e8<-->e12	e14<-->e11	e40<-->e19	e9<-->u2	e13<-->e19

续表

增加的协方差量				
e7 < - - > e13	e15 < - - > e33	e11 < - - > e24	e40 < - - > e5	e9 < - - > e27	e13 < - - > u3
e44 < - - > e26	e15 < - - > u2	e11 < - - > e3	e40 < - - > e23	e4 < - - > e19	e11 < - - > e20
e40 < - - > e13	e15 < - - > u1	e11 < - - > u4	e40 < - - > u4	e4 < - - > e27	e13 < - - > e7
e31 < - - > u3	e15 < - - > e26	e10 < - - > e37	e44 < - - > u1	e4 < - - > u1	e24 < - - > e6
e31 < - - > e18	e12 < - - > u1	e3 < - - > e7	e4 < - - > e17	e6 < - - > u2	e24 < - - > e13
e31 < - - > e6	e15 < - - > e31	e3 < - - > e1	e4 < - - > e20	e4 < - - > e31	e24 < - - > u3
e31 < - - > e23	e42 < - - > e5	e3 < - - > u1	e4 < - - > e31	e14 < - - > u1	e24 < - - > e5
e14 < - - > u1	e42 < - - > e23	e3 < - - > e15	e4 < - - > u2	e5 < - - > e30	e1 < - - > u2
e30 < - - > e8	e42 < - - > e15	e1 < - - > e30	e8 < - - > u3	e5 < - - > u1	e1 < - - > e15
e30 < - - > e15	e42 < - - > u2	e1 < - - > e28	e8 < - - > e9	e5 < - - > e32	e1 < - - > e2
e6 < - - > u1	e3 < - - > e6	e1 < - - > e4	e8 < - - > e3	e11 < - - > e1	e1 < - - > e16
e30 < - - > u2	e42 < - - > e15	e15 < - - > e11	e8 < - - > e14	e5 < - - > e17	e1 < - - > u2
e4 < - - > e12	e35 < - - > e5	e6 < - - > u1	e8 < - - > e1	e5 < - - > e11	e1 < - - > e22
e4 < - - > e2	e35 < - - > e19	e15 < - - > e2	e25 < - - > u3	e36 < - - > e21	e1 < - - > u3
e4 < - - > e25	e35 < - - > e3	e34 < - - > e4	e25 < - - > e1	e36 < - - > e2	e1 < - - > e27
e17 < - - > u2	e35 < - - > e16	e34 < - - > e3	e25 < - - > e9	e36 < - - > e4	e1 < - - > e9
e14 < - - > u1	e34 < - - > e12	e18 < - - > e31	e18 < - - > e19	e18 < - - > e36	
添加的路径关系				
组织文化 < - - - > 运行机制			组织文化 < - - - > 组织领导		

四 修正模型评估

SEM 的拟合效果评估标准很多，较理想的评估需要从模型整体拟合情况、基本拟合标准、模型内在结构拟合情况三个方面进行。表 5-11、5-12 显示了修正模型的拟合指标值和效果情况。

表 5-11 修正完成后模型拟合指数结果

统计检验量	适配标准	修正后模型检验结果
自由度($d.f.$)	—	268
绝对适配指数		
卡方(χ^2/Chi-Square)	—	626.586
残差平方根(RMR)	≤0.05	0.031

续表

统计检验量	适配标准	修正后模型检验结果
近似误差平方根(RMSEA)	≤0.08	0.073
拟合优度指数(GFI)	≥0.9	0.921
卡方与自由度之商(Chi-Square/$d.f.$)	<3.0	2.334
增值适配指数		
比较拟合指数(CFI)	≥0.9	0.909
正态拟合优度指数(NFI)	≥0.9	0.914
增值拟合优度指数(IFI)	≥0.9	0.922

从表5–11的检验结果来看，无论是绝对拟合优度指数，还是增值拟合优度指数，结果基本达到可接受的评价标准。

表5–12　修正SEM中测度模型的参数估计

变量<—因子	标准化估计值	估计值	标准差	临界比(C.R.)	显著性
$X1$<—组织结构	0.665	1.000	—	—	
$X2$<—组织结构	0.574	0.977	0.116	6.698	0.000
$X3$<—组织结构	0.667	0.837	0.148	5.658	0.000
$X4$<—组织结构	0.646	1.174	0.160	7.289	0.000
$X5$<—组织结构	0.593	1.011	0.124	6.328	0.000
$X6$<—组织运行机制	0.635	1.000	—	—	
$X7$<—组织运行机制	0.605	1.016	0.120	8.501	0.000
$X8$<—组织运行机制	0.750	0.820	0.076	5.620	0.000
$X9$<—组织运行机制	0.615	0.897	0.098	13.101	0.000
$X10$<—组织运行机制	0.712	1.083	0.110	9.587	0.000
$X11$<—组织运行机制	0.745	0.990	0.108	8.478	0.000
$X12$<—组织文化	0.754	1.000	—	—	
$X13$<—组织文化	0.740	0.921	0.156	7.607	0.000
$X14$<—组织文化	0.736	0.846	0.113	8.464	0.000
$X15$<—组织文化	0.669	1.013	0.147	8.089	0.000
$X16$<—组织文化	0.781	0.970	0.135	15.783	0.000
$X17$<—组织领导	0.737	1.207	0.107	5.620	0.000
$X18$<—组织领导	0.711	0.867	0.108	13.101	0.000
$X19$<—组织领导	0.706	1.047	0.088	9.587	0.000
$X20$<—组织领导	0.694	0.801	0.105	8.478	0.000

续表

变量<—因子	标准化估计值	估计值	标准差	临界比(C.R.)	显著性
X21 <—组织领导	0.640	1.210	0.116	16.108	0.000
X22 <—组织领导	0.801	1.000	—	—	—
X23 <—协调能力	0.912	1.207	0.112	13.101	0.000
X24 <—协调能力	0.784	0.995	0.074	5.620	0.000
X25 <—协调能力	0.792	1.000	—	—	—
X26 <—协调能力	0.811	0.896	0.117	9.587	0.000
X27 <—协调能力	0.718	1.240	0.136	8.478	0.000
X28 <—合作能力	0.740	1.000	—	—	—
X29 <—合作能力	0.902	1.160	0.106	5.690	0.000
X30 <—合作能力	0.823	1.114	0.876	13.308	0.000
X31 <—合作能力	0.867	1.240	0.117	7.457	0.000
X32 <—合作能力	0.684	0.981	0.101	8.478	0.000
X33 <—合作能力	0.753	0.943	0.113	4.690	0.000
X34 <—沟通能力	0.816	1.068	0.124	14.199	0.000
X35 <—沟通能力	0.785	1.172	0.106	7.587	0.000
X36 <—沟通能力	0.771	0.913	0.101	5.408	0.000
X37 <—沟通能力	0.683	1.253	0.120	11.958	0.000
X38 <—沟通能力	0.817	1.108	0.103	5.620	0.000
X39 <—沟通能力	0.765	0.943	0.079	10.331	0.000
X40 <—沟通能力	0.793	1.000	—	—	—
X41 <—响应可靠性	0.689	1.000	—	—	—
X42 <—响应可靠性	0.765	1.106	0.138	7.723	0.000
X43 <—响应可靠性	0.778	1.003	0.108	9.356	0.000
X44 <—响应可靠性	0.705	0.917	0.132	7.587	0.000

测量模型的基本拟合标准有两点：一是测量误差不能为负，二是因子载荷量一般要在 0.5~0.95 且达到显著性水平。从表 5-12 修正的模型参数能看出，所有参数的标准化估计值都在 0.5~0.95，并且临界比（C.R.）都大于 1.96，参数估计值、标准差均大于零，这说明该模型基本符合拟合标准。

由于模型的内在结构拟合检验考察的是该模型中显变量能否准确反映对应的潜变量以及整个理论模型是否成立，根据前面的信度和效度检验结果，该模型的内在结构拟合优度较好。

五 假设检验

修正后的结构方程模型中各潜变量间的路径关系系数的标准化估计值、临界比以及显著性检验结果如表5-13所示，根据该表可判断研究假设的真伪。

表5-13 模型修正后的参数估计

假设	形成路径	路径系数	标准化估计值	C.R.	P
H1	协调能力→应急响应可靠性	β_1	0.320	4.045	0.016
H2	合作能力→应急响应可靠性	β_2	0.453	6.122	0.004
H3	沟通能力→应急响应可靠性	β_3	0.227	7.292	0.000
H4a	组织结构→协调能力	β_{4a}	0.356	2.117	0.000
H4b	组织结构→合作能力	β_{4b}	0.412	3.092	0.003
H4c	组织结构→沟通能力	β_{4c}	0.487	4.252	0.000
H5a	运行机制→协调能力	β_{5a}	0.545	3.051	0.002
H5b	运行机制→合作能力	β_{5b}	0.293	1.052	0.005
H5c	运行机制→沟通能力	β_{5c}	0.272	2.034	0.012
H6a	组织文化→协调能力	β_{6a}	0.302	5.501	0.000
H6b	组织文化→合作能力	β_{6b}	0.284	3.150	0.001
H6c	组织文化→沟通能力	β_{6c}	0.219	2.049	0.000
H7a	组织领导→协调能力	β_{7a}	0.372	3.060	0.000
H7b	组织领导→合作能力	β_{7b}	0.406	5.060	0.002
H7c	组织领导→沟通能力	β_{7c}	0.423	6.073	0.000
H8	组织文化<---->运行机制	β_8	0.830	1.059	0.000
H9	组织文化<---->组织领导	β_9	0.645	3.512	0.000

表5-13给出了标准化的回归系数及其显著性检验结果，第四列是标准化估计值，第五列C.R.是检验统计量（临界比，为T检验的t值），该值如果大于1.96表示达到0.05显著水平，P值是路径关系系数的显著性检验结果，由表5-13我们可以判断研究假设的成立与否。

假设H1验证：据表5-13，应急协调能力与应急响应可靠性之间的路径系数的标准化估计值为0.320，临界比为4.045，大于推荐的标准值1.96，路径系数在0.05水平上显著，这说明协调能力与应急响应可靠性之间密切相关，协调能力的提高有助于提高系统应急响应的可靠性，因此假设 H1 成立。

假设 H2 验证：据表 5-13，应急合作能力与应急响应可靠性之间的路径系数的标准化估计值为 0.453，临界比为 6.122，大于推荐的标准值 1.96，路径系数在 0.05 水平上显著，这说明合作能力与应急响应可靠性之间密切相关，合作能力的提高有助于提高系统应急响应的可靠性，因此假设 H2 成立。

假设 H3 验证：据表 5-13，应急沟通能力与应急响应可靠性之间的路径系数的标准化估计值为 0.227，临界比为 7.292，大于推荐的标准值 1.96，路径系数在 0.05 水平上显著，这说明沟通能力与应急响应可靠性之间密切相关，沟通能力的提高有助于提高系统应急响应的可靠性，因此假设 H3 成立。

假设 H4a 验证：据表 5-13，组织结构与应急协调能力之间的路径系数的标准化估计值为 0.356，临界比为 2.117，大于推荐的标准值 1.96，路径系数在 0.05 水平上显著，这说明组织结构与应急协调能力之间密切相关，组织结构的规范有利于提高应急协调能力，因此假设 H4a 成立。

假设 H4b 验证：据表 5-13，组织结构与应急合作能力之间的路径系数的标准化估计值为 0.412，临界比为 3.092，大于推荐的标准值 1.96，路径系数在 0.05 水平上显著，这说明组织结构与应急合作能力之间密切相关，组织结构的规范有利于提高应急合作能力，因此假设 H4b 成立。

假设 H4c 验证：据表 5-13，组织结构与应急沟通能力之间的路径系数的标准化估计值为 0.487，临界比为 4.252，大于推荐的标准值 1.96，路径系数在 0.05 水平上显著，这说明组织结构与应急沟通能力之间密切相关，组织结构的规范有利于提高应急沟通能力，因此假设 H4c 成立。

假设 H5a 验证：据表 5-13，组织运行机制与应急协调能力之间的路径系数的标准化估计值为 0.545，临界比为 3.051，大于推荐的标准值 1.96，路径系数在 0.05 水平上显著，这说明组织运行机制与应急协调能力之间密切相关，组织运行机制的规范有利于提高应急协调能力，因此假设 H5a 成立。

假设 H5b 验证：据表 5-13，组织运行机制与应急合作能力之间的路径系数的标准化估计值为 0.293，临界比为 1.052，大于推荐的标准值 1.96，路径系数在 0.05 水平上显著，这说明组织运行机制与应急合作能力之间密切相关，组织运行机制的规范有利于提高应急合作能力，因此假设 H5b 成立。

假设 H5c 验证：据表 5-13，组织运行机制与应急沟通能力之间的路径系数的标准化估计值为 0.272，临界比为 2.034，大于推荐的标准值 1.96，路径系数在 0.05 水平上显著，这说明组织运行机制与应急沟通能力之间密切相关，组织运行机制的规范有利于提高应急沟通能力，因此假设 H5c 成立。

假设 H6a 验证：据表 5-13，组织文化与应急协调能力之间的路径系数的标准化估计值为 0.302，临界比为 5.501，大于推荐的标准值 1.96，路径系数在 0.05 水平上显著，这说明组织文化与应急协调能力之间密切相关，组织文化的规范有利于提高应急协调能力，因此假设 H6a 成立。

假设 H6b 验证：据表 5-13，组织文化与应急合作能力之间的路径系数的标准化估计值为 0.284，临界比为 3.150，大于推荐的标准值 1.96，路径系数在 0.05 水平上显著，这说明组织文化与应急合作能力之间密切相关，组织文化越具有创新性，越有利于提高应急合作能力，因此假设 H6b 成立。

假设 H6c 验证：据表 5-13，组织文化与应急沟通能力之间的路径系数的标准化估计值为 0.219，临界比为 2.049，大于推荐的标准值 1.96，路径系数在 0.05 水平上显著，这说明组织文化与应急沟通能力之间密切相关，组织文化越具有创新性，越有利于提高应急沟通能力，因此假设 H6c 成立。

假设 H7a 验证：据表 5-13，组织领导与应急协调能力之间的路径系数的标准化估计值为 0.372，临界比为 3.060，大于推荐的标准值 1.96，路径系数在 0.05 水平上显著，这说明组织领导与应急协调能力之间密切相关，组织领导越有能力，越有利于提高应急协调能力，因此假设 H7a 成立。

假设 H7b 验证：据表 5-13，组织领导与应急合作能力之间的路径系数的标准化估计值为 0.406，临界比为 5.060，大于推荐的标准值 1.96，路径系数在 0.05 水平上显著，这说明组织领导与应急合作能力之间密切相关，组织领导越有能力，越有利于提高应急合作能力，因此假设 H7b 成立。

假设 H7c 验证：据表 5-13，组织领导与应急沟通能力之间的路径系数的标准化估计值为 0.423，临界比为 6.073，大于推荐的标准值 1.96，路径系数在 0.05 水平上显著，这说明组织领导与应急沟通能力之间密切相关，组织领导越有能力，越有利于提高应急沟通能力，因此假设 H7c 成立。

除了最初的假设之外，在对模型进行修正后笔者添加了两条新的路径，分别是组织文化和运行机制、组织文化和组织领导之间的双向路径。前者路径系数是 0.830，临界比是 1.059，大于推荐值 1.96，路径系数在 0.05 水平上显著，这说明组织文化和运行机制之间具有相关性。后者路径系数是 0.645，临界比是 3.512，大于推荐值 1.96，路径系数在 0.05 水平上显著，这说明组织文化和组织领导之间具有相关性。

第六节 结果及讨论

一 响应可靠性机理与形成路径

根据结构方程模型方法对与应急响应组织相关的主要因素与应急响应可靠性二者作用关系的路径进行分析，结果表明：应急响应的组织结构、组织运行机制、组织文化和组织领导对应急响应可靠性的影响是通过协调能力、合作能力和沟通能力三个中介变量作用产生的。应急响应可靠性的形成机理见图 5-2。此外，应急响应组织的有关因素之间也存在相关性，即组织运行机制和组织文化间、组织领导和组织文化间相互影响，具有相关性。

根据图 5-2 可知，应急响应组织相关因素对应急响应可靠性的作用路径有 12 条，分别是：组织结构→合作能力→应急响应可靠性、组织结构→协调能力→应急响应可靠性、组织结构→沟通能力→应急响应可靠性、组织运行机制→合作能力→应急响应可靠性、组织运行机制→协调能力→应急

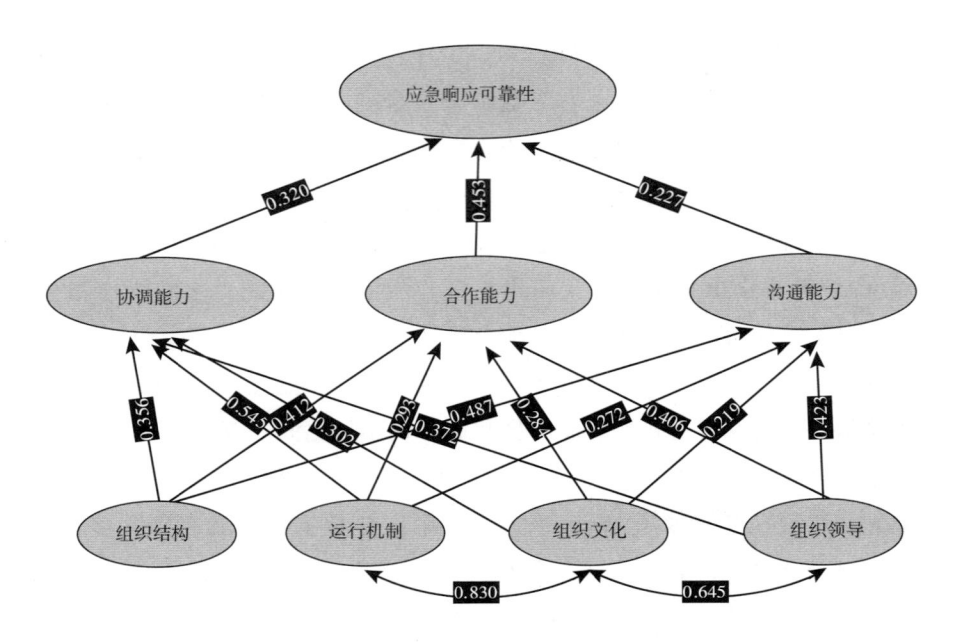

图 5-2 非常规突发事件应急响应可靠性机理的形成路径

响应可靠性、组织运行机制→沟通能力→应急响应可靠性、组织文化→合作能力→应急响应可靠性、组织文化→协调能力→应急响应可靠性、组织文化→沟通能力→应急响应可靠性、组织领导→合作能力→应急响应可靠性、组织领导→协调能力→应急响应可靠性、组织领导→沟通能力→应急响应可靠性。

此外还可以通过提高应急响应组织运行机制的灵活性来促进应急响应组织文化氛围的创新性，进而提高应急响应可靠性；通过提高应急响应组织文化的创新性来影响组织领导能力的发挥，进而提高应急响应可靠性。

二 结果分析

（1）提高应急响应可靠性的关键是提高响应组织的合作能力

表 5-13 显示应急响应组织系统的合作能力到应急响应可靠性之间的路径系数标准化估计值为 0.453，应急响应组织系统的协调能力到应急

响应可靠性之间的路径系数标准化估计值为 0.320，应急响应组织系统的沟通能力到应急响应可靠性之间的路径系数标准化估计值为 0.227。这意味着，提高应急响应可靠性的关键在于提高响应组织内外及组织间的合作能力。应急响应网络由不同层级的多个职能部门及成员构成，本身就需要分工合作，而未来的危机更加充满不确定性，合作成为危机有效应对的内在要求。但是应急响应组织之间能否展开合作受组织目标、合作方式、沟通程度以及组织对合作的态度、组织规范、信任等多种因素的影响。从 SEM 结构分析的结果来看，提高组织的合作能力同样可以通过完善组织结构、组织运行机制、组织文化和提高组织领导能力四个方面来实现。同时，加强以下方面的工作也有利于提高组织间合作能力继而提高应急响应的可靠性：不同部门一起工作并分享信息和资源、指挥者为共同的问题碰面且确保任务被执行、组织成员不断确认各自职责是否被履行并彼此交流、组织及成员主动去发现合作者或其优势、组织的领导者和成员对于合作持有开放态度等。

（2）提高组织间协调能力也是提高应急响应可靠性的有力途径

表 5 – 13 结果还表明，组织间的协调也是提高应急响应可靠性的有力途径。协调能力是指依据工作任务对资源进行分配进而实现目标的能力。社会交换理论认为协调是获得有效灾害响应的重要因素，上述研究结果也印证了这一点。危机情境下协调能消除行动和活动中的空白和重复，有助于角色安排和职责分工、建立信息共享框架、合作与共同规划等等。尽管如此，灾害应对时组织间的协调却不容易实现，这是因为资源是有限的，为了竞争应急物资，组织在是否要协调救援任务和分享资源的问题上犹豫不决，并且响应组织的差异性和复杂性也增加了组织协调的难度。究竟如何提高组织及组织间的协调能力，组织内的领导者不仅需要能够从外部及时获取有效资源，同时还要能够激励组织成员为实现救援目标而不断调整自己的行为。当多个组织在沟通和合作过程中出现冲突时，领导也需要能够有能力化解这些矛盾。

（3）提高组织响应可靠性还需要不断提高组织内外的沟通能力

尽管合作和协调能力显得尤为关键，但是也离不开有效沟通，良好的沟通能够增强组织和部门间协调与合作。这里的沟通不仅仅指针对公众的风险沟通或者说危机沟通。在此，就响应可靠性的目标而言，更加重要的是响应组织间的信息交流和共享。沟通是响应组织围绕救援目标，通过各种信号、媒介和途径有目标地进行信息和看法交流的信息传递行为，需要实现响应组织内外的有机整合。

改善应急响应组织在危机时的沟通情况，不仅需要完善响应组织中灾情信息报告流程，使组织快速获取和掌握与灾情和任务有关的关键信息，同时组织还需要有能力表达任务需求和资源需求，需要把响应任务快速直接地传递到分散的响应单元和组织成员中，最后组织要及时向公众发布灾情、告知应对措施并保障组织沟通的渠道畅通。此外，提高响应组织的沟通能力还可以从提高应急响应组织结构的规范性、应急响应运行机制的灵活性、应急响应组织文化的开放和创新性以及响应组织领导能力四个方面着手。

本章小节

本章首先从问卷设计、数据收集等步骤对研究设计和方法进行了介绍，并对样本数据进行了描述统计分析，根据数据初步统计结果指出了数据的有效性。运用结构方程模型的研究方法对非常规突发事件应急响应可靠性机理及其形成路径进行了分析，结果表明：应急指挥组织的组织结构、运行机制、组织文化和组织领导四个因素通过应急响应协调能力、合作能力和沟通能力三个中介变量作用来影响应急响应可靠性。同时组织运行机制和组织文化、组织文化和组织领导两组因素之间也存在相关性，彼此作用也能够提高应急响应的可靠性。

研究还表明：通过提高组织结构的规范化程度、完善组织运行机制、培育开放且具有创新性的组织文化、提高组织领导的处置能力等途径可以提高灾时应急响应可靠性。有关研究假设的检验结果见表 5 – 14。

表 5-14 非常规突发事件应急响应可靠性机理研究假设的检验结果

假设	内容	检验结果
H1	响应组织协调能力与应急响应可靠性紧密相关,协调能力越高,组织响应的可靠性越高	成立
H2	响应组织合作能力与应急响应可靠性紧密相关,合作能力越高,组织响应的可靠性越高	成立
H3	响应组织沟通能力与应急响应可靠性紧密相关,沟通能力越高,组织响应的可靠性越高	成立
H4a	响应组织结构与协调能力紧密相关,组织结构越规范,系统协调能力越高	成立
H4b	响应组织结构与合作能力紧密相关,组织结构越规范,系统合作能力越高	成立
H4c	响应组织结构与沟通能力紧密相关,组织结构越规范,系统沟通能力越高	成立
H5a	响应机制与协调能力紧密相关,运行机制越灵活,系统协调能力越高	成立
H5b	响应机制与合作能力紧密相关,运行机制越灵活,系统合作能力越高	成立
H5c	响应机制与沟通能力紧密相关,运行机制越灵活,系统沟通能力越高	成立
H6a	应急响应组织文化与协调能力紧密相关,组织文化越具有开放创新性,协调能力越高	成立
H6b	应急响应组织文化与合作能力紧密相关,组织文化越具有开放创新性,合作能力越高	成立
H6c	应急响应组织文化与沟通能力紧密相关,组织文化越具有开放创新性,沟通能力越高	成立
H7a	响应组织领导与协调能力紧密相关,领导能力越强,系统协调能力越高	成立
H7b	响应组织领导与合作能力紧密相关,领导能力越强,系统合作能力越高	成立
H7c	响应组织领导与沟通能力紧密相关,领导能力越强,系统沟通能力越高	成立

第六章 应急响应可靠性提升策略研究

认识到响应失灵向响应可靠转化的可能性并且构建了响应可靠性机理的概念模型之后，还需要从政策和管理的视角全盘考虑如何化解响应失灵进而实现提升应急响应可靠性的根本目的。本章将在前一章研究基础上提出当前提高我国非常规突发事件应急响应可靠性的基本思路和具体建议。

第一节 应急响应可靠性提升的基本思路

第五章实证研究的结果表明，提高应急响应可靠性需要提高应急响应组织的协调能力、沟通能力和合作能力。而响应可靠性机理的 SEM 路径图表明：提高协调能力、沟通能力和合作能力的途径有多种，简单讲就是提高应急响应组织结构的规范性、增强组织运行机制的灵活性和完善程度、培育开放有利且具有创新精神的组织文化以及提高组织领导的处置能力。

图 3-8 说明应急响应组织结构的规范性与应急响应组织运行机制的灵活性关系密切，现实中正是二者的不完善才造成了各种应急响应失灵现象。有关研究结论也与目前研究领域很多学者的看法一致，在此一并阐述。我国应急管理体系建设步入了一个瓶颈阶段，学者对目前的应急管理体系进行了反思，认为在其理念、体制、机制以及工具选择上都要进行顶层设计和模式重构。南京大学童星和陶鹏承认尽管近些年"我国应急管理机制建设步伐加快并取得了显著成果，但是相关的核心管理机制的设计和执行困境也阻滞

了应急管理绩效的提升"。① 涉及体制问题时，有人指出，"要建立一个更具权威的组织机构将应急管理宏观决策方面的工作予以统筹"，成立类似"国安委""国家应急委"等。当然，这一想法随着2014年1月国安委的成立以及2018年3月应急管理部的成立也部分得以实现，在中央和地方的关系上研究者认为要坚持以地方为主发挥其主要作用，在地方政府之间关系上呼吁要创新应急联动机制。② 原国务委员马凯在2008年省部级领导干部"突发事件应急管理"专题研讨班结业式讲话中提到："我国的应急管理工作与有效应对复杂多变的公共安全形势还不适应，与经济社会快速发展的形势还不适应，……应急管理体制、机制和法制建设有待加强。"③

第三章案例分析的结论之一是：各种应急响应失灵现象根本上是现阶段应急管理体制和机制的不完善造成的，这一问题在访谈中也多次被提及。结合实证分析和访谈总结，本书认为要化解当前应急响应过程中的种种失灵现象进而实现应急响应的可靠性，基本思路如下：①根本上是要建立兼具规范性和灵活性的应急响应体制和机制；②不断培育具有开放精神和创新性的组织文化作为保障；③还要以提高应急响应领导者应急处置能力为重要前提；④最后是从重视应急响应到重视应急准备的应急管理范式转变迫在眉睫。

第二节　建立兼具规范性和灵活性的应急响应体制和机制

文献研究部分通过追溯ICS的起源和发展，发现ICS在其发展过程中一度非常重视规范性和程序化，而忽略了灵活性、创造性等因素。从萌芽到规范化推广再到强调即兴和灵活性，不同时期内ICS被运用于各种重大灾害和事故响应中，既获得了实践领域的一片赞誉，也遭到研究领域的质疑。这种争议和质疑的焦点或者根源一定程度上归结于学者们对于

---

① 童星、陶鹏：《论我国应急管理机制的创新——基于源头治理、动态管理、应急处置相结合的理念》，《江海学刊》2013年第2期。
② 薛澜、刘冰：《应急管理体系新挑战及其顶层设计》，《国家行政学院学报》2013年第1期。
③ 马凯同志在省部级领导干部"突发事件应急管理"专题研讨班结业式上的讲话——《落实科学发展观，推进应急管理工作》，http://www.hdpa.gov.cn/html/3061/66573.html。

ICS这个应急响应组织结构形式或特点的本质认识差异。批评者大多视重视指挥和控制的ICS为具有典型官僚特征的组织结构,并把运用ICS应对重大突发事件时在沟通、协调与合作等方面出现的问题归结于官僚科层体系与生俱来的弊端。相反,少数支持者则认为ICS并非彻底是官僚的、机械的,而是"有机的",因为在其原则中就有灵活性的内涵,如模块化组织等;有研究者认为ICS本身就具有一些可以引起灵活性的因素,管理者认为实践中出现的各种问题或效果不佳的原因只是执行的偏差或者人的因素。

有关其本质特点的讨论还在继续,但是我国学者对此没有过多深究,而是提出要建立"一套符合中国国情的标准化与灵活性相统一的应急指挥体系",或者提出"综合化"的概念,认为"综合化"是"应急管理体制的重要特征,兼容标准化与灵活性;既避免多元应急主体对统一指挥系统的销蚀和支解,又避免集权下的规则僵化和响应迟缓"。①

不可否认"规范性"与"灵活性"对于应急响应过程和结果而言都是至关重要的,但是究竟二者之间存在什么关系,是否可兼顾,在实践中又如何统一?这些问题在目前的研究中还没有阐述。本节将围绕应急指挥体系思考并试图回答几个问题:二者之间是什么关系?兼具"规范性"和"灵活性"何以可能?先"标准化"再"灵活性"还是同步发展、一步到位?

一 规范性和灵活性的关系探讨

在2005年4月美国国际危机响应与管理信息系统(Information Systems for Crisis Response and Management, ISCRAM)会议上,John R. Harrald教授就做过"Supporting Agility and Discipline When Preparing for and Responding to Extreme Events"的主题发言,他在发言中指出,"灵活性和规范性是成功的应急管理必不可少的两个因素"。在Harrald看来,这两者并不是对立的、

---

① 王柳:《应急管理标准化与灵活性兼容体制的探索——基于省级政府的研究》,《学术论坛》2012年第5期。

矛盾的。他指出，后"9·11"时期美国国家应急体系的发展几乎专门在发展一个严格封闭的组织体系以应对各种威胁和突发事件，而这种结构化多过创造性的发展带来了官僚的程序化的响应，故而美国国家应急体系在大规模突发事件中的应对能力也受到质疑。

在其研究中，他引用 Barry Boehm 和 Richard Turner 的 *Balancing Agility and Discipline: A Guide for the Perplexed* 一书中的内容来阐述超大软件工程项目如何保持其队伍的灵活性和规范性来实现超大系统的建立。韦伯把"规范性"定义为"自我控制，有序行动，接受或者遵循权威和控制"等，Harrald 把"灵活性"定义为"有能力快速灵敏和积极地变化和转移"。Boehm 和 Turner 认为"规范性是任何成功努力的基础，规范性创造好的组织经历、历史和经验"，而"灵活性是规范性的另一面"。① 规范性增加的环节，灵活性就有所释放，灵活性可以把响应经验用于调整和适应新环境，来充分利用一些意料之外的机会。因此 Harrald 把灵活性和规范性作为划分应急响应组织类型的维度依据。他还指出，即使是 ICS 发展看似成熟的美国，也并不是所有的应急组织都是兼具规范性和灵活性的，比如 2004 年印尼海啸应对中一些国际救援组织就表现了较大的灵活性但是组织明显缺乏规范，因此很难实现大规模组织的合作与持续工作；与此相反，2005 年卡特尼娜飓风响应中，美国国土安全部就表现了明显的官僚体制弊端和惰性，组织很难灵活适应灾情变化和实际需要。②

据 Harrald 教授对于应急响应组织的划分，至少存在四种类型或者四种灵活性和规范性程度不同的组织，而我国学者提出的"综合性"或"兼顾标准化和灵活性"的应急指挥组织体系显然属于在规范程度和灵活性两个维度上都较为理想的。但是纵览大量事故和灾害的响应，笔者发现两个不能回避的事实。

其一，应急响应体系标准化欠缺。有关应急指挥体系，学者认为其标准

---

① Boehm B., Turner R., *Balancing Agility and Discipline: A Guide for the Perplexed*, Boston, MA: Addison-Wesley, Peaeson Education, 2004, pp. 1 – 2.
② Harrald J. R., "Agility and Discipline: Critical Success Factors for Disaster Response," *The Annals of the American Academy of Political and Social Science* 1 (2006): 256 – 272.

化、规范化和程序化程度还有待提高。如不同层级政府指挥部组织架构存在较大差异，应急指挥部设立尚不规范，工作组的分工和工作程序缺乏严谨性，组织团队优势发挥不够，上下级指挥部之间的关系尚未理顺。这些问题不仅出现在本节所选案例中，在其他类型突发事件的应急响应中也同样存在。

  我国《突发事件应对法》第一章第八条规定的是突发事件应急指挥的原则，但是还不够具体。规定只是提出不同层级政府应当成立与之级别相匹配的应急指挥机构负责突发事件的应对工作。但是对于什么时间、什么条件下成立，成立后的工作关系等都没有更细致的规定。《国家突发公共事件总体应急预案》第二章和第三章分别规定的是组织体系和运行机制。组织体系中简要指出了领导机构、办事机构、工作机构、地方机构和专家的职责范围。运行机制部分按照预测与预警、应急处置、恢复与重建、信息发布四个环节做了简单规定。有关处置环节，分信息报告、先期处置、应急响应和应急结束四个步骤进行说明，但内容简单，不够详细。因此在应急处置时，各部门之间、地方之间、行业之间、上下级之间以及军地之间在应急指挥的术语、标示、通信、信息交互、组织设置和运行机制方面不完全相同，对于指挥权的转移也没有做相关规定，临时授权也无依据，造成了执行困难和响应失灵。

  其二，应急响应工作机制灵活性不够。尽管我国在有关应急管理的各阶段都规定了不同的工作机制，但是这些机制的实际运用怎样、效果如何都还是未知数。某种程度上机制是为体制服务的，在体制不健全的今天更需要充分发挥机制的重要促进作用。组织理论的研究者一直在关注非常态下组织设计的问题，灵活性、适应性等一直是国外研究者所重视和强调的。灵活性体现为一种积极状态下的即兴。也就是说应急响应组织或者响应者个人在某些临时性的情境中为了实现应急响应目标，创造性地利用先有一切可利用的资源所做的行为的总和。灵活性要求组织或者响应者个人非常熟悉现有的有关事件情境的认知资源和情感资源、有关灾害响应的人力和物质资源等等。

  我国幅员辽阔，突发事件的类别较多，各类事故灾难遍布各大城市和广大农村，各地行政体制和管理上也有不同，各城市在应急和救灾方面的经验也不完全一样，为此各地在应急响应时需要结合历史和现实特点，在应急响应过程中充分发挥主观能动性和灵活性。从案例分析过程发现这种灵活性不足体现在应急响应的各个环节中，如应急决策过程、应急指挥组织结构调整过程、应急响应各部门协调与合作过程中信息报告和发布等。

从目前来看，尽管应急指挥体系的内容有所规定，但在实际运用中有很大差异，不同省份、地区、城市的应急响应能力和水平都不同，不同灾害的应急响应组织体系和响应能力也有差异，因此图3-8中前三种应急响应失灵模式在实践中都不同程度地存在。要实现应急响应失灵到可靠的转变，也就是发展成图3-8中模式Ⅳ这种可以实现可靠性的应急响应组织，无疑需要其在规范性和灵活性两个维度上都有所提高，因此本书认为要提高应急响应可靠性首要的一点是要建立规范化的突发事件现场应急指挥体系，同时在机制层面上进行灵活性因素的制度设计。

二 突发事件现场应急指挥体系规范化的思考与建议

尽管国家行政学院宋劲松呼吁"建立标准化的应急指挥体系"；清华大学薛澜、马奔和王郅强提出要"加强突发事件初期应急现场指挥的力度和责任"，"构建多部门综合协调与处置的应急现场指挥机制"。但总的来说，这些建议尚属宏观层面，对于标准如何设立、如何兼顾规范性和灵活性都没有详细阐述和设计。

第一，标准从何而来，借鉴抑或自创？这可能是最先需要回答的问题，建立标准和设定规范需要有一定基础。目前国内研究者似乎都认为我们需要借鉴美国通用的标准和做法，但是，多大程度上借鉴？借鉴什么？还是说我们充分考虑自身行政体制特点与应急管理发展实际，进行具有中国特色的应急指挥系统创新？

第二，何为标准，某类灾害/事件模式抑或某省模式？从目前的情况出发，似乎是地震灾害中的应急指挥体系发展较为成熟，这一点从现有研究成果中可以发现，并且媒体有关地震中应急指挥体系的报道也有所增加，其他类别的事故灾害、公共安全事件或者公共卫生事件中有关信息则比较不透明。我们还可以发现，各地应急管理发展水平不同，国内少数大城市如上海、北京等地在实践上走在了前面。如果效仿美国的做法，把从森林消防部门发展而来的 ICS 推广至其他各类灾害或事件的指挥响应过程中，我国是否需要把地震应急响应中的指挥体系及运行原则予以完善并规范化进而加以推广？还是有其他的选择？抑或把某省、某地经验（如"广东模式"）推广至其他地区？但是无论是某灾害应对模式还是某省模式都需要考虑不同灾害事件类型的特点和其他各省存在的差异。

第三，推广模式是自上而下还是自下而上？一旦标准设定，是先选择一定区域省份试点，确认其效果之后再全国性推广，还是由国务院完善好相关标准再自上而下予以推行？推行后的相关培训内容如何编写？具体的培训如何实施？

一旦明确了上述问题后就可以开始组织草拟具体的应急指挥体系的规范性文件，内容包括组织结构、职能、构成部分及人员、职责与分工、行动计划和方案、指挥关系和指挥链、活动原则等等。具体内容比较国内某地震中现场指挥部的组成及其上级指挥部构成与美国标准化 ICS 的组织结构就可略知一二（见图 6-1、图 6-2），本书认为这里可以借鉴美国 ICS 的组织结构进行规范化尝试。

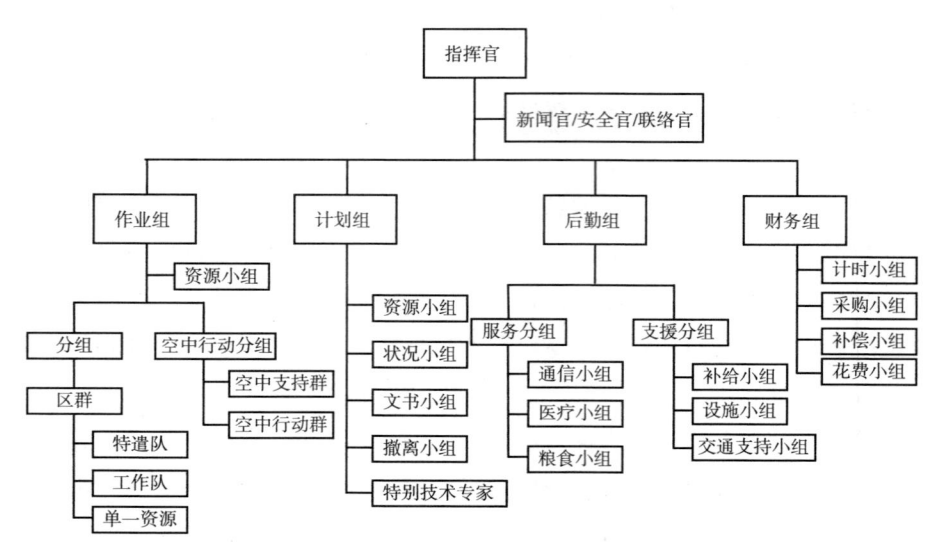

图 6-1 美国 ICS 组织结构

第六章 应急响应可靠性提升策略研究

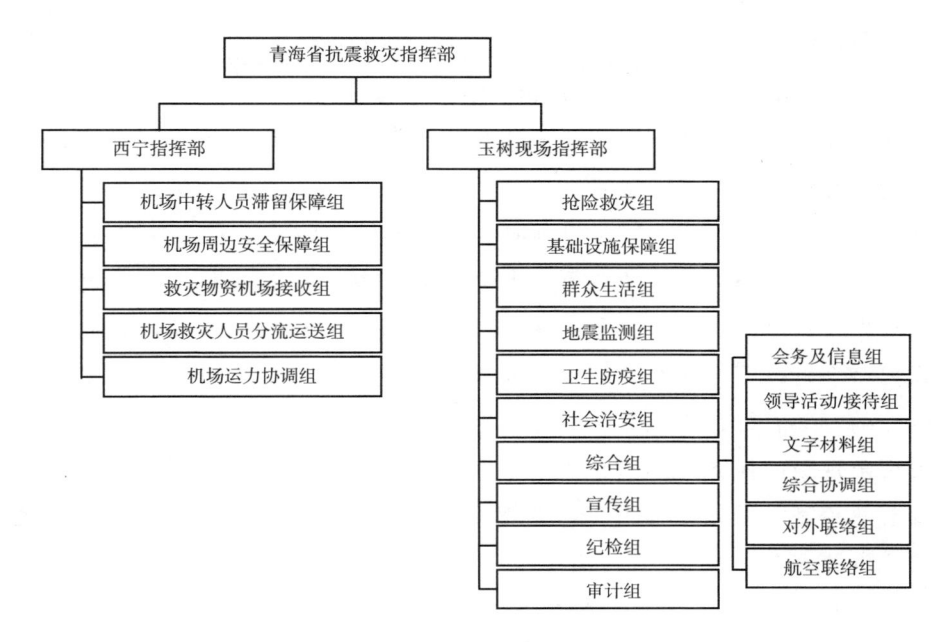

图 6-2 青海省玉树地震抗震救灾指挥部

资料来源：宋劲松、邓云峰《我国大地震等巨灾应急组织指挥体系建设研究》，《宏观经济研究》2011年第5期。

比较两个组织结构图，能够发现二者在组织体系的基本构成和活动原则等方面都存在很大不同。为逐步实现应急指挥组织结构的规范化，提高实际运用中的统一性，借鉴美国ICS的组织结构和基本原则，建议可以从以下几点开始。

（1）规范应急指挥组织结构的设立、扩展及缩减

组织结构是组织内部的构成方式。保证组织设置的合理化和弹性化是组织建构的基本理念，应急响应组织体系既要适合不同规模不同类别的突发事件，也要实现平战结合。目前我国应急指挥组织结构的设立主要基于任务需求，而非管理职能，按照纵向条条的行政管理模式的设置方式，各级指挥部下设的所有工作小组依照其主要职能和目标开展各项救援和处置活动。但是这样的模式有两个缺点：一是缺乏整体把握，不利于各工作组之间的信息交流与工作协同，有时会导致行动重复或行动冲突；二是随着任务增多，工作组也会增加，无法维持适当的管理幅度。

因此规范组织结构首先要明确应急指挥组织结构的通用职能，然后根据职能设置工作组，要采用统一的组织结构形式，由哪些工作小组成立，工作组名称统一化。实际中究竟是采用传统的科层制组织结构形式还是网络型的弹性组织结构形式需要先明确，但是无论怎样，组织结构要随环境变化而变化。进行组织结构设计时，必须考虑一些关键因素，如专业化、指挥链、控制幅度以及集权和分权等。比如统一指挥原则，当自然灾害或突发事件呈现跨界特征，也就是当事件影响升级并且应对出现困难，需要多个行政区域或行政区域内多个部门共同参与时，统一指挥能形成统一的行动安排，确保整体处置效果。组织结构要保持弹性化，当灾情发展出现新的任务需求时该组织能及时且有效地增加工作组；当灾情得到有效控制时部分工作组也需要保留有效率工作组或者完全解散，避免造成资源浪费。

（2）规范应急指挥组织体系的权责分配并细化职能分工

权责配置是根据其应急管理战略和特点，结合响应组织结构设置情况，在响应任务分析的基础上，明确各部门、各小组、各岗位的工作内容、工作职责和工作权限。笔者调研时发现应急响应人员对职责不明以及对组织体系不熟悉是应急响应中常见的现象。这主要是因为责任主体尚未明确，尽管实施分级管理、属地管理为主的原则，但是地方和部门对其管辖区域内的危机应对主体的权责尚未细分和细化。组织结构体系中无论是响应部门还是响应人员，对自身以及对其他部门或人员职责不明都会带来应急响应的低效率。对自身职责不明直接造成响应任务不能及时有效完成，对其他部门和人员职责不明可能会影响多部门协调和多人合作甚至带来行动上的冲突。

组织结构的基本构成确定后，还需要将指挥组和工作组的权责进行规定，进一步落实责任追究制。有研究认为组织结构能决定或者限制角色的任务分工，因此需要将组织要素的角色和职责清晰地予以明确，使组织体系的每个组成部门及其人员都了解其具体职责以及响应权限，据此拟订统一行动计划并合理开展任务。

（3）规范应急指挥组织体系的指挥链

指挥链是突发事件应急管理中一种不间断的权力路线或者命令传达线，

从组织最高层扩展到最基层，澄清谁向谁报告工作，它表明组织中的人是如何相互联系的。指挥链能够回答"我有问题时，去找谁？""我对谁负责？"，它影响着组织中的上级与下级之间的沟通。规范指挥链就是要求组织体系中每一个响应人员都只有一个特定的管理者，只对其负责，否则下级响应人员可能要面临来自不同部门的多个上级领导和指挥官的要求，而这些要求有时候甚至彼此冲突或者存在有限处理的要求。一旦实现了指挥链清晰就意味着组织结构中各层级权力由低到高都经过了有组织的合理安排，可以避免出现多头指挥和乱指挥的现象。

在重大突发事件的现场指挥中，往往随着事件影响的扩大，指挥链经由一个有着多层次的组织结构体系而形成（见图6-1）：指挥官-组-分组-区或者群-小组-资源。在我国目前典型的突发事件现场指挥组织结构中却不存在完整清晰的指挥链关系，常见的指挥链就是：指挥官-组（见图6-2）。因此要形成规范化的应急指挥体系，还需要进一步规范应急指挥组织体系的指挥链和统一指挥。这是我国目前突发事件现场应急处置的重要原则之一，这既是对过去经验的总结，也是未来仍需继续遵循的原则。

（4）规范应急指挥组织体系的指挥权转移

指挥权转移是为了实现任务目标，指挥官在其职责范围内，按照一定的程序将其部分权力交给其他组织领导或成员行使，并依法监督其实施的行为过程。指挥权转移有两种形式：一是向上移交权力，这多数出现在现有指挥官遇到无法解决或者无力解决的情况时，特别是在有上级主管领导到来时；二是向下转移权力，也就是常说的授权，指挥官授予其下级一些权力和责任，使其在一定监督之下拥有完成该任务的自主权。无论是权力上交还是授权，在应急响应的过程中都是普遍存在的。授权有利于调动下级响应人员积极性，权力转移还有助于加强响应组织和人员之间的协调合作，有助于营造一种组织成员间的信任氛围，从而提高应急响应可靠性。

目前在应急指挥体系的有关规定中缺少指挥权转移的规范程序和要求，这就导致了指挥权转移常常出现混乱的情况。当事故升级或者有更合适的管理人选时，事故现场的指挥权可能要发生接管和转移，这时后到的指挥官应当尽可能与现有指挥官进行对策商讨，还必须查看灾情或听取简报，了解事故基本情况、优先次序及响应目标、当前计划和资源分配等等；然后后到的指挥官需要决定一个指挥权转移的适当时机，并且要分派先前指挥官其他适当的任务。只有注意到这几点，一个有效的指挥权转移才会过渡更平顺。

三 不断完善且创新组织运行机制提高组织灵活性

国外研究者十分重视灵活性问题，Harrald 把"能够提供创新、适应和即兴技能的能力"称为"灵活性"或"灵敏性"，认为如果应急响应中"没有灵活性则注定官僚主义和失败"。[1] 针对如何在一个规范的响应体系中实现灵活性，他认为有三点是必需的：①成功的目标管理，即鼓励管理者为了实现目标进行战略管理创新，打破程序和规则的范围，并充分授权；②培养具有适应能力的领导，他们要有建立和表达成功愿望的能力，能够合理适当授权给那些可以实现愿望的人；③在开放的组织系统中要巩固分布式决策。

在这三条基本要素中涉及的灵活性因素有战略创新、适当授权、开放组织体系、目标管理、分布式决策等。开放组织体系意味着组织可以进行调整和自适应，强调分布式决策表明组织或不同指挥部门间能够开展分工与合作，这些都在一定程度上与本书提及的组织结构和运行机制的灵活性因素高度契合。此外，通过第五章实证研究我们发现组织适应、信息共享、协调合作、风险沟通等机制都与应急响应能力之间存在相关性。为此不断完善和创新应急响应组织体系的运行机制以提高组织的灵活性可从以下几个方面考虑。

（1）保持组织的开放性和自适应

组织调整就是根据需要对原来组织内部的权责关系结构做出改变以适应

---

[1] Harrald J. R., Achieving Agility in Disaster Management, http://www.igi-global.com/chapter/achieving agility disaster-management/53983.u2.

环境和实现目标的过程，在一些文献中，组织调整也被称为组织适应。组织适应要求组织向低集权、松散、灵活且具有高度适应性的方向发展，组织结构能够在突发事件的不同阶段适应需求。应急响应组织的功能在于分工和协调，所以通过组织调整和适应，将应急响应的实时动态目标转化成一定的规范和要求，融入响应组织的活动中，来实现组织目标。

（2）鼓励组织有限即兴

即兴是在现有知识背景下，利用机会用创造性的方式实现问题解决的过程。在应急响应中的即兴多体现在应急决策和任务执行过程中，即兴不等于无约束、随意发挥，有限即兴也就是对于决策方式和程序的灵活把握，对于实施流程的灵活遵循。有限即兴要实现从个别的随机向规范的随机转变，要减少决策和应对时的各种任意和逾期，以实现趋利避害，化险为夷，转危为安。有受访者提到，"当保守的应急响应机制不能很好地应对非常规突发事件时，各级领导缺乏变革响应和处置措施的临时授权和决策空间"。这就表明目前大多数领导者在重要决策面前灵活性不够，或者部分人因担心问责而不作为。个人即兴可能只是一种技能或办法，但组织即兴却是一种组织应对不确定的战略，因此有必要鼓励组织和个人即兴，它们是提高组织适应和创新能力的重要基础。简言之，要从组织文化、资源、组织机构、领导等各个方面挖掘可以促进组织、个人即兴的因素和机会。

（3）进一步促进信息共享

信息共享是对引发事故或灾害的信息及应急管理过程中产生或者所需要的信息在各有关响应部门和响应人之间的互通共享。信息共享往往成为多地区、多部门、多主体协同应急的基础，贯穿于应急响应的各个环节中，可以有效地提高工作效率，更好更快地实现应对目标。信息共享有多个层次，分别对应不同的共享主体：政府同一层级内部上下级之间的信息共享、同一层级不同部门之间的信息共享、政府部门与社会公众之间的信息共享。不同的共享层次可能因为不同的原因无法实现。在调研中发现大多数被提及的响应失灵问题与信息相关，从信息获取到信息传播再到信息分享等各个环节都不尽如人意。

信息无法实现共享很大程度上是因为应急响应组织的管理机制和运行机

制还不够清楚；部门之间存在利益冲突或者彼此不信任；部门信息系统的标准不一，无法对接；部门之间信息缺乏整合，无法实现互联互通。因此搞好信息共享，既要在宏观层面上解决可能对信息共享产生负面作用的体制障碍，又要在微观层面上加大信息共享安全、异构信息互操作、信息共享标准以及信息共享系统模式等方面的研究和应用工作。① 现实中的做法除了要尽快实现信息系统的互联互通之外，还可以采取的做法是建立第三方应急协调联动部门，使政府各部门和不同层级之间定时地将有关灾情、资源、人员、行动安排、救援进展、最新问题等各个方面的情况进行通报和交换。

（4）夯实组织间的协调与合作

重大突发事件使得应急组织不得不在动态不确定性条件下整合各类资源，增强组织间的协调与合作。无论是协调还是合作，从内容或者对象上来说，都包括资源、人员和信息。所谓组织合作就是为了实现响应任务和救援目标，事件信息、应急装备和物资、应急人员等等在组织网络内部进行流动的过程，而在这个过程中，信息沟通起着非常重要的作用。有关应急响应组织之间的协调合作，说到底是有关组织结构之间的命令传递、信息沟通和资源流动的问题，只有进行信息交换，才能知道是否需要进行合作。协作是应急状态下的必然，因此要进一步完善组织间协调与合作的机制，在明确组织结构构成要素及其职责分工基础上进一步促进组织间的协调与合作。研究表明，信息交换和资源依赖是组织合作的载体和重要内容，信息沟通的质量、信息分享和沟通参与程度是影响组织开展协作的重要方面。因此为了夯实组织间的协调与合作，还要完善组织间信息沟通机制，拓宽组织间的信息沟通渠道。

第三节 培育具有开放精神和创新性的组织文化

从第五章实证结果发现，组织文化因素除了与应急响应能力之间存

---

① 朱建锋、丁雯：《突发公共事件应急管理信息共享研究》，《武汉理工大学学报》（信息与管理工程版）2011年第3期。

在相关性进而可以提高应急响应可靠性之外，组织文化与组织运行机制以及组织领导之间也存在密切关系，通过培养开放创新的组织文化有助于增强组织运行机制的灵活性和组织领导响应能力。访谈中，被访者也都一致认可组织文化因素在应急响应过程中的重要保障作用。这里说的"重要保障"就体现了这层含义，因为组织文化因素不仅在很大程度上对应急响应环节产生潜在影响，在一定程度上还可以对运行机制和领导因素的积极作用发挥起到保障。根据文中对组织文化因素的测项选择，结合被访者的回答，本书认为组织文化的准备和培育可以从以下几方面开展。

（1）提高组织的风险意识

从大量工业事故灾后调查报告中发现，大多数事故的起因是"人为操作失误"或者"工作疏忽"，这表明工业企业组织内部缺乏安全意识，风险意识不足，危机感不强，这也是为什么人们常把事故灾难说成是"人祸"。《突发事件应对法》起草过程中，参与者对国外应对突发事件的经验和做法做了大量研究，有研究者认为：突发事件的发生发展和它所造成的危害，跟一个社会的经济发展水平、一个民族的文化心理结构以及这个社会成员的文化素质是密切相关的。[①] 尽管现在一些比较发达的国家，在突发事件的应对过程中有一些比较成熟的做法，但其背后都有血的代价。而我国政府或企业长期以来都在一种常态下运转，按部就班，很难时刻牢记危机意识和风险意识，很难做到居安思危、未雨绸缪。受日渐增多的重大突发事件和巨灾的影响，我们迫切需要树立危机意识，要在政府、企业和社会各个层面进行。政府从事应急管理相关工作的领导和工作人员需要提高自己对风险的认识、提高危机感知力，危机发生前需要能提前预计和感知，危机发生中需要能较准确地把握和预测危机的发展和影响。企业负责人需要牢固树立安全意识，在企业内部要进行安全文化建设，安全文化建设不能只是喊口号，加强风险管理要落实在日常行动中，要不断形成制度和规范，完善企业突发事件应急预案，要

---

① 见汪永清《中华人民共和国突发事件应对法》授课录音整理文本。

加强应急演练。对于全社会而言，重要的是要提高对自然灾害等突发事件防范和自救互救能力。而且预防突发事件的关键环节和应对突发事件的第一现场都是在基层，政府开展应急响应社会动员也是在基层，只有当全社会都树立了较高的风险和危机意识时，全社会的危机预防和应对能力才有可能得到真正提高。

（2）营造组织间信任氛围

在应对大规模突发事件或者跨区域、跨行业的灾害和危机时，不同单位、组织和部门之间的合作是必不可少的。但是响应任务的实施好坏很大程度上取决于彼此之间是否认识、是否有共同的应对经历以及对合作组织任务和能力的了解程度，这些简单而言可以归结为一种信任感。丹佛大学终身教授同时也是特拉华大学灾害研究中心早期创办人之一的 Thomas Drabek 在与笔者的一次谈话中提及他认为要实现有效的应急响应关键在于"响应组织之间是否认识和是否有合作经验"，[①] 这一问题在其研究中也曾多次被提出。[②③] 信任是一种特殊的组织氛围，是组织内部个人对其他人和整个组织的可信赖程度的感知和认识。信任还有利于组织即兴的产生。研究者指出，组织信任可以作用于心理安全感，心理安全感又通过工作任务聚焦和工作任务改进两个独立的路径来影响工作绩效。[④] 响应组织内指挥人员对下级人员的信任有利于其合理的分配任务，响应组织内部下属对于领导者和决策者的信任可以使个体积极完成任务目标，响应组织之间的彼此了解和信任有利于合作任务的开展。单个组织内部通过价值观引导、增强对组织员工的支持感以及一定的激励措施等都可以有效营造组织信任氛围。而在不同组织之间形成信任氛围远远

[①] 与 Drabek T. 在美国特拉华大学灾害研究中心成立五十周年研讨会期间的谈话，2014 年 5 月 1 日，纽瓦克。

[②] Drabek T., "Managing the Emergency Response," *Public Administration Review* 45 （1985）: 85 – 92.

[③] Drabek T., Mcentire D., "Emergent Phenomena and Multiorganizational Coordination in Disasters: Lessons from the Research Literature," *International Journal of Mass Emergencies and Disasters* 2 （2002）: 197 – 224.

[④] 李宁、严进：《组织信任氛围对任务绩效的作用途径》，《心理学报》2007 年第 6 期。

难于单个组织内部信任氛围的培育，因此应急响应组织之间的沟通和交流必不可少，同时开展跨部门和跨组织的培训和演练是当前可行办法之一。

(3) 重视沟通以化解风险

政府或应急响应组织不重视风险沟通的重要影响就是信任的丧失，这在美国卡特尼娜飓风灾害中显露无遗。风险沟通既存在于政府、企业、媒体和公众之间，也存在于应急组织内部各成员单位之间。以甬温动车事故为例，如果铁道部能够重视公共沟通，及时公布事故救援、伤亡者名单、事故调查等方面的信息，就不会有媒体上铺天盖地的质疑，铁道部也不会再次站在舆论的风口浪尖。公共沟通不应当仅仅出现在灾时，好的应急管理需要贯穿于事前、事中和事后整个过程中。事前有效的沟通能使公众知道如何做好准备，事中有效的沟通可以通过确认真实信息保护个人，事后有效的沟通能使公众明晰事件，或从中吸取教训或对响应人员和组织进行评价。重庆井喷事故发生时，如果钻井公司现场人员在事发一个多小时内及时向开县政府报告毒气泄漏，可能会更早地进行群众疏散和转移工作，可能伤亡情况会降低很多。如果企业方面在事前就该气田天然气中含有浓度非常高的硫化氢有毒气体的环境信息告知政府，使当地村民获悉这些信息，事发后毒气泄漏信息就会更容易被接受和相信，当地政府人员与村民之间的沟通就容易得多，就不会有很多不知情群众执意不转移或者转移途中又返回而造成伤亡。

重视沟通要各方共同努力，要在沟通方式、沟通渠道、沟通机制上努力，如改善公共沟通环境、完善危机信息沟通机制、规范网络沟通、加强舆论监督等。危机沟通的主体是政府或应急响应组织，客体是公众，媒体需慎用信息，确保信息真实。

(4) 改进组织的危机学习

学习型组织已经被提倡多年，但是对于灾害和危机的学习尚未形成良好氛围。提倡危机学习者认为，危机结束并不意味着危机学习的结束，相反要总结、反思、评估、吸取经验教训，查找自身存在的问题，保存危机知识。

通过查缺补漏，提高应对危机的水平。[①] 对于政府组织和企业而言，组织危机学习就是在组织经历了危机之后，如何开展灾害学习、总结经验、吸取教训并予以内化和改进的过程。

目前的组织危机学习停留在提交事故总结报告、开展事故原因调查等层面上。也就是说最初目的是事实的查找和上报或者通报，与真正的吸取经验教训并改进组织的行动存在差距。Drupsteen 等人把组织危机学习比喻成一个 PDCA（Plan-Do-Check-Adjust）的循环，[②] 认为组织学习最关键的步骤在于学习也就是调整阶段，要把灾害应急响应的经验和教训落实到组织规范的制定和修改中去，因此认为 PDCA 中的调整（Adjust）应当改成学习（Study）。由于灾害和危机的具体情境不一样，并不是开展了危机学习的组织就能应对未来的危机和灾害，但是组织可以通过这种经验学习区分不同事件环境，并自动适应不同环境的特点，开展自适应的危机学习，这也是组织危机学习可以提高组织响应能力的表现之一。

第四节　提高应急响应领导者的处置能力

第五章实证研究表明：组织中领导因素对于应急响应能力的提高意义重大，并且组织领导作用的发挥与组织文化存在相关性；国内外许多重大事故和灾害的教训也表明领导力对于应急响应成败起着决定性的作用；访谈中有人指出由于现场指挥还不规范，响应效果的好与坏很大程度上取决于领导因素。

结合本书对领导因素方面的测项选择，笔者认为应急响应过程中领导者的处置能力亟待提高，而这几点是可以考虑的途径：提高应急响应时领导者

[①] 李丹、马丹妮：《公共危机管理中的组织学习研究》，《中国安全生产科学技术》2010 年第 4 期。

[②] Drupsteen L., Groeneweg J., Zwetsloot, "Critical Steps in Learning from Incidents: Using Learning Potential in the Process from Reporting an Incident to Accident Prevention," *International Journal of Occupational Safety and Ergonomics* 1 (2013): 63 – 77.

的危机感知能力,帮助领导者快速且正确地进行灾情评估和态势判断;提高组织中领导者决策速度与质量以实现快速行动;培养响应领导者的危机学习习惯,不断提高危机应对的经验。

(1) 提高领导者的危机感知能力

危机中领导者在危机初露时如果能够感知到并对危机进行评判,进而对风险做出正确判断是极为重要的,这个过程被研究者称为危机的意义感知,也就是危机认知。[①] 研究者还指出,领导者的意义感知受多种因素影响,如组织环境、心理因素、个人情况等。绝大多数领导者并非职业的危机管理专家,因此提高领导者在危机时的意义感知能力需要增强与职业指挥官之间的合作。此外领导者要创造良好有利的组织环境,具有安全意识的、经常组织培训和演练的组织往往有助于提高危机中领导者的意义感知能力。危机中领导者的心理素质和心理活动会影响其能否快速地形成对灾情和危机的认识,因此提高危机领导者的风险感知能力,需要领导者时刻保持头脑清醒。由于需要快速做出决断,一个清楚冷静的头脑是必需的。

此外,提高危机领导者的风险感知能力,需要不断收集和掌握信息。信息是判断危机发展态势和制订行动计划的依据,在危机管理中发挥着重要的作用。身处充满不确定性因素的危机情境中,领导者往往面临巨大的决策困境,因为辅助其做出抉择的重要信息常常是缺失、滞后、失真、零星的。因此领导者如何识别危机,最为关键的是要保持对各类信息的高度敏感,还要针对信息的来源和渠道进行仔细甄别和确认。

(2) 提高领导者的危机决策能力

突发事件或者危机的爆发往往是出人意料的,而危机决策也是非程序化的、紧急的,没有丰富的成熟经验可以借鉴,因此需要领导者当机立断,快速分析危机发生、发展情况,在有限的人、财、物和有限的时间内思考应对危机的各项措施,并迅速做出危机决策。研究表明危机决策能力的高低会影

---

① Boin A. et al., *The Politics of Crisis Management: Public Leadership under Pressure*, New York: Cambridge University Press, 2005, pp. 18-19.

响决策质量，进而影响处理危机的效果。① 罗伯特·希斯强调"危机管理需要一个既使用权威又使用民主的决策程序，在此环境中激发反应者做出一个富有弹性但又极有力度的决定"。②

在公共危机情境下，究竟是集权还是分权的决策模式更有效，这个问题长期以来讨论颇多却尚无定论。Boin 等人认为，"危机领导小组整体上要对外集权，对内分权"。③ 领导者要促进危机团队内部的意见表达，允许不同的观点和争论的存在，在领导小组内部是一种分权、平等的关系；而在领导小组之外，整个危机响应组织要在领导小组的指引下敢于承担责任，敢于决策并快速行动。因为重大决策往往是在危机领导小组内部由主要领导者制定的，而为了确保决策是"最优"的，"领导小组还需要体现危机决策的民主化和科学化。危机领导者是在危机中能够提供有效的政策制定和协同进程的设计者、促进者以及保护者"。不畏惧决策、决策时不冒进、充分合理的利用集权和分权的优势来制定决策和推动决策实施是提高应急响应领导者决策能力的内在要求。④

（3）提高领导者的危机学习能力

危机分解为威胁和机会，意思就是说危机为组织和个人提供了学习机会。Boin 认为危机学习有三种形式：以经验为基础、以解释为基础、以能力或技术为基础。⑤ 危机学习还存在于危机全过程中，包括危机前学习、危机中学习、危机后学习。不同的组织文化和组织领导者对于危机学习的态度也不一样。具有开放精神的组织和领导者往往认为危机能够提高组织和个人的学习能力以及危机应对经验，重视问责的组织和担心咎责的领导者往往不

---

① 罗汉帝：《政府公共危机管理中的领导行为研究》，硕士学位论文，南京航空航天大学，2013。
② 〔美〕罗伯特·希斯：《危机管理》，王成、宋炳辉、金瑛译，中信出版社，2001，第259页。
③ Boin A. et al., *The Politics of Crisis Management: Public Leadership under Pressure*, New York: Cambridge University Press, 2005, pp. 51 – 55.
④ 〔荷〕阿金·伯尔尼著《危机管理政治学——压力之下的公共领导力》，聂琳译，《公共管理评论》2012 年第 2 期。
⑤ Boin A. et al., *The Politics of Crisis Management: Public Leadership under Pressure*, New York: Cambridge University Press, 2005, pp. 78 – 80.

乐于反思和承认错误。因此危机学习是优秀领导力的特点之一，不断学习才有可能推动组织改革和组织发展。

危机后学习较为普遍。领导者应对危机的经验为未来的应急计划和应急培训提供了大量经验和教训，危机响应人员都要深入反思和研究这些经验和教训，并在之后的行动中予以运用和实践检验。因此一个理想的危机后学习就是把正确的经验予以吸收和改进，甚至把危机经验制度化并融入组织管理和组织变革中。"发现、培育，进而收获潜在的成功机会，就是危机管理的精髓；而错误地估计形势，并令事态进一步恶化，则是不良危机管理的典型特征。"[①] 危机过后，领导者从战时状态中恢复，需要面临日常各项工作，领导者的危机学习以成立临时小组的方式进行，因此在每一次危机结束后，为了使危机经验能够得以交流和学习，也为了减少未来发生类似情况的可能性，对此加以预防，领导者必须及时总结危机经验和教训并实现危机知识的存储和完善。

危机后学习的主要作用体现在降低未来危机的潜在影响，但是危机学习不应该仅仅是事后学习，优秀的领导者还应该在危机中不断学习，因为危机中学习能够有效降低正在发生的损害。危机中学习往往具有动态性和创新性，危机领导者如果在危机蔓延和扩大的过程中，能够不断加强对信息处理和学习的主动性，并且能够在短时间内快速结合已有危机知识和经验进行创造，这样就有可能做出更准确的决策，制定更合理的行动方案，确保行动更有效地被理解和执行，从而实现应急响应目标并减少危机带来的各种损失。

第五节　转变应急管理范式并重视应急准备

针对访谈中问题三的回答，将受访者回答中的关键信息整理如表6-1所示。

[①] 〔美〕诺曼·R. 奥古斯丁等：《危机管理》，北京新华信商业风险管理有限责任公司译，中国人民大学出版社，2001，第5页。

表 6-1 "其他可能影响应急响应可靠性的因素?"问题结果

问题答案	关键词
应急指挥平台的互联互通性	技术
预案演练少、掌握程度低、技术要求欠缺	演练
无法实现统一领导,分头指挥,各自为政	体系/运行机制
应急救援物资保障	物资保障
思想认识不到位、重视程度不够、责任心不强	观念意识
外界影响中的媒体、网民的舆论	公共风险沟通
组织机构的明确性和职权分工的确定性	组织机构/体系
应急预案失灵	预案有效性
通信设施	技术
参与应急处置的各个部门能够切实履行职责,各司其职,通力配合,信息共享,形成合力	协同/运行机制
日常预案演练程度	演练
应急资源数据的可靠性	技术
培训内容和效果	培训
地方政府与上级业务部门权责矛盾	组织体系
教育宣传、培训	培训/教育
预案制定不科学、可操作性不强	预案有效性
数据过多、信息冗余	技术
应急物资准备情况	物资
事前、事中对公众或可能涉及人员应急响应重要性与相关知识的宣传	宣传教育
应急思想意识不强、日常演练训练不到位	意识/演练
购买服务(如非常用救灾救援装备物资技术专业队伍等)无储备预案	预案
响应过程程序的合理性、科学性	流程/运行
制定预案制度是否经过检验	预案

简单分析表6-1中关于"其他可能影响应急响应可靠性的因素?"发现,部分结果如"响应过程程序的合理性、科学性"、"组织机构的明确性和职权分工的确定性"以及"无法实现统一领导,分头指挥,各自为政"等基本是问卷中组织结构和运行机制方面涉及的因素,但是同时这也是应急预案编制过程中需要思考的问题。实践中应急响应程序不清或者不合理很大程度上是因为应急准备阶段预案起草设置不合理。受访者还提及"预案有效性、可操作性"、"日常演练"、"培训"、"宣传教育"、"公共风险沟通"和"物资保障"等因素,也大多与应急准备阶段的任务相关。这也同时再次印证了学者们的呼吁:要转变应急管理的指导思想,要从重视应急处置转变为重视应急准备,不能还是停留在"重应急、轻预防"的阶段。这一点,无论是在国外还是在国外都是必然要求。

国际方面，印尼海啸后，联合国考虑到海啸所带来的巨大的国民损失，呼吁各国应急管理工作中要进行有关风险防范和脆弱性的研究，并把应急准备纳入应急管理的过程中。① 卡特尼娜飓风后，美国政府在飓风后的调查报告中直指"联邦、州和地方在灾难应急准备和响应能力方面存在明显不足"，并要求"对目前的政策、体制和机制做出重大调整"。之后DHS还在2007年发布了《国家应急准备指南》（NPG）。② 此后一系列重要法规文件出台，美国国家应急管理的重心也从应急处置向应急准备转移。所谓应急准备就是为了有效应对突发事件而事先采取的各种措施的总称，包括意识、组织、机制、预案、队伍、资源、培训演练等。③

在我国，目前业已形成的以"一案三制"为基础的多层次、多部门和多灾种的应急管理体系，一方面在应对各类突发事件时发挥重要作用，另一方面也暴露了其脆弱性，特别是在风险社会特征越来越显著、跨界危机逐渐增多的背景下，这种分级、分类管理模式面临诸多严峻的挑战。童星、张海波还认为，目前的应急管理在功能上严重失衡，重救援与处置、轻预防与准备使得应急管理的效能有限，常常是能控制事态发展，却不能从根本上解决问题，他们认为我国的应急管理机制发展进入了困境，亟待整合。④ 2010年甘肃玉树地震灾害后，刘铁民认为此次地震的处置过程凸显了我们在应急准备能力方面存在的严重缺陷和薄弱环节。⑤ 其所在团队自2009年开始承担国家自然科学基金重大研究计划重点支持项目"非常规突发事件应急准备体系的构成及其评估的理论与方法"，围绕应急准备做了大量研究。⑥

---

① 聂琳：《中国应急准备文化理论综述》，《科协论坛》2012年第7期。
② 刘铁民：《玉树地震灾害再次凸显应急准备重要性》，《中国安全生产科学技术》2010年第2期。
③ 李湖生、刘铁民：《突发事件应急准备体系研究进展及关键科学问题》，《中国安全生产科学技术》2009年第6期。
④ 童星、张海波：《基于中国问题的灾害管理分析框架》，《中国社会科学》2010年第1期。
⑤ 刘铁民：《玉树地震灾害再次凸显应急准备重要性》，《中国安全生产科学技术》2010年第2期。
⑥ 李湖生：《非常规突发事件应急准备体系的构成及其评估理论与方法研究》，《中国应急管理》2013年第8期。

综合上述访谈结果分析和国内外研究结论,我们知道众多巨灾应对不足都与应急准备不够有关,可以说重大突发事件应急响应可靠与否除了与组织结构的规范程度、组织运行机制的完善和灵活性程度、组织领导者处置水平高低以及组织文化的开放创新程度有关之外,很大程度上还取决于应急准备的好与坏。因此,在我国现阶段,从重视应急处置和救援到重视应急预防与准备的管理范式的转变迫在眉睫。

(1)进一步规范和完善应急培训体系

在访谈过程中,很多受访者认为除了已经提到的因素外,宣传、教育和培训也是影响系统响应可靠性的重要因素,应急培训是应急处置和救援行动成功的前提条件,它既可以提高各响应主体应对灾害的能力,也能够提高响应主体之间的协作和沟通效率,能够最大程度地预防和减少损害。

在美国国家突发事件管理系统中,应急准备是第二个主要内容,包括"对规划、培训、演习、人员资格和证书标准、装备和认证标准、公布管理过程和活动的整合",① 因此应急培训是应急准备体系的重要内容。目前大多数的欧美国家已经建立了较为完善的应急管理培训体系架构,包括应急培训的目标、应急培训的组织设计(如培训对象、培训内容和方式以及培训效果评估等)以及完善的配套建设(如师资建设、资源保障、硬件配置、软件开发等)等。

受重应急轻预防等理念影响,应急管理的培训、宣传和知识教育在我国发展仍不成熟。我国的应急管理培训最早是在各省地方党校和行政学院开展的,专业性不强,尽管此后政府逐渐重视各级领导干部和专业救援队伍的培训,但是总的来说,培训水平和效果都不尽如人意。培训对象还是以政府相关人员为主,对社会公众的宣传教育和培训还有待发展;培训内容不成体系,多是一些零散的应急管理理论和知识,也不具有针对性和实际效用,技能和流程以及协同、规划、公共沟通技巧方面还很缺乏;培训方式上以课堂理论知识和案例分析教学为主,较少有模拟演练的形式;培训讲师也大多缺乏实际经验,整个培训较为形式化,比较粗放,社会化程度低。

---

① U. S. Department of Homeland Security,2004,p. 4.

对比之下,从加强应急准备的角度而言,必须有计划、有针对性地开展各级各类应急培训,不断提高应急响应能力。首先可以完善应急培训体系,明确应急培训的不同对象(如政府领导者和政府工作人员、专业应急人员、公众、志愿者)及其需求,针对不同对象开展不同方式、不同内容的应急培训。其次要完善应急培训的保障体系,要加快建设培训基地,实现培训资源、信息上的共享。要不断加强培训的师资队伍建设,提高师资的专业化水平。更要把先进的教育技术运用于培训,促进教育培训手段的现代化,增强培训效果。

(2) 进一步重视基层应急准备能力

由于突发事件大多发生在基层,如城市社区、城市街道、学校、农村等,这些地方发生事故后,能够第一时间进行先期处置的大多是基层应急力量,在国外也被称作"第一响应人",包括消防人员、警察、医生、教师、基层普通群众、社会志愿者等等,这些是我国基层应急力量的主要来源。基层是各类突发事件、事故灾害直接承受者,应急响应活动也是从这里开始的,因此需要高度重视基层的应急准备和响应能力,提高先期处置能力。

总体而言,我国基层应急体系尚处于起步阶段,跟国外基层防灾减灾的能力相比还很落后。基层应急体系还很不完善,一方面表现为城市街道或农村乡镇村庄基本不存在专门的应急机构;另一方面也没有配备专职的应急管理工作人员,大多是将综合应急管理的职能放在行政办公室或者社会治安综合办等。乡镇街道一级的预案体系也不规范,要么缺乏总体应急预案,要么预案可操作性不强。而从事应急的工作人员大多缺乏对应急管理的系统了解,也没有相关的培训。不同街道和社区或者不同所属部门之间也缺乏协调机制。在基层,不仅应急救援力量薄弱,大多数的基层应急单位物资储备也严重不足,存储方式单一,紧急生产、采购或调拨配送等机制也不完善。基层公众参与应急管理的程度也比较低。应急管理在公众认知中还是属于政府的责任,公众的安全意识、危机意识还不足,缺少基本的自救互救知识。社会动员机制也不完善,基层的社会志愿组织还缺乏完善的组织管理机制,如何有序纳入正式的应急组织体系也有待研究。

因此针对这些基层应急现状和特点,必须大力解决问题,提高基层的应急准备和应急响应能力。首先要继续修订和完善基层各类应急预案体系，进一步完善基层应急管理组织体系并理顺工作关系；其次要整合基层现有应急队伍，完善制度，规范应急救援力量的管理；最后还要立足基层实际对应急物资管理进行统筹。从多个方面共同努力，进一步完善基层应急准备和应急响应能力。

本章小节

本章提出了非常规突发事件应急响应可靠性提高的基本策略，要化解当前应急响应过程中存在的各种失灵现象，根本上也是首要的是要建立兼具规范性和灵活性的应急响应体制和机制。此外不仅要重视和培育具有开放和创新精神的组织文化，还需要不断提高应急响应领导者的处置水平和应急能力。必须改变传统的应急管理理念和范式（重应急、轻预防和准备），为切实提高政府和应急指挥系统的应急响应能力夯实基础。本章针对上述策略结合实际情况还指出了提高应急响应可靠性的具体建议和方法。

第七章 北京市巨灾应急响应可靠性分析

前六章是有关非常规突发事件应急响应的一般性理论研究,本章将非常规突发事件具体到自然灾害领域的巨灾范畴,将观察对象聚焦于北京市,有针对性地开展北京市巨灾应急响应可靠性的案例研究。本章在简要回顾北京市应急管理体系建立和完善的基础上,结合问卷调查对北京市巨灾应急响应现状展开评价,然后通过对巨灾案例中北京市政府及有关部门的响应过程分析来揭示其存在的诸多问题,并提出提高北京市巨灾应急响应可靠性的具体改进建议。

第一节 北京市应急管理体系的建立与发展

北京作为首都,其特定的政治和经济地位决定了发生在北京的非常规突发事件(重特大事故或巨灾等)具有放大效应和连锁效应,因此,具备高效应急响应能力是北京作为一个国际化都市持续健康发展的必然要求。巨灾的应急响应很大程度上依赖于北京市应急管理体系的建设情况和完善程度,简要回顾北京市应急管理体系在过去十几年的发展,特别是在体制和机制两个方面的发展过程,有助于理解应急响应所面临诸多问题的客观背景。

一 北京市应急管理体系的建立("十五"期间)

2002年北京市政府开始构建以政府为核心、社会共同参与的现代化城市公共安全应急管理体系,并将公共安全建设列入城市可持续发展规划之一,也是政府管理的主要工作之一。在此期间,北京市通过各方努力,初步建立了以"一案三制"为核心的应急管理体系。

(1) 应急管理体制的建立

2003年6月,北京市政府公布了《建立北京市应急指挥系统研究》工作方案,方案指出,北京将建立一个统一的市、区县(委办局)两级应急指挥系统,以快速应对反恐、重大火灾事故、突发公共卫生事件、重大交通事故等各类突发事件。2004年10月,北京市委常委会议通过《北京市突发公共事件总体应急预案》,同时启动了北京市应急指挥体系建设工作。2005年4月,北京市委、市政府决定组建北京市突发公共事件应急委员会(以下简称"市应急委"),统一领导全市突发公共事件应对工作,下设13个专项应急指挥部和专家顾问组。由此北京也成为全国第一个成立突发公共事件应急管理机构的城市。

北京市公共安全应急指挥系统可以分为上、下两层。上层是由北京市政府直接领导的市应急委,其日常办事机构为市应急委办公室(即北京市应急指挥中心),具有完备的应急指挥工作平台,是突发公共事件发生时的指挥场所,负责组织、协调、指导、检查北京市突发公共事件的预防和应对工作。市应急委下设应急指挥组(市政府办公厅值班室)、预案管理组、综合信息组、技术通信组、宣教动员组5个小组。下层是北京市18个区县政府领导的区县应急指挥中心和北京市城市公共设施事故应急指挥部等13个专项应急指挥部。这些部门的成立,标志着北京市突发公共事件应急体制基本建立,为有效预防和处置突发公共事件提供了强有力的组织保障。

(2) 应急管理机制的建设

2005年7月,北京市政府利用多年来信息化建设的成果,以北京市电子政务有线和无线专网为核心,以市公安局已经建成的图像监控系统为骨干,有效整合各委办局分别建成的资源,建立了市级应急指挥平台。该平台由图像监控系统、无线指挥通信系统、有线通信调度系统、计算机网络应用系统、移动指挥系统、综合保障系统六大系统组成,在高度集成的基础上实现了信息资源的共享和指挥通信的一致。2006年,北京市编制下发了《北京市应急指挥系统平台建设指导意见》,对全市各专项应急指挥部、各区县及相关单位的应急指挥平台建设进行了规范，实现与市级应急指挥平台的互联互通。至此，北京市"集中领导、统一指挥、结构完整、功能全面、反应灵敏、运转高效"的应急管理机制初步形成，反应速度明显提高，具有鲜明的首都特色。主要表现在三个方面：一是整合应急资源，建立了紧急报警服务中心，实现了110、119、122等报警服务台联动，统一接报，分级分类处理，效率显著提高；二是公众沟通、动员机制逐步形成，当发生突发公共事件时，北京市政府会通过手机短信、电台广播等措施，使公众能够在第一时间获得信息，提前应对灾害；三是社会管理机制为应急管理奠定了良好基础，在社区、厂矿、农村等基层单位加强了组织建设和日常管理，群防群控，为应急管理打下坚实基础。

（3）应急管理法制的建设

应急管理法制为处理突发事件提供有效的法律依据。2001年5月北京市人大常委会颁布了《北京市实施〈中华人民共和国防洪法〉办法》，2001年10月颁布了《北京市实施〈中华人民共和国防震减灾法〉办法》，2002年3月颁布了《北京市消防条例（修正本）》和《北京市人民防空条例》，2005年9月颁布了《北京市大型社会活动安全管理条例》等等。另外，北京市政府陆续颁布实施了《食品安全监督管理规定》、《交通安全管理规定》、《防火安全管理规定》、《消防安全管理规定》和《生产安全管理规定》等相关规章制度。2008年北京市出台了《北京市实施〈中华人民共和国突发事件应对法〉办法》，该办法通过立法把《北京市突发公共事件总体应急预案》中的有关规定以及近年来应对突发事件的体制、机制以法规形式固定下来，是北京在突发事件应对体系方面比较完整的地方法规，并对奥运会的顺利举办发挥积极作用。

（4）应急管理预案的制定

制定《北京市突发公共事件总体应急预案》，积极防范和及时处置重大突发公共事件，增强政府的应急反应能力，对于保证经济正常运行和维护社会稳定，提高北京城市现代化管理水平，加快现代化国际大都市建设步伐和成功举办2008年奥运会，努力实现经济、社会、人口、资源、环境的协调、可持续发展具有重大意义。2005年9月9日，北京市政府发布了《关于实施北京市突发公共事件总体应急预案的决定》，该决定要求北京市各区县政府和有关部门切实加强应急机构、应急队伍和应急救援体系、应急平台的建设，整合各类应急资源，建立和健全统一指挥、运转高效的应急机制，做好应急预案的培训和演练工作，不断提高各级领导干部、管理人员、应急救援人员的指挥水平和专业技能，抓好面向社会的预防、避险、减灾等方面的宣传教育，增强公众的忧患意识、社会责任意识。《北京市突发公共事件总体应急预案》中规定北京市各类突发公共事件预案分为市总体应急预案、专项应急预案、分应急预案和应急保障预案四种。

为全面推进应急预案体系建设和预案演练工作，北京市制定和修订了应对流感流行、森林火灾扑救、防汛、粮食供给、雪天道路交通保障、地震、通信保障、电力突发事件等的预案，并向社会发布。2006年，北京市组织了"重大传染病应急演练"、"铁路运输危险品泄漏应急演练"和"北京西客站旅客滞留应急演练"……2006年11月底，《北京市突发公共事件应急预案管理暂行办法》出台，明确了北京市应急预案的制定、修订、审查、发布的工作流程和标准，为加强北京市应急预案的动态管理提供了保证。截至2007年，北京市已经初步形成了包括总体预案，专项应急预案，应急保障预案，区县分应急预案，街道（乡镇）、社区（村）和重点企事业单位应急预案在内的应急预案体系，已编制各类应急预案6万余件，公安、交通、电力、安全生产、地下管线、地铁等重点部门和行业还进行了应急预案演练。

二 北京市应急管理体系的完善（"十一五"期间）

"十一五"期间是北京市应急体系发展具有里程碑意义的五年，经受住了一系列重大考验，"十一五"应急规划任务的圆满完成也标志着北京市应急体系迈入了完善体系和提升能力的新阶段。

2006年以来，北京市的应急管理工作进入新阶段，逐步确立了"3+2"的应急管理模式："3"是指市级应急管理机构、区县级应急管理机构和13

个市级专项应急指挥部，市级机构重在协调，专项指挥部重在处置，区县机构重在配合；"2"是指分设以"110"为龙头的紧急报警服务中心和以市长电话"12345"为统一号码的非紧急求助服务中心。这一时期，北京市应急管理体系建设工作的重心已经转为应急组织流程再造、资源整合与共享、社会公众应急安全意识的提高和应急技术研究创新四个方面。

2006年4月，北京市政府向市民免费发放了《首都市民防灾应急手册》600万本，这本防灾应急手册把主要突发公共事件分为12个专题62个小问题，采取图文并茂、通俗易懂的方式，向市民介绍防灾应急的基本常识。旨在宣传和普及科学的避难知识和自救、互救常识，提高市民应对各种突发公共事件的综合素质，还可以让全社会共同参与到应急工作中来。

2006年10月，由北京市应急办组织编制的《北京市"十一五"期间城市减灾应急体系建设规划》正式发布。规划以"安全奥运"为重点，突出了首都公共安全体系的建设，确定了北京市"十一五"期间城市应急体系，包括建立应急指挥平台等在内的13个重点项目的建设目标。规划指出，到2010年，建设和形成政府主导，基层政权组织、企事业单位、社会组织、志愿者群体、广大市民等全社会力量共同参与的综合应急管理体系。

总的来看，这一时期北京市应急管理工作逐步实现"两个转变"，即从注重事后的应急处置，向预防、处置和恢复全过程管理转变；从以部门为主的单灾种管理体制，向"党委领导、政府主导、专业处置、部门联动、条块结合、军地协同、全社会共同参与"的综合应急管理体制转变。

在此期间北京市还不断健全应急管理工作机制，如健全了全市统一的突发事件信息报送和发布体系。形成政府主导、全社会广泛参与的应急宣教体系，公众自救互救意识和能力逐步提高。专业部门监测预警系统建设进一步加强，建立城市运行监测平台，初步建立市预警信息发布平台。应急联动机制建设取得重要进展，建立健全应急现场指挥及处置机制，定期开展各类应急演练。建立市、区县两级综合应急救援队伍，建成专业应急救援队伍220余支6万余人，应急志愿者队伍20余支18万余人；初步建成应急物资储备网络；新建应急避难场所16个。启动城市安全运行和应急管理物联网应用建设，确立公共安全季度形势分析会制度和重要时期安全稳定工作会商制度。

建立安全隐患定期排查、全年整改工作机制。为了建立健全全市公共安全风险管理长效机制，着力提高风险控制和应急管理水平，维护首都的安全稳定，北京市于 2010 年 4 月 16 日印发了《北京市人民政府关于加强公共安全风险管理工作的意见》，就加强公共安全风险管理工作提出相关要求。该意见的出台标志着北京市全面启动公共安全风险管理长效机制建设。为规范指导各单位科学开展公共安全风险管理工作，北京市应急委于 2010 年 5 月 14 日印发了《北京市突发事件应急委员会关于印发〈北京市公共安全风险管理实施指南〉的通知》，该通知对进一步加强全市风险管理工作提出了具体要求。2010 年 10 月北京市委讨论通过了《北京市建立重大事项社会稳定风险评估机制的意见》，该意见提出，凡同人民群众切身利益密切相关、易引发不稳定问题的重大决策和重点项目等重大事项，决定之前都应进行社会稳定风险评估。

加快应急管理的法制建设，可以提高政府应对和处理危机事件的能力，使突发事件的应急处置逐步走上规范化、制度化和法治化轨道。"十一五"期间，北京市应急管理的法制建设速度明显加快。2007 年 10 月 26 日，北京市人民政府颁布了《北京市大型社会活动安全检查办法》，并于 2008 年 3 月 1 日起施行。2007 年 11 月 8 日，北京市人民政府颁布了《北京市民用运力国防动员办法》，并于 2007 年 12 月 20 日起施行。2007 年 11 月 30 日，北京市第十二届人大常委会颁布了《北京市食品安全条例》，2008 年 1 月 1 日起开始施行。可以说，这时期应急法规系统已经初步与各部门专项的应急管理法律、法规有所衔接，互为补充。为落实《突发事件应对法》，2008 年 5 月北京市率先出台国内首部应急管理地方性法规——《北京市实施〈中华人民共和国突发事件应对法〉办法》，逐步建立并完善应急管理各项制度。

为了完善北京市应急预案体系，保障第 29 届奥运会和第 13 届残奥会安全顺利举办，按照"预防与应急并重、常态管理与非常态管理结合"的原则，推动应急管理从以事件管理为主向事件管理与风险管理并重转变，加强地区、部门和单位之间的沟通交流，建立科学、规范、完整、系统、动态的应急管理长效工作机制。

三 北京市应急管理体系的新发展（"十二五"期间）

"十二五"期间，北京市各级党委、政府高度重视应急工作，始终坚持"人民生命财产高于一切，首都安全责任重于泰山"的宗旨，牢固树立以人为本、生命至上的应急理念，加大创新力度、加强资源整合、强化精细管理、夯实基层基础，全面提升应急能力水平，北京市应急体系建设取得重要进展，应急管理体系进一步健全。突发事件应急救助、空气重污染、涉外突发事件、核应急等专项应急指挥部组建完成，市级专项应急指挥部达到18个。持续推进应急预案编制修订工作，各类预案的针对性和操作性进一步增强。突发事件信息管理更加规范，信息报送更加及时准确，舆论引导更加主动有力。应急宣教和培训工作覆盖面持续扩大。在全国率先开展城市安全运行和应急管理物联网应用建设工作，完成重点领域十大示范工程建设。修订并颁布实施《北京市安全生产条例》《北京市消防条例》等一批地方性法规。

"十二五"期间北京市政府还进一步完善突发事件现场指挥部设置与运行机制，不断细化决策指挥、专业处置、社会响应等工作流程，全面提高统筹协调和快速响应能力。京津冀三省市初步建立了常态交流、联合指挥、协同处置工作机制，在全国率先实现应急指挥平台互联互通。此外，央地应急联动和军地协同应急机制建设有序推进。妥善处置北京市在利比亚人员撤离、"7·21"特大自然灾害、"10·28"天安门暴力恐怖袭击案件、马航MH370失事客机乘客家属安抚善后、埃博拉疫情防控等重大复杂突发事件，可以说，有效保障了首都社会安全稳定和城市平稳运行。

实践证明，"十二五"期间北京市应急体系建设取得了重要进展，北京市应急准备、综合防范、快速反应、恢复重建、基层应急、社会参与、城市安全运行、巨灾应对和科技支撑等九大应急能力不断提升，应急管理水平取得新的突破，公共安全文化建设取得新的进展，圆满完成"十二五"应急发展规划任务。同时，我们也认识到，与建设国际一流和谐宜居之都的要求相比，与世界特大城市应急管理水平相比，北京市应急管理体系还存在一些差距和不足。

第二节 北京市巨灾应急响应的案例分析

北京市应急管理体系在"十五"期间逐步开始构建，并在"十一五"和"十二五"期间取得重大发展，但在应对重大危机和巨灾时仍暴露出诸多不足。本节试图通过暴雨和雾霾响应两个案例分析并揭示北京市巨灾响应存在的具体问题。

一 北京市2012年"7·21"特大暴雨

(1) 北京市"7·21"特大暴雨降水过程特征

2012年7月21日10时至22日6时，北京市出现了自1951年有完整气象记录以来日最强特大暴雨，全市平均降雨量达190.3毫米，城区平均降雨量达231毫米，最大降雨量在房山区河北镇达541毫米，全市86%的地区出现大暴雨天气。

暴雨灾害共造成79名人员遇难，其中71人身份确认，包括遇难人员66人、因公殉职5人。截至7月26日官方公布的已确认身份的66名遇难人员中，洪水溺亡31人（占47%）、驾车溺亡11人（占17%），落水溺亡10人（占15%），因泥石流死亡1人（占1.5%），因触电、房屋倒塌、创伤性休克、高空坠物、雷击等事故死亡13人（占20%）。

(2) 北京市"7·21"特大暴雨应急响应过程

中央气象台从7月20日下午就开始发布暴雨蓝色预警，而北京市气象局在7月20日曾两次发布专题预报，指出21日傍晚到夜间有暴雨，部分地区可能为大暴雨。21日中午中央气象台预警级别升级为黄色，并加强与各省区市会商，提醒其发布预警。21日，北京市气象台一天连发五次暴雨蓝色、黄色和自2005年建立预警机制以来的首个橙色预警，提醒广大市民防灾避雨。与此同时，北京市防汛办先后向指挥部各单位发布蓝色、黄色、橙色汛情预警；而重灾区房山区于21日18时发布最高级别红色汛情预警，启动全区一级响应。14时左右降雨已演变成瓢泼大雨，北京各地地面开始出现积水情况。暴雨导致全市多处交通瘫痪，航班大面积延误、部分地铁线路停运、列车晚点；暴雨还导致房山多个乡镇道路交通中断，降水还引发了房山山洪和泥石流等次生灾害。

暴雨预警发布后北京市先后启动四级至二级应急响应，加强值守，靠前指挥，跟进服务。北京市委领导或坐镇市应急指挥中心，或多次赶赴重灾区房山和城区救灾现场检查指导。市应急办连续 5 次向全市应急系统下发启动应急机制和做好应急准备的通知。全市应急系统、各级防汛抗旱应急指挥部负责人和值守人员全部上岗到位，各专业抢险队伍全部布控到位。如北京市排水集团和自来水集团及公安、公交等多个部门都参与了排水。又如北京市交通行业共出动应急抢险、道路巡查、值班备勤等力量 2 万余人，抢险、巡查车辆 2000 余辆，各种机械设备 600 余台，确保了交通运行基本正常。在此次暴雨响应过程中，全市 16 万名党员干部、应急工作人员和驻京部队、民兵预备役人员在一线开展各项抢险救援工作。在山洪和泥石流易发区提前组织 8.69 万名群众疏散，转移群众无一人伤亡，保证了全市水电气热和地铁、火车站、首都机场等城市重要基础设施运行安全。

（3）北京市"7·21"特大暴雨应急响应不足

这次暴雨灾害暴露的北京市在这一阶段应急响应仍然存在的不足主要体现在三个方面：一是应急救援能力不能完全满足突发事件处置需求，各类应急资源共享和联动机制有待进一步强化，现场指挥和协作机制有待完善；二是应急联动机制有待进一步完善，统筹协调各级政府、各专业领域应急资源共同应对突发事件的合作机制有待进一步加强；三是巨灾应对准备工作总体不足，应对巨灾的应急决策指挥机制有待健全，巨灾条件下的电力、通信、交通、地下管网等城市重要基础设施的综合防范能力有待加强，大范围受损后的快速恢复能力不足。

二　北京市 2015 年空气污染红色预警

（1）北京市 2015 年空气污染事件发展

2015 年 11 月以后，北方进入采暖期，加之华北地区污染排放明显增加，北京及周边地区大气扩散条件差，导致严重雾霾天气，京津冀地区先后出现三次大范围、长时间的雾霾天气。环保部通过卫星遥感监测发现，12月21日京津冀及周边地区的重霾面积达到56万平方公里。在此次雾霾持续期内，京津冀及周边地区多个城市先后发布雾霾红色预警。其中，12月21日，天津市政府发布重污染天气红色预警，12月22日河北省气象台发布霾红色预警。

（2）北京市2015年空气污染预警及响应过程

12月5日北京市应急办提前31个小时发布空气重污染橙色预警，12月7日，北京市区环保、交管、城管执法等部门组成督查组，对全市预案落实情况进行检查。同时，环保部门加强了雾霾监测与研判，12月6日，市环保监测部门会同北京市气象部门、国家环境监测总站以及河北、天津环境监测部门就华北地区气象条件及变化进行密切会商和研判，征求专家意见。12月7日晚北京市气象台升级发布雾霾橙色预警信号。12月7日18时北京市空气重污染指挥部正式启动首次空气重污染红色预警，要求全市启动预警措施，建议中小学、幼儿园停课，企事业单位根据情况实行弹性工作制。

北京市发布红色预警前后，环保部重点加强了对京津冀及周边地区重污染天气应急预案启动和应对措施落实情况的督查。12月6日派出10个工作组进驻全国多地，协调开展环境执法督查。北京市委、市政府从12月4日起连续召开5次会议研究决策、动员部署和统筹协调空气重度污染应对工作。自12月7日晚开始，各区、各单位、各部门也紧急行动，按照预案要求采取多项措施确保空气重污染红色预警的贯彻落实，在机动车限行、学校停课、市政环境排查、企业停限产、社会响应、京津冀区域联动等方面北京市交管局、市教委、市城管执法局、市住建委等部门均采取了积极应对措施。通过多方面的努力，空气重污染红色预警达到预期效果，基层各部门也积极落实了减排措施。在此期间，针对响应措施的落实情况，北京市各部门还开展了大规模的综合督查检查行动。据北京市环保局统计数据，在红色预警措施实施后北京市大气污染物二氧化硫、PM10、PM2.5、挥发性有机物等平均减排约30%，12月7日到9日北京市PM2.5平均浓度比未采取应急措施时降低约20%。

(3) 北京市 2015 年空气污染应急响应存在的不足

虽然北京市空气重污染红色预警成效突出，各级党委政府及有关部门在克服多重困难后，也获得了社会和公众的肯定与配合，但是在预警和响应过程中仍然存在一些问题，主要体现在：一是预警发布时效性不足，预警发布覆盖面有待提高；二是预警发布主体与发布流程还有待进一步优化；三是预警标准有待进一步科学化和规范化，而不同部门预警需要进一步整合；四是预警发布与相应响应措施的针对性不够，需要及时灵活调整；五是具体应急响应措施不尽合理，需要在落实过程和保障方面进一步细化管理。

第三节 北京市巨灾应急响应能力现状及提升建议

一 北京市巨灾应急响应能力的评估

课题调研期间，笔者曾针对北京市政府应急管理人员展开调研并发放问卷，就其巨灾应急响应的有关问题展开问卷调查，参与调查的政府应急管理工作人员共计30人。其中，受访者中男性占绝大多数，有28名；超过2/3受访者年龄在30~40岁；职称上有2/3受访者为处级或副处级干部，厅级或副厅级干部仅1人；超过一半的受访者均有3~5年应急管理工作经验，并且有12人已经在应急管理岗位上工作长达6~10年；受访者半数以上拥有硕士研究生学历，有10人为本科；所有受访者在其日常工作中均应对或处理过四大类突发事件。

受访者根据笔者选择的应急响应能力评价的四个主要方面进行打分，受访者根据个人感受对组织结构规范化程度、响应组织运行机制灵活性、组织文化氛围有利性和组织领导卓越程度打分，采用五级评分，1表示非常差，5表示非常好。

根据回收问卷统计发现，在巨灾响应能力评价的四个方面，组织运行机制灵活性评价总体情况稍低，未来需要加大力气，不断建立、创新和完善应急响应工作各项机制。具体各方面的评价结果呈现如下。

问卷结果显示，在响应组织结构标准化评价的五个方面中，巨灾响应过程中响应小组成立迅速，响应小组根据任务合理分工两项情况较好，而巨灾响应过程中工作组设置科学规范、应急指挥部及响应小组指挥关系顺畅、指挥链清晰两个方面仍需进一步完善和提高，如图7-1所示。

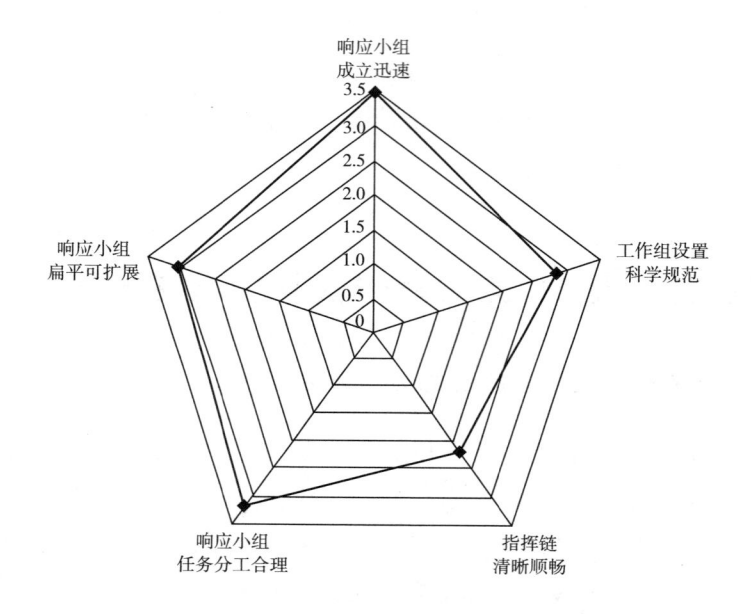

图7-1 应急响应过程中组织结构标准化评价结果

问卷结果显示，在响应运行机制灵活性评价的六个方面中，巨灾响应过程中组织能够根据灾情变化和需求迅速制定统一的行动方案，并且任务实施过程中也能实现统一指挥，但是危机情境下组织内外协调机制运行不够理想，组织的临时授权和权力转移也存在一些不足，如图7-2所示。

问卷结果显示，在响应组织文化氛围有利性评价的五个方面中，组织内部领导和成员危机意识比较强，组织成员具有不断提高自身处置能力的愿望；但是相对而言响应组织体系内部互信程度略低，并且组织在灾后并不能认真积极地开展响应经验和教训的总结，危机学习意识比较低，如图7-3所示。

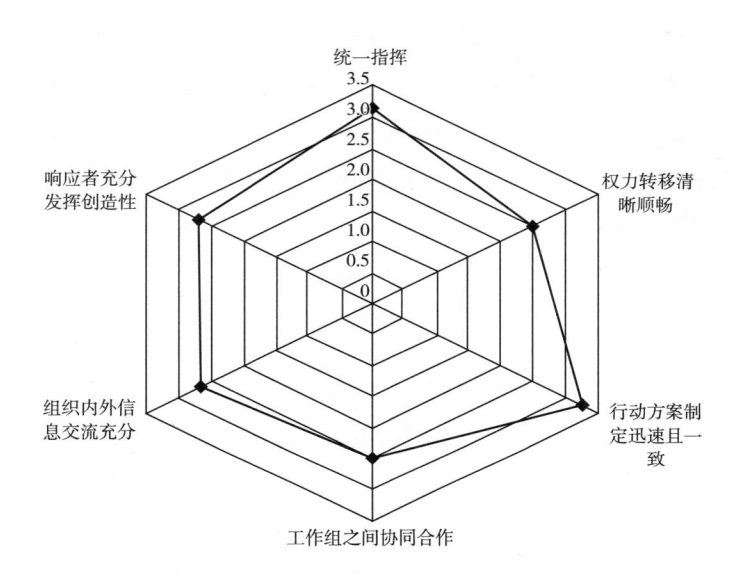

图 7-2 应急响应过程中组织运行机制灵活性评价结果

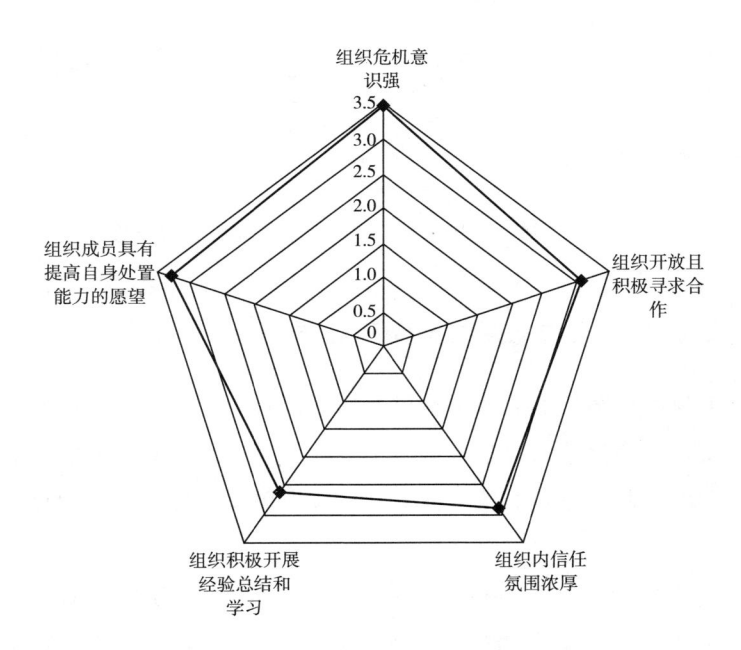

图 7-3 应急响应过程中组织文化氛围有利性评价结果

问卷结果显示，在组织领导卓越性评价的六个方面中，巨灾响应过程中领导者能够积极倾听来自多方面的信息并寻求更好的解决办法，领导者对协作的态度也是比较积极的，但是危机情境下领导者态势评估和研判能力还不够，领导者的学习和适应调整能力也相对较弱，需要进一步提高，如图7-4所示。

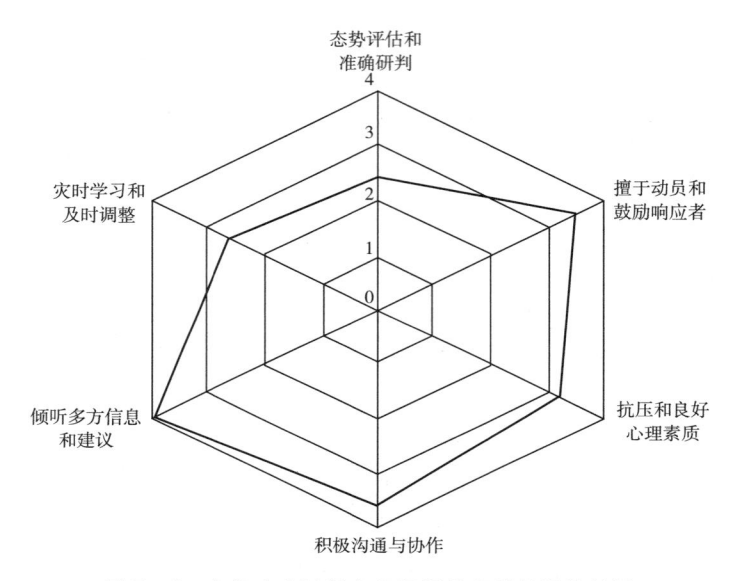

图7-4 应急响应过程中组织领导卓越性评价结果

二 北京市巨灾应急响应的薄弱环节

结合上述两个案例的简要分析以及问卷调查中受访者对当前北京市应急响应核心要素的评价结果，笔者认为，当前北京市政府的巨灾应急响应在指挥体制、响应机制、应急准备、社会动员以及舆情引导等方面均存在不同程度的不足。

第一，应急指挥体制有待进一步完善。市应急委与专项应急指挥部的指挥关系应进一步理顺，市应急办统筹协调力度需要进一步加强。督办检查、政策法规、风险管理、舆情监控等方面工作也缺少专门处室负责，而区县尤其是基层应急指挥系统人员机构编制严重不足。现场指挥机制需要进一步健全，现场指挥部的设立不规范、分工责任不明确，缺乏统一指挥和沟通协调。

第二，应急处置机制建设有待强化。主要体现在两个方面。一是预报预警与信息发布体系需进一步加强。气象预报的精细化、准确化程度待提高，发布时效、预警标准不能满足需要。手机短信全网发布的时效性较差，现有的预警信息发布渠道不能全面覆盖公众。预警发布和响应措施针对性不强。雾霾是变化的流动体，不同区域内雾霾严重程度会发生变化，相应雾霾预警需及时调整，否则"一刀切"地采取强制性响应措施将导致社会资源浪费。二是应急联动机制有待进一步完善。与中央单位、周边省市的应急联动工作机制仍需加强和细化。军地之间尚未建立常态的信息沟通机制，指挥机制需进一步衔接。

第三，巨灾应急准备不足。暴雨灾害暴露了北京市巨灾应急准备多个方面的不足，如应急预案的针对性、可操作性尚需增强，应急队伍、物资、避难场所建设等仍需要进一步加强，应急法律法规建设需要进一步完善，日常应急管理和应急准备工作缺少专项资金保障。

第四，社会动员能力及公众防灾应急意识和技能有待提高。具体来说，巨灾响应过程中动员全社会共同参与突发事件应对的法制、体制、机制尚未建立，社会面预警响应不够。另外，面向社会公众开展应急管理科普宣教和培训演练的专业场所较少、资金不足，宣教工作方法比较单一，指导性不强，而民间应急救援力量和应急志愿者组织动员机制尚不完善。

第五，巨灾响应过程中舆情掌握和引导水平需进一步加强。重大灾害和事件爆发后网络负面舆情传播速度快，给政府开展工作带来极大压力。有关部门在舆论引导过程中存在一些问题，如硬性调控措施多、软性疏导措施少，重视前期应急、忽视后期宣教。为此有必要进一步主动与媒体沟通，加强媒体议题设置；要在宣教工作中充分发挥权威专家的作用，提高公众认知和行动能力；巨灾响应结束后需要及时告知公众响应措施的效果、不足和努力方向，在政府与公众之间形成良好的沟通机制。

三 北京市巨灾应急响应能力提升建议

进一步深化应急指挥体制建设，一是要理顺市应急委与专项应急指挥部之间的指挥关系和权限。当发生重大、特别重大突发事件时，启动市应急委机制，组织抽调各相关部门和单位到市应急指挥中心联合办公。二是要进一步强化市应急办统筹协调作用。市委常委会、市政府常务会每年听取应急管理专题汇报，研究解决应急管理重大问题；市应急办建立健全内部应急响应和指挥调度工作流程和规范；由市编办研究，市应急办增设相关处室，增加人员编制，强化监督检查、政策法规、风险管理、舆情监控等职能。三是要进一步加强区县和基层应急指挥体系建设。在街道、乡镇设立或确定应急管理机构，配备专职工作人员；强化区县应急机构的职责和编制，确保人员到位；完善社区、村等基层组织的应急管理组织体系和工作机制。四是要进一步健全现场指挥体系。制定和完善现场指挥部设置与运行实施细则；划分现场指挥的专业处置权和行政协调权，明确现场指挥责任分工；细化现场处置方案和工作流程，完善现场指挥部的运行保障措施。

多个方面着手完善应急处置机制确保应急响应可靠。首先，全面加强预报预警与信息发布能力建设。加快北京气象灾害应急防御服务工程项目建设，提高精细化预报水平。加快推进市突发事件预警信息发布中心建设，建立符合首都实际的市和区县两级预警信息发布平台。制定预警信息发布管理办法，明确全市突发事件预警信息发布体制、机制。依托北京应急网建立突发事件综合信息发布平台，及时发布与社会公众密切相关的综合信息。制定行业预警信息发布实施细则，在公共场所通过广播系统及时播放预警信息，通过社区居委会、村委会将预警信息通知到社区居民和农村居民。健全通过新闻媒体和手机区域及全网短信快速发布预警信息的长效机制。其次，健全首都地区应急协调联动机制。健全本市与中央单位、京津冀周边省市的应急协调联动机制，与国家民航局、首都机场、北京铁路局建立健全各项应急联动工作机制，积极推进本市应急指挥机制与部队指挥机制的全面对接。

在完善应急准备方面。一是改进交通应急保障措施。完善重大突发事件情况下的区域临时限行机制,建立应急通行证件的管理办法,健全城市交通大范围严重拥堵的缓解与应急机制,建立与完善运输中断时的抢通或修复预案,建立重大突发事件情况下收费公路免费通行的措施与制度,完善公共交通工具在应急情况下的科学调度与保障管理办法。二是强化应急队伍、物资和避难场所建设。为相关专业应急队伍配备适用的设备装备和应急物资,建立健全统一的应急队伍和物质装备信息数据库,制定应急避难场所建设管理、经费投入等方面的规定,各区县政府制订应急避难场所专项规划。三是强化应急法规和应急管理标准体系建设。全面落实《北京市实施〈中华人民共和国突发事件应对法〉办法》,加大执法检查力度,健全完善配套制度和措施。将防灾减灾教育、应急通道保护、大型群众性活动管理、社会单位错峰上下班和中小学放假、社会动员等纳入法治化管理。明确规定社会单位和公众在突发事件应对中的责任和义务,研究确定本市应急管理标准体系。完善《北京市应对突发事件专项准备资金管理暂行办法》,扩大资金适用范围,将突发事件预防与应急准备的各项工作纳入该项资金保障范围,逐年加大资金投入。

在社会动员方面。未来一方面要积极推进应急管理培训体系建设。统筹全市各类面向社会公众的应急培训基地建设,将公共安全与应急知识纳入学校日常教学,建立面向社会公众的应急知识培训远程教育开放平台。加大对社会各类人群进行应急培训的工作力度,实现全市每年不少于500万名市民接受一次以上应急避险培训。围绕提高领导干部突发事件应急处置能力,加快研究开发情景模拟教学课件。另一方面要进一步加强应急志愿者队伍建设与动员。建立全市应急志愿者指挥调度平台,尽快完成对全市注册应急志愿者的全员轮训。建立面向社会公众的网格化突发事件应急志愿者信息员队伍,加强对社会团体、民间应急救援力量的正面引导和规范管理。研究应急志愿者人身意外伤害保险政策,提供应急志愿者培训、演练、装备器材、补贴补助等资金保障。

在巨灾舆情宣传引导方面。要健全完善突发事件舆情宣传引导机制。具体而言,要建设突发事件舆情信息监控系统平台,建立舆情监控引导机制,及时获取各类信息,并做好督办落实与信息反馈等工作。要建立新闻发布联动机制,研究重大突发事件相关信息适时、滚动发布机制,加大对新闻发言人的培训。加强媒体沟通,积极回应舆论关注和公众答疑。要强化宣传,加强网信和环保部门的协调配合,共同研判和处置不良信息,引导网上舆论。要加强信息公开和公众参与,有关部门需要及时发布灾情有关信息,提醒公众做好应急准备和防护措施。

本章小节

本章在回顾北京市应急管理体系建立、完善和发展的基础上,通过问卷调查对北京市巨灾应急响应现状进行初步评价,然后通过对巨灾案例中北京市政府及有关部门的响应过程分析来揭示其在应急指挥体制、应急处置机制、应急准备、社会动员和舆论引导等方面存在的诸多问题,并有针对性地提出了改进建议和实施措施。

第八章 结论与展望

本书前七章内容对非常规突发事件应急响应可靠性机理和可靠性提升的策略进行了实证和案例分析,本章将总结全书主要研究内容,阐述主要研究结论和创新点,最后指出研究存在的不足之处。

第一节 研究结论

本书在文献研究和案例分析的基础上归纳了我国非常规突发事件应急响应失灵现象及其深层原因,指出了现阶段我国非常规突发事件应急响应的经验和不足,从体制和机制角度揭示了目前我国应急响应组织失灵的三种基本模式;从组织结构、组织运行机制、组织文化、组织领导四个组织相关因素以及协调能力、合作能力和沟通能力三个响应能力因素着手,提出了非常规突发事件应急响应可靠性机理的概念模型及形成路径;结合实证研究结果阐述了我国非常规突发事件应急响应可靠性提升的基本思路与具体路径;最后以北京市为例,展开以2012年北京特大暴雨灾害和2015年底北京首次空气重污染红色预警为代表的极端天气或巨灾情境下政府应急响应失灵分析及政策建议研究。综合运用文献研究、访谈、问卷调查、案例分析、结构方程模型等方法,得出以下结论。

(1) 通过案例分析和比较,研究认为我国非常规突发事件应急指挥的现状是应急指挥无规范、反应不灵敏、部门协调不足、应对不力、运转低效;非常规突发事件应急响应出现种种失灵现象的原因是组织结构不规范、运行机制不完善、组织危机文化安全意识不强和组织领导力低下,而这归根结底源于应急响应的体制和机制不完善的现实。

（2）从体制的规范性和机制的灵活性两个角度出发，本书还提出了应急响应失灵的四种基本模式（见图3-8），模式Ⅰ是一种无法正常运行的应急响应模式，其响应组织是松散的，运行机制是不灵敏的；模式Ⅱ是一种科层的、程序化的应急响应模式，其响应组织是结构化的，但运行机制是死板的；模式Ⅲ是一种反应性的应急响应模式，其响应组织是松散的，运行机制是过于灵活的或者说即兴的；模式Ⅳ则是一种适应性的应急响应模式，其响应组织是规范的并且运行机制具有较高的灵活性，实现了完美结合与平衡。

（3）基于统计分析与假设验证本书还提出了非常规突发事件应急响应的可靠性机理，即应急响应协调能力、合作能力和沟通能力对于应急响应可靠性有着显著影响，而应急响应协调能力、合作能力和沟通能力又受到应急响应组织结构、组织运行机制、组织文化和组织领导四个因素的影响。研究还发现组织文化和组织领导、组织文化和组织运行机制之间存在相关性。

（4）通过 SEM 分析，本书揭示了非常规突发事件应急响应可靠性机理的形成路径，即组织结构→合作能力→应急响应可靠性、组织结构→协调能力→应急响应可靠性、组织结构→沟通能力→应急响应可靠性、组织运行机制→合作能力→应急响应可靠性、组织运行机制→协调能力→应急响应可靠性、组织运行机制→沟通能力→应急响应可靠性、组织文化→合作能力→应急响应可靠性、组织文化→协调能力→应急响应可靠性、组织文化→沟通能力→应急响应可靠性、组织领导→合作能力→应急响应可靠性、组织领导→协调能力→应急响应可靠性、组织领导→沟通能力→应急响应可靠性。

（5）根据案例分析和实证研究的结果，要提高应急响应可靠性需要通过规范应急响应组织结构、完善组织运行机制、培育响应组织文化和提高组织领导能力等途径来实现。因此本书进一步指出了化解当前应急响应失灵进而提升应急响应可靠性的基本策略，如建立规范化的突发事件现场应急指挥体系，同时完善具有灵活性的应急响应机制，培育具有开放精神和创新性的组织文化，提高应急响应领导者应急处置能力。从重视应急响应到重视应急准备的应急管理范式转变迫在眉睫。

（6）通过北京市突发事件应急管理体系的形成与发展历程的梳理，指出当前北京市巨灾应对和响应不足的客观背景。选择两个巨灾（极端天气）案例，开展政府应急响应失灵分析，研究表明，尽管北京市突发事件应急管理体系不断完善，但是在巨灾响应上仍存在准备工作不足、响应机制不完善等问题。同时，北京市政府应急管理工作人员对北京市巨灾响应能力评价的结果显示：北京市政府在巨灾响应时领导者的资源获取以及态势评估能力需要得到进一步提高；决策依赖上级领导或部门，决策辅助支持系统在实践情况下发挥作用有限；快速合理配置应急响应资源方面有待完善；组织内外协调机制运行不够理想；组织内危机感知及组织间互信程度相对较弱。

第二节　研究创新

由于目前有关非常规突发事件应急响应可靠性的实证研究相对较少，本书以事故灾难类特大突发事件为例，不仅注重对经验的归纳总结和现象解释，还通过较为规范的理论研究、问卷调查、结构方程模型和统计分析相结合的方法，在以下两方面有所创新。

（1）基于体制规范和机制灵活性的二维分析，创造性提出非常规突发事件应急响应的四种模式。通过案例分析和比较研究指出了非常规突发事件应急响应失灵是当前应急响应的体制和机制不成熟和不完善所致，因此从体制的规范性和机制的灵活性两个角度出发，提出了应急响应的四种基本模式。前三种模式都可以被称为应急响应失灵模式，而模式Ⅳ则是一种理想的可靠的应急响应模式。这一模式分析思路的提出有助于实践部门有针对性地开展应急响应过程中的体制和机制问题自查和改进。

（2）基于可靠性理论和底线思维，研究提出了非常规突发事件应急响应可靠性的机理模型，并借助实论研究予以验证，从而揭示了应急响应可靠性的形成路径。实证研究的结果显示：应急响应协调能力、合作能力和沟通能力对于应急响应可靠性有着显著影响，而应急响应协调能力、合作能力和沟通能力又受到应急响应组织结构、组织运行机制、组织文化和组织领导四个因素的影响。因此，要提高非常规突发事件应急响应可靠性可以通过规范应急响应组织结构、完善组织运行机制、培育响应组织文化和提高组织领导能力四条途径来实现。这一可靠性概念模型和机理的提出既能为后续应急响应可靠性的研究提供参考，还能够为未来非常规突发事件的应急处置和救援提供重要依据。

第三节 不足与展望

本书围绕非常规突发事件应急响应过程的影响因素进行研究，从应急响应可靠性概念出发，建立了非常规突发事件应急响应可靠性机理的概念模型和研究假设，并结合调研获得的数据对初始研究模型进行了检验和修正。但是限于个人能力、研究时间以及资源因素，研究不可避免地存在一些不足，主要有以下几个方面。

（1）案例选择的丰富程度和代表性不够

考虑到自然灾害类（以大地震为例）的应急指挥体系问题已经有研究者（宋劲松、邓云峰等）涉及，加之在公共卫生事件和社会安全事件中应急指挥体系的有关信息难以获得，本书第三章案例分析部分重点聚焦了事故灾难类突发事件，选择了近年来发生在我国的四起特别重大事故灾难，针对其应急响应时应急指挥组织结构的变化及其响应失灵环节进行分析，进而得出事故灾难类非常规突发事件应急响应失灵的根本原因。这在一定程度上有所不足，案例的代表性和丰富程度还不够。

（2）模型建立的科学性和完备性仍有待提高

本书所提出的应急响应可靠性机理概念模型是在综合分析影响响应过程的多因素的基础上，结合高可靠性组织和任务型组织理论分析而建立，并设置了8个变量。尽管在研究中对这些变量进行了思考和定义，但是仍然不够清晰，仍有重合之处，也缺少对其他变量筛选的考虑以及对变量间关系的探究。对于因变量也就是可靠性的测项选择，主要从响应结果评价角度进行，而没有从定义的角度进行。此外，除了本书组织层面提出的影响因素，还有很多其他因素对应急响应活动、过程及结果产生影响，如事件复杂程度、事件演化过程、环境因素以及资源充沛性等等，因此缺乏对控制变量或调控变量的综合考量。

（3）调查对象的局限性

本书试图研究非常规突发事件应急响应可靠性的机理，主要以应急管理工作人员以及少量研究人员为调查对象，但是这些人实际参与非常规突发事件应对的经验尚不丰富，并且调查对象来自不同层级的政府内部或者不同政府部门，这就决定了其看待响应过程及结果的视角和看法存在差异，一定程度上会影响调查结果。

（4）问卷发放及问卷质量控制等问题

本书的研究采用邮件发送问卷、现场发放问卷以及网络问卷相结合的方式来进行，考虑到问卷对象的特殊性以及研究者社会关系网络限制，问卷发放的对象主要采用便利抽样方法，其主要的发放对象集中在应急管理专业相关研究者、政府有关部门年轻工作者、政府综合应急管理部门工作者等，这在一定程度上也会影响调研结果和研究结论。

针对上面提出的研究不足，未来的研究可从以下几点进行深入细致的探讨。

（1）丰富案例类型并增加案例数量

由于研究主要以事故灾难之安全生产事故及一起交通事故为案例分析对象来代表非常规突发事件这个总体，因此一定程度上存在着案例不足的问题。尽管社会安全事件和公共卫生事件的应急管理特别是应急响应过程很难获取有关分析对象的信息，但是除了安全生产事故外，事故灾难还有很多种类，自然灾害也是如此。因此在未来的研究中有必要丰富突发事件类型，并增加案例数量，以使应急响应失灵环节的总结更有说服力以及结论更具概括推广性。

（2）对模型变量进行细化

研究选取了与组织相关的四个变量即组织结构、运行机制、组织文化和组织领导，然而影响应急响应可靠性的组织因素可能还有其他一些。再者，各个变量下笔者根据文献及案例分析选择部分测项进行测量，这一方面是出于选择最重要因素的考虑，再者也是受限于结构方程模型研究方法中对于问卷测项的数量规定。因此，在设计变量的时候不免出现一些遗漏。在后面的研究中，可以对研究变量进行丰富、完善和细化。

(3) 深入分析影响因素的前因以及调控变量的作用

本书只是针对应急响应可靠性的影响因素进行调研，而对影响这些具体因素的前因没有比较深入分析。同时在本书提出的四个因素、三种能力和应急响应可靠性之间可能还存在一些调控因素，比如事件本身的复杂程度，未来的研究既可以选择具体的一个因素进行更深入的研究，也可从挖掘更多的调控变量进行全盘综合考虑。

参考文献

Allison G. T., Zelikov P., *Essence of Decision: Explaining the Cuban Missile Crisis*, New York: Longman, 1999.

Ansell C., Boin A., Keller A., "Managing Transboundary Crises: Identifying Building Blocks of an Effective Response System," *Journal of Contingencies and Crisis Management* 4 (2010): 205 –217.

Ansell C., Keller A., "Improving Pandemic Response: A Sensemaking Perspective on the Spring 2009 H1N1 Pandemic," *Risk, Hazards & Crisis in Public Policy* 2 (2012): 1 –37.

Argenti P., "Crisis Communication: Lessons from 9/11," *Harvard Business Review* 12 (2002): 103.

Arnold J. L., Paturas J., Rodoplu U., "Measures of Effectiveness of Hospital Incident Command System Performance," *Prehospital and Disaster Medicine* 3 (2005): 202 –205.

Baker D. P., Day R., Salas E., "Teamwork as an Essential Component of High-Reliability Organizations," *Health Service Research* 41 (2006): 1576 – 1598.

Baker D. P., Refsgaard K., "Institutional Development and Scale Matching in Disaster Response Management," *Ecological Economics* 2 –3 (2007): 331 – 343.

Bea R., "Human and Organizational Factors in Risk Analysis and Management of Offshore Structures," *Risk Analysis* 22 (2002): 29 –45.

Bigley G. A., Roberts K. H., "The Incident Command System: High Reliability Organizing for Complex and Volatile Task Environments," *Academy of Management Journal* 6 (2001): 1281-1299.

Boersma K. et al., "Editorial: Incident Command Systems: A Dynamic Tension among Goals, Rules and Practice," *Journal of Contingencies and Crisis Management* 1 (2014): 1-4.

Boin A., *Crafting Public Institutions: Leadership in Two Prison Systems*, Boulder: Lynne Rienner Publishers, Inc., 2001.

Boin A., Hart P., "Public Leadership in Times of Crisis: Mission Impossible?" *Public Administration Review* 5 (2003): 544-556.

Boin A. et al., *The Politics of Crisis Management: Public Leadership under Pressure*, New York: Cambridge University Press, 2005.

Boin A. et al., "Leadership Style, Crisis Response and Blame Management: The Case of Hurricane Katrina," *Public Administration* 3 (2010): 706-723.

Boin A., Hart P., "Organizing for Effective Emergency Management: Lessons from Research," *Australian Journal of Public Administration* 4 (2010): 357-371.

Boin A., Renaud C., "Orchestrating Joint Sensemaking across Government Levels: Challenges and Requirement for Crisis Leadership," *Journal of Leadership Studies* 3 (2013): 41-46.

Boin A., Kuipers S., Overdijk W., "Leadership in Times of Crisis: A Framework for Assessment," *International Review of Public Administration* 1 (2013): 79-92.

Buchanan D. A., Denyer D., "Researching Tomorrow's Crisis: Methodological Innovations and Wider Implications," *International Journal of Management Reviews* 2 (2013): 205-224.

Buck D., Trainor J., Aguirre B., "A Critical Evaluation of the Incident Command System and NIMS," *Journal of Homeland Security and Emergency Management* 3 (2006): 1-27.

Busby J. S. , " Failure to Mobilize in Reliability-Seeking Organizations: Two Cases from the UK Railway," *Journal of Management Studies* 43 (2006): 1375 – 1393.

Charles R. , "Wise Organizing for Homeland Security after Katrina: Is Adaptive Management What's Missing? " *Public Administration Review* 3 (2006): 302 – 318.

Clark L. E. , Implementation of the National Incident Management System in New Jersey, Doctor's Dissertation, University of Baltimore, 2010.

Cole D. , Chaos, Complexity, and Crisis Management: A New Description of the Incident Command System, Executive Officer Program, National Fire Academy, Emmitsburg, MD, 2001.

Cole D. , The Incident Command System: A 25 – Year Evaluation by California Practitioners, A Research Paper Submitted to the National Fire Academy, Executive Fire Officer Program, 2000, February.

Comfort L. K. , "Coordination in Rapidly Evolving Disaster Response Systems the Role of Information," *American Behavioral Scientist* 3 (2004): 295 – 313.

Comfort L. K. , "Crisis Management in Hindsight: Cognition, Communication, Coordination and Control," *Public Administration Review* S1 (2007): 189 – 197.

Comfort L. K. , Dunn M. , "Coordination in Complex Systems: Increasing Efficiency in Disaster, Mitigation and Response," *International Journal of Emergency Management* 1 – 2 (2004): 1 – 2.

Comfort L. K. , "Integrating Information Technology into International Crisis Management and Policy," *Journal of Contingencies and Crisis Management* 1 (1993): 15 – 26.

Comfort L. K. , Michael D. Siciliano, Okada A. , " Resilience, Entropy, and Efficiency in Crisis Management: The January 12, 2010, Haiti Earthquake," *Risk, Hazards & Crisis in Public Policy* 3 (2010): 1 – 25.

Comfort L. K. , Okada A. , "Emergent Leadership in Extreme Events: A Knowledge Commons for Sustainable Communities," *International Review of Public*

Administration 1 (2013): 61 – 77.

Comfort L. K., "Rethinking Security: Organizational Fragility in Extreme Events," *Public Administration Review* 9 (2002): 98 – 107.

Crichton M. T., Lauche K., Flin R., "Incident Command Skills in the Management of an Oil Industry Drilling Incident: A Case Study," *Journal of Contingencies and Crisis Management* 3 (2005): 116 – 128.

Decker R. J., "Acceptance and Utilisation of the Incident Command System in First Response and Allied Disciplines: An Ohio Study," *Journal of Business Continuity & Emergency Planning* 3 (2011): 224 – 230.

Deverell E., Hansén D., "Learning from Crises and Major Accidents: From Post-Crisis Fantasy Documents to Actual Learning in the Heat of Crisis," *Journal of Contingencies and Crisis Management* 3 (2009): 143 – 145.

Drabek T. E., "Predicting Disaster Response Effectiveness," *International Journal of Mass Emergencies and Disasters* 1 (2005): 49 – 72.

Drupsteen et al., "Critical Steps in Learning from Incidents: Using Learning Potential in the Process from Reporting an Incident to Accident Prevention," *International Journal of Occupational Safety and Ergonomics* 1 (2013): 63 – 77.

Dynes R. R., Aguirre B. E., "Organizational Adaptation to Crises: Mechanisms of Coordination and Structural Change," *Disasters* 1 (1979): 71 – 74.

Edwards F. L., "Effective Disaster Response in Cross Border Events," *Journal of Contingencies and Crisis Management* 4 (2009): 255 – 265.

Eisenhardt K. M., "Building Theories from Case Study Research," *Academy of Management Review* 4 (1989): 532 – 550.

Faith K. S., Jackson B. A., Willis H., "Text Analysis of After Action Reports to Support Improved Emergency Response Planning," *Journal of Homeland Security and Emergency Management* 1 (2011): 1 – 17.

Fischer H. W., "What Emergency Management Officials Should Know To Enhance Mitigation and Effective Disaster Response," *Journal of Contingencies and Crisis Management* 4 (1996): 208 – 217.

Flin R., Yule S., "Leadership for Safety: Industrial Experience," *Quality and Safety in Health Care* S1 (2004): 80 – 84.

Flynt J. H., The Application of a NIMS ICS Compliant Virtual Emergency Operations Center in Regional Emergency Response, Master's Thesis, Arkansas Tech University, 2008.

Freeman J. A., Tobin G. A., "Assessment of an Emergency Disaster Response to Floods in Agadez, Niger," *Risk, Hazards and Crisis in Public Policy* 2 (2011): 1 – 19.

Garnett J. L., Kouzmin A., "Communicating throughout Katrina: Competing and Complementary Conceptual Lenses on Crisis Communication," *Public Administration Review* 67 (2007): 171 – 188.

Hale J. E., Dulek R. E., Hale D. P., "Crisis Response Communication Challenges: Building Theory from Qualitative Data," *Journal of Business Communication* 2 (2005): 112 – 134.

Hansen R. R., "Letter to the Editor Regarding Incident Command System," *Journal of Homeland Security and Emergency Management* 4 (2006): 1 – 3.

Hannah S. T. et al., "A Framework for Examining Leadership in Extreme Contexts," *The Leadership Quarterly* 6 (2009): 897 – 919.

Harrald J. R., "Agility and Discipline: Critical Success Factors for Disaster Response," *The Annals of the American Academy of Political and Social Science* 1 (2006): 256 – 272.

Henstra D., "Evaluating Local Government Emergency Management Programs: What Framework Should Public Managers Adopt?" *Public Administration Review* 2 (2010): 236 – 246.

Hughey E. P., Bell H. M., "A Model of Community Response: Institutional Structures and Effective Disaster Management," *Risk, Hazards & Crisis in Public Policy* 2 (2012): 1 – 17.

Irwin R. L., "The Incident Command System," in Auf der Heide E., ed., *Disaster Response: Principles of Preparation and Coordination*, St. Louis: CV

Mosby, 1989.

Jackson B. A., Sullivan F. K., "Are We Prepared? Using Reliability Analysis to Evaluate Emergency Response Systems," *Journal of Contingencies and Crisis Management* 3 (2011): 147-157.

James E. H., Wooten L. P., "Leadership as (Un) usual: How to Display Competence in Times of Crisis," *Organizational Dynamics* 2 (2005): 141-152.

Jensen J., NIMs in Action: A Case Study of the System's Use and Utility, Natural Hazards Center of the University of Colorado Report, 2008.

Jensen J., Waugh W. L., "The United States' Experience with the Incident Command System: What We Think We Know and What We Need to Know More About," *Journal of Contingencies and Crisis Management* 1 (2014): 5-17.

Jongejan B. R. et al., "How Prepared Is Prepared Enough?" *Disasters* 1 (2011): 130-142.

Kane J., Incident Command System and the Concept of Unified Command at a Terrorist Incident, United States, 2001.

Kapucu N., Garayev V., "Collaborative Decision-Making in Emergency and Disaster Management," *International Journal of Public Administration* 6 (2011): 366-375.

Kapucu N., "Interorganizational Coordination in Dynamic Context: Networks in Emergency Response Management," *Connections* 2 (2005): 33-48.

Kapucu N. et al., "Interstate Partnerships in Emergency Management: Emergency Management Assistance Compact in Response to Catastrophic Disasters," *Public Administration Review* 2 (2009): 297-313.

Keller A. C., Ansell C. K., "Improving Pandemic Response: A Sensemaking Perspective on the Spring 2009 H1N1 Pandemic," *Risk, Hazards & Crisis in Public Policy* 2 (2012): 1-37.

Kendra J. M., Wachtendorf T., "Improvisation, Creativity, and the Art of Emergency Management," *Disaster Research Center* (2006).

Kendra J. M., Wachtendorf T., "Creativity in Emergency Response to the

World Trade Center Disaster," in Monday, Jacqueline L., ed., *Beyond September 11th: An Account of Post-Disaster Research*, Program on Environment and Behavior Special Publication #39.

Lalonde C., "Crisis Management and Organizational Development: Towards the Conception of a Learning Model in Crisis Management," *Organization Development Journal* 1 (2007): 17 – 26.

Lam C. et al., "A Pilot Study of Citizens' Opinions on the Incident Command System in Taiwan," *Disasters* 2 (2010): 447 – 469.

Leonard H. B., Howitt A. M., "Command System for All Agencies?" *Crisis Response Journal* 2 (2005): 41 – 42.

Leonarld H. B., Howitt A. M., "High Performance in Emergency Preparedness and Response: Disaster Type Differences," *Taubman Center Policy Briefs* 4 (2007): 1 – 8.

Leonard H. B., Howitt A. M., "Organizing Response to Extreme Emergencies: The Victorian Bushfires of 2009," *Australian Journal of Public Administration* 4 (2010): 372 – 386.

Lindell M. K., Perry R. W., Prater C. S., Organizing Response to Disasters with the Incident Command System/Incident Management System (ICS/IMS), International Workshop on Emergency Response and Rescue, October 31 – November 1, 2005.

Lin Z. H., Organizational Design and Adaptation in Response to Crisis: Theory and Practice, Master's Thesis, University of Texas at Dallas, 2002.

Lutz L. D., Lindell M. K., "The Incident Command System as a Response Model Within Emergency Operation Centers during Hurricane Rita," *Journal of Contingency and Crisis Management* 3 (2008): 122 – 134.

McConnell A., Drennan L., "Mission Impossible? Planning and Prepaering for Crisis," *Journal of Contingencies and Crisis Management* 2 (2006): 59 – 70.

McConnell A., "Success? Failure? Something in-between? A Framework for Evaluating Crisis Management," *Policy and Society* 2 (2011): 63 – 76.

Mendonca D., Wallace W. A., Studying Organizationally-Situated Improvisation in Response to Extreme Events, New Jersey: In format ion Systems Department, New Jersey Institute of Technology, 2003.

Moynihan D. P., From Forest Fires to Hurricane Katrina: Case Studies of Incident Command Systems, Report to the IBM Center for the Business of Government, 2007.

Moynihan D. P., "Learning under Uncertainty: Networks in Crisis Management," *Public Administration Review* 2 (2008): 50 – 365.

Moynihan D. P., "The Network Governance of Crisis Response: Case Studies of Incident Command Systems," *Journal of Public Administration Research and Theory* 4 (2009): 895 – 915.

National Research Council, *Facing Hazards and Disasters: Understanding Human Dimensions*, Washington D. C.: National Academies Press, 2006.

Neal D., Phillips B., "Effective Emergency Management: Reconsidering the Bureaucratic Approach," *Disasters* 4 (1995): 322 – 337.

Neill B. A., Model Assessment Tool for the Incident Command System: A Case Study of the San Antonio Fire Department, Master's Thesis, Texas State University, 2008.

Olsson E. K., "Crisis Communication in Public Organisations: Dimensions of Crisis Communication Revisited Journal of Contingencies and Crisis Management," *Journal of Contingencies & Crisis Management* 2 (2014): 113 – 125.

Quarantelli E. L., "Ten Criteria for Evaluating the Management of Community Disasters," *Disasters* 1 (1997): 39 – 56.

Richton M., Lauche K., Flin R., "Incident Command Skills in the Management of an Oil Industry Drilling Incident: A Case Study," *Journal of Contingencies and Crisis Management* 3 (2005): 116 – 128.

Roberts K. H., "Managing High Reliability Organizations," *California Management Review* 4 (1990): 101 – 114.

Sarewitz D., Pielke R., Extreme Events: A Research and Policy

Framework for Disaster in Context, Extreme Events Decision Making Workshop Report, http://www.albany.edu/cpr/xedm/ April 29 – 30, 2001.

Saundra K. S., "Administrative Breakdowns in the Governmental Response to Hurricane Katrina," *Public Administration Review* 5 (2005): 515 – 516.

Schneider S. K., "Governmental Response to Disasters: The Conflict between Bureaucratic Procedures and Emergent Norms," *Public Administration Review* 3 (1992): 135 – 145.

Smith D. M., A Study of Command and Control of Multi-Agency Disaster Response Operations, Doctor's Dissertation, University of Phoenix, 2010.

Tierney K. J., Lessons Learned from Research on Group and Organizational Responses to Disasters, Paper Presented at Countering Terrorism: Lessons Learned from Natural and Technological Disasters, Academy of Sciences, 2002, February28-March 1.

Tsai Jin-Song, Chi Cheryl S. F., "Cultural Influence on the Implementation of Incident Command System for Emergency Management of Natural Disasters," *Journal of Homeland Security and Emergency Management* 1 (2012): 1 – 5.

Wang J., Daniela R., William T., "Dynamic Workflow Modeling and Analysis in Incident Command Systems," *IEEE Transactions on Systems, Man and Cybernetics, Part A: Systems and Humans* 5 (2008): 1041 – 1055.

Waugh W. L., Mechanisms for Collaboration in Emergency Management: ICS, NIMS, and the Problem with Command and Control, 2006 Collaborative Public Management Conference, Syracuse University Greenberg House, Washington D. C., September, 2006, pp. 28 – 30.

Weick K. E., "Organizational Culture as a Source of High Reliability," *California Management Review* 2 (1987): 112 – 127.

Weick K. E., Roberts K. H., "Collective Mind in Organizations: Heedful Interrelating on Flight Decks," *Administrative Science Quarterly* 38 (1993): 357 – 381.

Weick K. E., "The Collapse of Sensemaking in Organizations: The Mann

Gulch Disaster," *Administrative Science Quarterly* 4 (1993): 628 - 652.

Wenger D., Quarantelli E. L., Dynes R., "Is the Incident Command System a Plan for All Seasons and Emergency Situations?" Hazard Monthly 3 (1990): 8 - 12.

William L., Waugh J., Gregory Streib, "Collaboration and Leadership for Effective Emergency Management," *Public Administration Review*s 1 (2006): 131 - 140.

Wilson E. K., Lessons Learned the Hard Way: Incident Command System Learning and Training, Master's Thesis, University of Delaware, 2013.

Wise C. R., "Organizing for Homeland Security after Katrina: Is Adaptive Management What's Missing?" *Public Administration Review* 3 (2006): 302 - 318.

安金朝:《应急响应过程可靠性建模及调度方法研究》,硕士学位论文,南昌大学,2007。

蔡鉴明:《地震灾害应急物流时变性及可靠性相关问题研究》,博士学位论文,中南大学,2012。

崔丽、仲秋雁、王延章等:《基于情境的非常规突发事件理论方法研究综述》,《情报杂志》2011年第6期。

程玥、马庆钰:《构建全息指挥与协同应急新模式》,《中国行政管理》2011年第5期。

程书波:《中国地震应急管理典型案例分析——以玉树地震为例》,《河南理工大学学报》(社会科学版)2012年第4期。

陈志刚:《青岛市现代化应急指挥管理体系研究》,硕士学位论文,山东大学,2012。

池宏、祁明亮、计雷等:《城市突发公共事件应急管理体系研究》,《中国安防产品信息》2005年第4期。

邓雯妍:《应急管理中志愿失灵研究——以汶川地震为例》,硕士学位论文,暨南大学,2009。

董华、周恩泽、褚晓明:《城市公共安全系统可靠性研究》,《中国安全科学学报》2004 年第 5 期。

董泽宇：《公众应急培训的特征、现状与发展方向》，《中国应急管理》2012 年第 10 期。

傅跃强：《应急系统响应可靠性理论及在火灾应急中的应用研究》，博士学位论文，南昌大学，2008。

高信奇：《高可靠性应急管理政府：借鉴与构建》，《上海市经济管理干部学院学报》2011 年第 2 期。

国家行政学院应急管理案例研究中心：《应急管理典型案例研究报告（2017）》，社会科学文献出版社，2017。

韩传峰、叶岑：《政府突发事件应急能力综合评价》，《自然灾害学报》2007 年第 4 期。

韩传峰、王兴广、孔静静：《非常规突发事件应急决策系统动态作用机理》，《软科学》2009 年第 8 期。

韩正强：《突发事件应急过程能力评价研究》，博士学位论文，华中科技大学，2011。

韩智勇、翁文国、张维等：《重大研究计划"非常规突发事件应急管理研究"的科学背景、目标与组织管理》，《中国科学基金》2009 年第 4 期。

霍彦：《大城市应急指挥系统研究》，硕士学位论文，天津大学，2004。

黄炼：《突发公共事件应急指挥问题研究》，硕士学位论文，湖南大学，2012。

黄文伟、鲁赢、尚国华：《网络中心战作战指挥方式的变革》，《国防科技》2006 年第 8 期。

黄子坚：《反恐防暴指挥方式发展趋势浅析》，《湖北警官学院学报》2005 年第 3 期。

华国伟、余乐安、汪寿阳：《非常规突发事件特征刻画与应急决策研究》，《电子科技大学学报》（社科版）2011 年第 2 期。

姜卉、黄钧：《罕见重大突发事件应急实时决策中的情景演变》，《华中科技大学学报》（社会科学版）2009 年第 1 期。

金剑峰、黄妍中：《建立台风灾害应急管理体制的建议——基于珠三角地区的案例研究》，《价值工程》2013 年第 21 期。

康青春、郑儒欣：《非常规突发事件现场应急指挥平台设计与实现》，《中国安全科学学报》2010 年第 3 期。

邝玥：《中美应急指挥流程比较研究》，硕士学位论文，华中科技大学，2013。

李湖生：《非常规突发事件应急准备体系的构成及其评估理论与方法研究》，《中国应急管理》2013 年第 8 期。

李金波：《非常规突发事件下应急指挥组织架构创新研究》，硕士学位论文，天津大学，2012。

李伟健、王伟力、尚金红：《信息化条件下作战指挥方式》，《国防科技》2008 年第 5 期。

李明磊、王红卫、祁超等：《非常规突发事件应急决策方法研究》，《中国安全科学学报》2012 年第 3 期。

李宁、严进：《组织信任氛围对任务绩效的作用途径》，《心理学报》2007 年第 6 期。

李颖：《基于"双失灵"视角的食品安全问题研究——以上海食品业为例》，硕士学位论文，上海师范大学，2012。

林鸿潮、詹承豫：《非常规突发事件应对与应急法的重构》，《中国行政管理》2009 年第 7 期。

刘成林：《美国的森林火灾扑救指挥系统》，中国林业出版社，2008。

刘丹、王红卫等：《非常规突发事件应急指挥组织结构研究》，《中国安全科学学报》2011 年第 7 期。

刘刚：《第一响应人制度的必要与可能》，《中国应急救援》2013 年第 4 期。

刘铁民：《重大事故应急指挥系统（ICS）框架与功能》，《中国安全生产科学技术》2007 年第 2 期。

刘铁民：《玉树地震灾害再次凸显应急准备重要性》，《中国安全生产科学技术》2010 年第 2 期。

刘霞、严晓、刘世宏：《非常规突发事件的性质和特征探析》，《北京航空航天大学学报》（社会科学版）2011年第3期。

刘秀云、吴超：《中美典型大城市突发事件应急管理模式的比较研究》，《工业安全与环保》2011年第1期。

刘奕、刘艺、张辉：《非常规突发事件应急管理关键科学问题与跨学科集成方法研究》，《中国应急管理》2014年第1期。

刘在涛、李洋：《通过玉树地震解析中国地震应急响应机制》，《中国应急救援》2010年第5期。

陆金华：《城市突发事件现场应急指挥通用模式研究》，硕士学位论文，首都经济贸易大学，2009。

卢文刚：《城市电力突发事件应急响应能力评价体系构建初探》，《中国应急管理》2011年第4期。

吕景胜、郭晓来：《政府城市重大危机应急管理中的问题与对策——以北京7·21大暴雨为案例视角》，《国家行政学院学报》2012年第5期。

马奔、王郅强：《突发事件应急现场指挥系统研究》，《山东社会科学》2011年第5期。

马奔、王郅强、薛澜：《美国突发事件应急指挥体系（ICS）及其对中国的启示》，《地方政府发展研究（第五辑2009）》。

马庆钰、程玥：《应急指挥的新范式——以纽约市消防局为例》，《中国应急管理》2011年第3期。

马燕楠、张永领：《巨灾情景下我国政府不间断运行的关键职能探析》，《电子科技大学学报》（社科版）2014年第3期。

苗百园：《"情景—冲击—脆弱性"框架下的中国巨灾风险管理研究》，硕士学位论文，吉林大学，2014。

苗崇刚、聂高众：《地震应急指挥模式探讨》，《自然灾害学报》2004年第5期。

莫于川：《通过改革创新更有效地应对突发事件、保障基本权利、约束公共权力——以甬温线动车追尾事故救援处置工作教训为研究线索》，《法学杂志》2012年第9期。

欧阳克刚：《应急管理及其培训的性质、特征与培训主体刍议》，《陕西行政学院学报》2012 年第 4 期。

彭伟功等：《可靠性理论在公共安全领域的应用研究》，《中国安全科学学报》2009 年第 4 期。

佘廉、程聪慧：《基于事件生命周期的应急指挥信息沟通过程分析》，《电子科技大学学报》（社科版）2014 年第 2 期。

佘廉、程聪慧：《应急指挥过程中的业务持续管理研究：一种时序性流程的视角》，《电子政务》2014 年第 2 期。

佘廉、贺璇：《现场应急指挥的要素可靠性分析》，《电子政务》2013 年第 6 期。

佘廉、刘山云、吴国斌：《水污染突发事件：演化模型与应急管理》，《长江流域资源与环境》2011 年第 8 期。

佘廉：《企业预警管理理论》，河北科学技术出版社，1999。

师立晨、曾明荣等：《事故应急救援指挥中心组织架构和运行机制探讨》，《安全与环境学报》2005 年第 2 期。

舒其林：《非常规突发事件的情景演变及"情景－应对"决策方案生成》，《中国科学技术大学学报》2012 年第 11 期。

宋劲松、邓云峰：《我国大地震等巨灾应急组织指挥体系建设研究》，《宏观经济研究》2011 年第 5 期。

宋劲松：《突发事件应急指挥》，中国经济出版社，2011。

汤敏轩：《危机管理体制中的信息沟通机制——基于组织整合的流程分析》，《江海学刊》2004 年第 1 期。

唐攀、周坚：《非常规突发事件应急响应组织结构及运行模式》，《北京理工大学学报》2013 年第 2 期。

铁永波、唐川、周春花：《政府部门的应急响应能力在城市防灾减灾中的作用》，《灾害学》2005 年第 3 期。

童星、陶鹏：《论我国应急管理机制的创新——基于源头治理、动态管理、应急处置相结合的理念》，《江海学刊》2013 年第 2 期。

童星、陶鹏：《灾害危机的组织适应：规范、自发及其平衡》，《四川大学学报》（哲学社会科学版）2012 年第 5 期。

童星、张海波：《基于中国问题的灾害管理分析框架》，《中国社会科学》2010年第1期。

万鹏飞：《美国、加拿大和英国突发事件应急管理法编选》，北京大学出版社，2006。

王宁、王延章：《应急管理体系及其业务流程研究》，《公共管理学报》2007年第2期。

王威：《南宁市城市应急联动系统》，《办公自动化》2003年第10期。

王旭豪、王文发、杨文军：《基于物联网的作战指挥方式探讨》，《兵工自动化》2011年第8期。

王迎春：《反恐应急指挥机制建设的主要问题》，《中国人民公安大学学报》（社会科学版）2008年第4期。

王玉琳：《公共突发事件与应急指挥系统分析》，《党政干部论坛》2003年第9期。

〔美〕威廉·L.沃、格利高里·斯特雷布：《有效应急管理的合作与领导》，王宏伟、李莹译，《国家行政学院学报》2008年第3期。

吴昊：《我国应急指挥系统发展的三个方向》，《中国社会报》2009年3月9日。

熊炎：《高效应急组织的界定、分类与运行特征》，《中国人民公安大学学报》2011年第3期。

熊炎：《应急管理中的组织原理综述》，《广东行政学院学报》2010年第6期。

薛澜、刘冰：《应急管理体系新挑战及其顶层设计》，《国家行政学院学报》2013年第1期。

薛澜、陶鹏：《从自发无序到协调规制：应急管理体系中的社会动员问题——芦山抗震救灾案例研究》，《行政管理改革》2013年第6期。

薛澜、张强、钟开斌：《危机管理：转型期中国面临的挑战》，清华大学出版社，2003。

杨继君、吴启迪等：《面向非常规突发事件的应急资源合作博弈调度》，《系统工程》2008年第9期。

杨静：《事故灾难应急救援人—机—环境系统分析》，硕士学位论文，西安建筑科技大学，2010。

杨永俊：《突发事件应急响应流程构建及预案评价》，硕士学位论文，大连理工大学，2009。

闫绪娴：《非常规突发事件应急管理的国内研究热点评析——基于共词分析》，《理论月刊》2014年第8期。

袁宏永、陈建国、张志：《我国应急管理教育培训方法和体系探索》，《中国应急管理》2008年第10期。

〔美〕约瑟夫·熊彼特：《经济发展理论》，何畏等译，商务印书馆，1990。

詹承豫：《中国应急管理体系完善的理论与方法研究——基于"情景—冲击—脆弱性"的分析框架》，《政治学研究》2009年第5期。

詹承豫：《动态情景下突发事件应急预案的完善路径研究》，《行政法学研究》2011年第1期。

张成福、杨兴坤：《非常规突发事件应急管理经验与教训——以H1N1甲型流感为例》，《重庆行政（公共论坛）》2010年第2期。

张海波：《当前应急管理体系改革的关键议题——兼中美两国应急管理经验比较》，《甘肃行政学院学报》2009年第1期。

张海波：《高风险社会中的自然灾害管理——以"2008年南方雪灾"为案例》，《北京行政学院学报》2010年第3期。

张海波、童星：《应急管理创新：分化、前延与转向——以日本"3·11"大地震为案例》，《湖南师范大学社会科学学报》2012年第3期。

张剑：《我国巨灾风险处置市场失灵的经济学分析》，《商业文化》2007年第9期。

张康之、程丹：《论任务型组织环境的变动性特征》，《甘肃行政学院学报》2008年第1期。

张康之、李圣鑫：《任务型组织及其构成要素》，《学习论坛》2008年第4期。

张强：《城市突发事件应急指挥系统研究》，硕士学位论文，武汉理工大学，2007。

张勇进、汪玉凯：《政府应急管理需求识别》，《国家行政学院学报》2010年第5期。

赵林度、程婷：《城际重大危险源的应急网络协同弹性研究》，《软科学》2008年第3期。

郑双忠、邓云峰、刘铁民：《事故指挥系统的发展与框架分析》，《中国安全生产科学技术》2005年第4期。

钟永光、毛中根、翁文国、杨列勋：《非常规突发事件应急管理研究进展》，《系统工程理论与实践》2012年第5期。

周雪梅：《任务型组织结构研究：生成、体系与建构》，首都师范大学出版社，2012。

邹逸江：《城市应急联动系统的研究》，《灾害学》2007年第4期。

附录1 调查问卷

非常规突发事件应急响应可靠性调查问卷

亲爱的朋友：

您好！首先对您抽空参与这份问卷调查表示最高的谢意！

本问卷对于理解重特大突发事件应急响应可靠性的影响因素有重要作用，您的意见和答案将对此提供非常重要的帮助。我们承诺此问卷仅为学术研究所用，请您放心并客观回答。本研究最终仅以调查数据在论文中呈现，不会对您的生活和工作造成任何不良影响，请您根据直觉和实际看法填写。如需要，我们可以将统计结果反馈给您。

能倾听您的意见，我们深感荣幸！

联系人邮箱：greatmeilian@163.com。

填表说明

（1）问卷包括可靠性影响因素判断、开放性问题和基本信息等部分。

（2）非常规突发事件指前兆不充分，具有明显的复杂性特征和潜在的次生衍生危害，而且破坏性严重，采用常规管理方式难以有效应对的突发事件。在此可理解为重大突发事件、巨灾或者跨界危机和灾害等。

（3）突发事件应急指挥系统（Incident Command System，ICS），作为美国国家突发事件管理体系（National Incident Management System，NIMS）的核心，是一套指挥、控制和协调应对突发事件的重要工具。FEMA认为它是一个标准化、全灾害的事故管理方法，可以在一个通用组织结构中有效整合人力、设备、物资、程序和通信等，能有效协调响应组织和部门等。我国尚未有标准化、规范化和全国通行的突发事件现场应急指挥系统。

（4）可靠性是指系统或元件在规定的条件下，在规定时间内完成规定任务的能力。应急响应可靠性是指应急响应组织结构在一定限制条件下、在一定的时间内通过持续开展一系列组织和救援活动并实现响应目标的能力大小或可能性。

（5）问卷第一部分中数字 1~7 表示从非常不同意到非常同意。

第一部分：非常规突发事件应急响应可靠性影响因素的判断

测项	1	2	3	4	5	6	7
组织（应急指挥部/体系）的成立迅速且及时							
组织根据任务目标且有规范地设置工作组							
组织的任务分工和角色安排是规范且合理的							
组织的层级关系明确且指挥链顺畅							
组织结构具有可扩展性和扁平化特征							

测项	1	2	3	4	5	6	7
组织运转时可以实现统一指挥							
组织能根据灾情变化和需要迅速制定统一的行动方案							
组织临时授权和权力转移是规范且可操作的							
多部门或小组间能通过协调顺利开展合作							
部门和成员间信息交流频繁且渠道多元							
组织或成员能够创造性地开展救援任务							

测项	1	2	3	4	5	6	7
组织安全文化浓，危机意识强							
组织具有开放的氛围，愿意与他人或其他组织展开合作							
组织内部充满信任氛围							
组织不断地开展危机学习和经验总结							
组织成员具有提高自身危机处置能力的强烈愿望							

测项	1	2	3	4	5	6	7
领导者有能力准确估计和判断灾情变化							
领导者可以充分动员和激励响应人员							
领导者能适应高压和时间限制下的紧急关键决策							
领导者对沟通与协作的态度是积极的							
领导者在灾时能不断总结经验							
指挥人员能主动倾听意见或寻求更好的办法							

第二部分：组织体系（ICS）应急响应能力的判断

测项	1	2	3	4	5	6	7
组织各部门能够协调彼此来实现某一目标							
组织成员愿为实现目标而调整自己的行为							
组织能够激励组织成员为实现目标而努力							
组织能够从外部及时获得救援所需要的各种资源							
领导者/指挥者能化解多部门/多人合作时产生的矛盾冲突							

测项	1	2	3	4	5	6	7
不同部门/小组因任务一起工作并分享信息和资源							
组织指挥者能为共同的问题碰面且确保任务被执行							
组织成员能不断确认各自职责是否被履行并彼此交流							
组织及成员能够主动去发现合作者或其优势							
组织的领导者和成员对于合作的态度都是开放的							
响应组织间的合作形式和合作内容都是多样化的							

测项	1	2	3	4	5	6	7
响应组织中灾情信息的报告流程是合规及时的							
组织有能力快速掌握与应对与任务相关的重要信息							
行动计划能够被迅速传达到分散的响应单元及其成员							
组织能及时向公众发布灾情并告知应对措施							
组织有能力表达任务内容及资源等各方面的需求							
响应成员和响应小组之间的沟通是频繁且多渠道的							
组织的沟通系统必须是可用的或者可以修复的							

第三部分：应急响应可靠性的判断

测项	1	2	3	4	5	6	7
应急响应活动挽救了生命							
应急响应活动降低了经济损失							
应急响应活动预防了次生或者二次灾害							
应急响应能力和过程获得了公众的积极评价							

第四部分：基本信息

请选择符合您个人情况的选项并在相应方框上打√或在横线上填写。

■您的性别：

　　□男　□女

■您的年龄：

　　□30 岁以下　□30～39 岁　□40～49 岁　□50 岁及以上

■最后学历：

　　□博士研究生　□硕士研究生　□本科　□本科以下

■专业背景：

　　□理　□工　□农　□医　□人文　□社科　□经管　□其他

■您在应急管理方面的相关工作经验（年）：

　　□0～1　□2～4　□5～9　□10～14　□15＋

■您曾参与处置的突发事件类型有（可多选）：

　　□自然灾害　□事故灾难　□公共卫生事件　□社会安全事件　□无

■您的职务及部门：

　　_____　　_____

调查结束，再次感谢您的耐心填写和宝贵意见！

The Cover Letter of Survey in Florida

Dear ,

Your assistance is being requested in a study on factors that affect the reliability of Incident Command System (ICS) in unconventional disaster situations. We are asking you to fill out and return the enclosed survey, or complete the survey online, to provide your opinion on these particular ICS reliability factors. The survey will take approximately 10 minutes to complete. All information provided will be confidential to the extent permitted by law.

This survey is being conducted under the supervision of David Merrick, Director for the Center for Disaster Risk Policy and Deputy Director of the Emergency Management and Homeland Security Program at Florida State University, as part of a PhD dissertation by Meilian Zhang, a visiting scholar at Florida State University. The results of this study will be published, however, your identity and any identifying information will not be disclosed. If you are interested in our findings, final survey results will be provided upon request through the contact information listed below. Thank you for your contribution!

To complete this survey online, please enter your user name and password, provided below, at: (surveylink)

ID:
Password:

If you have any questions or problems while completing this survey please contact Meilian Zhang by phone 850-566-5630 or email greatmeilian@163.com. Also, please contact us if you have any questions, concerns, or suggestions regarding your participation in this study or the study parameters.

Sincerely,

附录 2　访谈提纲

访谈目的：了解应急响应有效与否的影响因素。
访谈时间：2014 年 4~5 月。
访谈对象：政府部门应急管理工作人员。

访谈问题：

Q1：根据您的经验，在重大突发事件应急处置过程中，最常发生的应急响应失灵环节有哪些？

Q2：请问您认为组织结构、运行机制、组织文化和组织领导这几个因素对应急响应过程是否产生影响？影响大小如何？

Q3：根据您的理解和经验，除了上述可能的因素外，在响应过程中还有什么因素会影响指挥系统的可靠性？为什么？

附录 3　　IRB Review Approval

Florida State University

Office of the Vice President for Research
Human Subjects Committee
Tallahassee, Florida 32306-2742
(850) 644-8673 · FAX (850) 644-4392

APPROVAL MEMORANDUM

Date: 06/04/2014

To: meilian zhang <greatmeilian@163.com>

Address: 1354 Ocala RD Apt B, Tallahassee, FL, 32304

Dept.: COLLEGE OF SOCIAL SCIENCES

From: Thomas L. Jacobson, Chair

Re: Use of Human Subjects in Research
    Sino-US Comparison Research on Reliability of Incident Command System in Extreme Events

The application that you submitted to this office in regard to the use of human subjects in the proposal referenced above have been reviewed by the Secretary, the Chair, and two members of the Human Subjects Committee. Your project is determined to be Expedited per 45 CFR § 46.110(7) and has been approved by an expedited review process.

The Human Subjects Committee has not evaluated your proposal for scientific merit, except to weigh the risk to the human participants and the aspects of the proposal related to potential risk and benefit. This approval does not replace any departmental or other approvals, which may be required.

If you submitted a proposed consent form with your application, the approved stamped consent form is attached to this approval notice. Only the stamped version of the consent form may be used in recruiting research subjects.

If the project has not been completed by 06/03/2015 you must request a renewal of approval for continuation of the project. As a courtesy, a renewal notice will be sent to you prior to your expiration date; however, it is your responsibility as the Principal Investigator to timely request renewal of your approval from the Committee.

You are advised that any change in protocol for this project must be reviewed and approved by the Committee prior to implementation of the proposed change in the protocol. A protocol change/amendment form is required to be submitted for approval by the Committee. In addition, federal regulations require that the Principal Investigator promptly report, in writing any unanticipated problems or adverse events involving risks to research subjects or others.

By copy of this memorandum, the chairman of your department and/or your major professor is reminded that he/she is responsible for being informed concerning research projects involving human subjects in the department, and should review protocols as often as needed to insure that the project is being conducted in compliance with our institution and with DHHS regulations.

This institution has an Assurance on file with the Office for Human Research Protection. The Assurance Number is IRB00000446.

Cc: David Merrick <dmerrick@cdrp.net>, Advisor
HSC No. 2014.12638

附录 4　Example of Permission Letter

I, Raniero L. Angelone, a representative of Indian River County Department of Emergency Services, am authorized to provide permission to contact employees of this organization. I have been informed that Ms. Meilian Zhang, a visiting scholar at Florida State University, is conducting the Survey on the Reliability of the Incident Command System in Extreme Events Response as a part of her dissertation on developing a reliability model of the Incident Command System (ICS), with the assistance of the Florida State University Survey Research Laboratory. I have also been informed that the survey is estimated to take approximately 10 minutes to complete, that participation is voluntary, and that compensation will not be provided to the survey respondents or their employing organization.

I authorize Ms. Meilian Zhang and the Florida State University Survey Research Laboratory to attempt to contact the following employees by email regarding their participation in this study through completion of the survey: *(please check all that apply)*

✓ I do authorize contacting:

✓ John King, Director

✓ Dale Justice, Coordinator

✓ Etta LoPresti, EM Planner

✓ Sharyne Wishard, Staff Assistant

✓ All employees of Indian River County Emergency Management

✓ Employees under my line of supervision (please provide names and/or contact information below)

✓ Additional employees, whose names and/or information I am providing:

Name	Email	Phone	Mailing Address
Indian River County Fire Rescue Command Staff			
John King	Fire Chief	jking@ircgov.com	
Brian Burkeen	Assistant Chief	bburkeen@ircgov.com	
Raniero Angelone	Battalion Chief of Training	rjohnston@ircgov.com	
Cory Richter	Battalion Chief of Training	crichter@ircgov.com	
William Michel	Battalion Chief of Operations	wmichel@ircgov.com	
Mark Daniels	Battalion Chief of Operations	mdaniels@ircgov.com	
Lonn Benham	Battalion Chief of Operations	lbenham@ircgov.com	
Gregg Budde	Captain of Training	gbudde@ircgov.com	
Joe Earman	Captain of Operations	jearman@ircgov.com	
Jamie Coleman	Captain of Operations	jcoleman@ircgov.com	
David Dangerfield	Captain of Operations	ddangerfield@ircgov.com	

Signature: *[signed]* Raniero L. Angelone　　Date: 4/29/14

Job Title: Indian River County Fire Rescue Battalion Chief of Training

Return by email surveylab@fsu.edu or fax 850-644-0792.

非常规突发事件应急响应可靠性机理研究

I, **Anthony J. Sirianni** (ASST. CHIEF), a representative of North Port Police Department, am authorized to provide permission to contact employees of this organization. I have been informed that Ms. Meilian Zhang, a visiting scholar at Florida State University, is conducting the Survey on the Reliability of the Incident Command System in Extreme Events Response as a part of her dissertation on developing a reliability model of the Incident Command System (ICS), with the assistance of the Florida State University Survey Research Laboratory. I have also been informed that the survey is estimated to take approximately 10 minutes to complete, that participation is voluntary, and that compensation will not be provided to the survey respondents or their employing organization.

I authorize Ms. Meilian Zhang and the Florida State University Survey Research Laboratory to attempt to contact the following employees by mail, email, or phone regarding their participation in this study through completion of the survey:
(please check all that apply)

__ I will not allow contact of employees although I am authorized to provide permission.

I do authorize contacting:

X Kevin Vespia, Chief of Police   KVESPIA@northportpd.com
X Anwar Allen, Officer   AALLEN@ "
X Gary Arsenault, Lieutenant   GARSENAULT@ "
X Shannon Atkinson, Officer   SATKINSON@ "
X Charles Ayres, Sergeant   CAYRES@ "
X Edward Fitzpatrick, Lieutenant   EFITZPATRICK@ "
X Stephen Lorenz, Lieutenant   SLORENZ@ "
X Christopher Morales, ~~Lieutenant~~ CAPTAIN   CMORALES@ "
X Scott Smith, Lieutenant   SSMITH@ "

__ All employees of North Port Police Department

__ Employees under my line of supervision (please provide names and/or contact information below)

X Additional employees, whose names and/or information I am providing:

(Attach as additional sheet if necessary)

Name	Email	Phone	Mailing Address
ANTHONY SIRIANNI (ASST. CHIEF)	ASIRIANNI@NORTHPORTPD.com	941-429-7300 FOR ALL	FOR ALL NORTH PORT POLICE DEPT 4980 CITY HALL BLVD NORTH PORT, FL 34286
WILLIAM M. KOVAL (CAPTAIN)	MKOVAL@ "		
AARON NICK (OFFICER)	ANICK@ "		

Signature: _____   Date: 05/20/14

Job Title: ASST. CHIEF OF POLICE

Return by email surveylab@fsu.edu or fax 850-644-0792.

附录 4　Example of Permission Letter

I, _Craig Radzak_, a representative of Sanford Fire Department, am authorized to provide permission to contact employees of this organization. I have been informed that Ms. Meilian Zhang, a visiting scholar at Florida State University, is conducting the Survey on the Reliability of the Incident Command System in Extreme Events Response as a part of her dissertation on developing a reliability model of the Incident Command System (ICS), with the assistance of the Florida State University Survey Research Laboratory. I have also been informed that the survey is estimated to take approximately 10 minutes to complete, that participation is voluntary, and that compensation will not be provided to the survey respondents or their employing organization.

I authorize Ms. Meilian Zhang and the Florida State University Survey Research Laboratory to attempt to contact the following employees by mail, email, or phone regarding their participation in this study through completion of the survey:

(please check all that apply)

__ I will not allow contact of employees although I am authorized to provide permission.

I do authorize contacting:

__ Craig Radzak, Fire Chief
__ Shawn Treloar, Battalion Chief/EMS
__ Tim Robles, Fire Marshal
__ Karyn Stanley, Fire Department Lieutenant
__ Robert Hampton, Firefighter/Paramedic
✓ All employees of Sanford Fire Department
__ Employees under my line of supervision (please provide names and/or contact information below)
__ Additional employees, whose names and/or information I am providing:

(Attach as additional sheet if necessary)

Name	Email	Phone	Mailing Address

Signature: _____ Date: _4/28/14_

Job Title: _Fire Chief_

Return by email surveylab@fsu.edu or fax 850-644-0792.

附录 5　Example of the Survey Result in Florida

Q1: What are the factors unmentioned that do impact the reliability of ICS? For each possible factor, please briefly explain why or how it impacts.

Answers include:

　　——Mutual aid

　　——All involved still understand the structure of ICS

　　——Strong lines of communications facilitate clear expectations, responsibilities to all members of ICS staff

　　——Communications

　　——Mutual aid/Coordinated interagency flow

　　——Training/Familiarity

　　——Mutual aid/Coordinated interagency flow

　　——Knowledge of ICS structure/function

　　——Training/Experience

Q2: Based on your experience, what are the most frequently occurring failures during response to extreme events?

Answers include:

　　——Effective communications

　　——Communications and structure

　　——Responders do not have clear expectations presented to them

　　——Lack of training, drills, and experience among ICS members means there hasn't been an opportunity to uncover weakenesses

附录 5 Example of the Survey Result in Florida

in the response plan before an emergency
——If leadership doesn't believe in using ICS it will not be effective
——Communications
——Coordinated response
——Familiarity with common procedures
——Mutual aid/Coordinated interagency flow
——Awareness of ICS function

图书在版编目(CIP)数据

非常规突发事件应急响应可靠性机理研究/张美莲著.--北京：社会科学文献出版社，2018.9
ISBN 978-7-5201-3037-0

Ⅰ.①非… Ⅱ.①张… Ⅲ.①突发事件-应急对策-研究 Ⅳ.①D035.34

中国版本图书馆 CIP 数据核字(2018)第 155446 号

非常规突发事件应急响应可靠性机理研究

著　　者 / 张美莲

出 版 人 / 谢寿光
项目统筹 / 陈　颖
责任编辑 / 陈　颖　吴丽平

出　　版 / 社会科学文献出版社·皮书出版分社 (010) 59367127
　　　　　 地址：北京市北三环中路甲 29 号院华龙大厦　邮编：100029
　　　　　 网址：www.ssap.com.cn

发　　行 / 市场营销中心 (010) 59367081　59367018
印　　装 / 三河市尚艺印装有限公司

规　　格 / 开　本：787mm×1092mm　1/16
　　　　　 印　张：17.75　字　数：279 千字

版　　次 / 2018 年 9 月第 1 版　2018 年 9 月第 1 次印刷

书　　号 / ISBN 978-7-5201-3037-0

定　　价 / 79.00 元

本书如有印装质量问题，请与读者服务中心 (010-59367028) 联系

▲ 版权所有 翻印必究